JN271178

研究論文で学ぶ
臨床心理学

串崎真志・中田行重●編
KUSHIZAKI Masashi & NAKATA Yukishige

ナカニシヤ出版

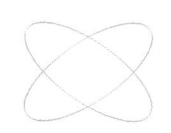

はじめに――本書の使い方

　臨床心理学に関心をもつ人が増えています。書店にはさまざまな書籍が並ぶようになりました。臨床心理学の入門書や概説書も，たくさん刊行されています。本書は，それらを補うような位置づけにあります。副読本あるいは資料集として，大いに役立つことと思います。

　試みに，臨床心理学の書籍を一冊，手にとってみましょう。その本(あるいは章)の最後には，必ず「引用文献」という欄があるはずです。それは，著者が参考にしたり，文章を引用した情報源を示しています。一般の書籍(単行本)を挙げていることもありますし，『○○学研究』や『Journal of ～』と書いてある場合もあるでしょう。後者が，いわゆる「学術雑誌」に掲載されている研究論文です。学術雑誌は，当該領域の研究成果を定期的にまとめた雑誌で，研究者や研究機関に配布されるものです。一般の書店や図書館には置いていませんので，主に大学の図書館で見ることになります(近年は，Webで閲覧できる学術雑誌も増えています)。

　心理学を勉強していくと，自分の関心の広がりから，あるいは指導教員の勧めで，これらの研究論文にふれる機会も出てくると思います。なぜなら，本格的に心理学を学ぶためには，その内容を鵜呑みにせずに，本当にそうなのか，直接，情報源にあたって確認する作業が必要だからです。これは，心理学専攻生として，卒業論文を書いたり，研究を進めていく上でも，とても重要なノウハウです。

　ところが，研究論文を読むという作業は，最初はなかなかとっつきにくいものです。第1に，論文を入手しにくい。学術雑誌によっては，図書館の書庫の奥まで探しに行かねばなりません。書庫は，研究にとっては宝の山なのですが，やはり最初は足踏みするものでしょう。第2に，書いてある文章が難しい。独特の言い回しに，専門用語。慣れれば，むしろ読みやすいスタイルなのですが，最初はそうもいきません。研究論文は，パズルでいえば1つのピースですから，研究全体の流れを知らないことには，理解しにくいという事情もあります。

　第3に，外国語の論文をどうするか。どうするかといっても，慣れるまでは，辞書を片手に読み進めるしかありません。しかし，主要な研究の多くは，英語で発表されるのが普通ですから，最新の動向を知る上では，避けて通ることができない作業です。Webでは，臨床心理学の情報も，毎日のように更新されています。臨床心理学を英語で学ぶことができれば，世界がずいぶんと広がるのです。

　このような背景から，研究論文を読む面白さ，その読み方，まとめ方を紹介する本があればいいな，と思っていました。発達心理学[1]，社会心理学[2]，認知心理学[3]，生理心理学[4]には，すでにそのようなガイドブックがあります。洋書でも，同種の本が出ています[5]。本書は，その臨床心理学バージョン。きっと，みなさんに役立つ情報を提供できるでしょう。もちろん，臨床心理学は幅が広い領域ですので，本書がすべてを網羅しているわけではありません。しかし，小品ながら，なるべく多様なアプローチ，興味深いトピックを紹介できるように，構成したつもりです。

　各章のはじめには，「プレビュー」を設けました。その領域の大きな流れや注目点，最近の動向についてまとめてあります。そのなかで，紹介論文がどのような位置づけになるかも把握できるでしょう。本書で取り上げることができなかった研究論文や書籍も紹介してありますので，大いに参考にしてください。

次に，各章につき2～4つの「研究論文」を紹介しています。紹介論文は，英語の論文を中心に，古典的な重要研究を1つ以上，最近の研究を1つ以上含めるようにしました。その領域の研究史を，原典でたどるような感覚も味わえることでしょう。ただし注意してほしいのは，あくまで論文の紹介であり，単なる翻訳ではありません。当該論文の構成や趣旨を尊重しつつ，内容を省略した部分や，図表がオリジナルと異なる場合も多々あります。読者のガイドとなるよう，紹介者による注も付記しました。もちろん，原典を読んでいる感じを，うまく伝えるように心がけたつもりです。これを読んで興味をもったみなさんは，ぜひ原典にあたってみてください。

　心理学をご担当の先生方には，本書を副教材，副読本としてご利用いただければ幸いです。心理学の演習やゼミナールで，研究論文を発表する導入として，あるいは発表の素材として，活用していただければうれしいです。最後になりましたが，ナカニシヤ出版の宍倉由高さん，山本あかねさんには，いつもながら多方面にわたりご尽力いただきました。心よりお礼申しあげます。

2005年11月　編者

---

(1) 杉村伸一郎・坂田陽子（編）　2004　実験で学ぶ発達心理学　ナカニシヤ出版
(2) 齊藤　勇（編）　1987-1999　対人社会心理学重要研究集（全7巻）　誠信書房
(3) 行場次朗・箱田裕司（編）　1995・1996　認知心理学重要研究集（全2巻）　誠信書房
(4) 堀　忠雄・斉藤　勇（編）　1992・1995　脳生理心理学重要研究集（全2巻）　誠信書房
(5) Hock, R. R.　2005　*Forty Studies That Changed Psychology*, Fifth edition. Upper Saddle River, NJ : Pearson Prentice Hall.

目　　次

はじめに——本書の使い方　*i*

第1章　パーソンセンタード／体験的心理療法 …………………… *1*
紹介論文1　集団心理療法における治療者の共感性と受容，純粋性，および患者の変化　*4*
　　　　2　精神病の患者にクライエント中心療法および体験過程療法の傾聴の技術を伝え，体験してもらうこと　*6*
　　　　3　葛藤マーカーにおいてTwo-Chairテクニックと共感的反射を用いた場合の効果の違い　*8*

第2章　行動療法・認知療法 …………………………………… *13*
紹介論文1　セルフモニタリングと過剰摂食のアセスメント　*17*
　　　　2　双極性障害の認知療法：再発防止の試験的研究　*20*

第3章　遊戯療法 ……………………………………………… *25*
紹介論文1　親子療法：解説と原理　*28*
　　　　2　アドラー派の遊戯療法：実際的考察　*30*
　　　　3　認知－行動遊戯療法　*32*
　　　　4　親子交流療法の成果：治療完遂群と研究中断群の1〜3年後の比較　*34*

第4章　精神分析学 ……………………………………………… *39*
紹介論文1　乳幼児の心理的誕生　*42*
　　　　2　母親の情緒的なシグナル：1歳児の視覚的断崖での行動に関する影響　*45*
　　　　3　回復の理論と実践　*48*
　　　　4　精神分析的心理療法における非解釈メカニズム：解釈よりも「何かそれ以上のもの」　*51*

第5章　アイデンティティの発達 ……………………………… *55*
紹介論文1　アイデンティティ・ステイタスの開発と実証　*57*
　　　　2　早期記憶とアイデンティティ・ステイタスを通して見られる後期青年期における自我の構造化　*59*
　　　　3　5つの領域におけるアイデンティティ・ステイタスの移行経路と変化率の比較　*61*
　　　　4　アイデンティティ形成における将来の自己像（possible selves）の役割：短期間の縦断研究　*63*

第6章　痴呆高齢者の心理臨床 ……………………………… 65
　紹介論文1　アルツハイマー型痴呆と血管性痴呆の情動認知能力の比較　70
　　　　　2　アルツハイマー型痴呆の情動認知能力低下が対人行動に及ぼす影響について　74
　　　　　3　血管性痴呆対アルツハイマー型痴呆：両痴呆タイプの違いは介護者の負担に異なる影響を及ぼすか？　78

第7章　心理的課題の予防的アプローチ ……………………… 83
　紹介論文1　学齢期の子どもにおける精神的疾患の予防：この分野における現状　85
　　　　　2　思いやりのある学校コミュニティ　87
　　　　　3　アメリカ合衆国における健全な青少年の発達：健全な青少年の発達プログラムの評価研究　89
　　　　　4　小学生のための暴力予防カリキュラムの効果：無作為かつ適切に条件を統制した試行　91

第8章　ロールシャッハ検査法 ………………………………… 95
　紹介論文1　長期心理療法と短期心理療法によるロールシャッハ検査上の変化　97
　　　　　2　精神病理の誤認：包括システムの標準データに関する問題　102
　　　　　3　ロールシャッハ検査法における，包括システムの標準，測定論，並びに可能性　106
　　　　　4　「精神病理の誤認：包括システムの標準データに関する問題」へのコメント　108

　引用文献　111
　索　　引　127

第1章 パーソンセンタード/体験的心理療法

　ロジャーズ(Carl R. Rogers)が創始したカウンセリング理論に関連する論文を紹介するにあたり，理論がどのように発展したか，その概略をここで整理しておこう。彼はまず，カウンセラーがクライエントに指示しないという方法を提示した。それを"非指示的療法(Non-Directive Psychotherapy)"という。彼は指示的なアプローチと非指示的なそれとの違いを次のように述べている(1942)。

　　指示的なグループは，クライエントが到達すべき，望ましい，社会的に是認されるような目標をカウンセラーが選択し，クライエントがそこに到達するのを援助するよう努力する。ここでは，クライエントは自分自身の目標を選択する十分な責任をとる能力がないと考えられており，したがってカウンセラーは，クライエントよりも優れているのだということが言外に述べられているのである。非指示的なカウンセリングでは，たとえその人生目標が，カウンセラーがその人であれば選ぶような目標とは食い違っていたとしても，クライエントには自分の人生の目標を選択する権利があると考えられている。またそこには，人間が自分自身や問題についてわずかにでも洞察していれば，この選択を賢明にするであろうという信念もある(翻訳2001, p.100)。

　心理面接の進展の方向性を本当に知っているのはクライエント自身である，というこの考えはロジャーズの根底にある哲学であり，行動療法や精神分析など他の学派との決定的な違いであった。しかし，非指示的療法というとクライエントに対してうなずき，その言葉を繰り返すだけという誤解が広まるようになった。そこでロジャーズは重要なのはクライエントを尊重するカウンセラー個人の態度である，ということを主張するようになり，これを"クライエント中心療法(Client-Centered Approach to Psychotherapy)"と命名した。この時期に自己一致(congruence)，無条件の肯定的配慮(unconditional positive regard)，共感的理解(empathic understanding)というカウンセラーの3条件を述べたあの有名な論文を発表する(Rogers, 1957)。その後，この3条件の仮説は多くの研究によりカウンセリング場面以外の人間関係でも有効であることが示された。また，オフィスに来談するクライエントだけでなくエンカウンター・グループによって一般市民へ働きかけるようになったため，パーソン・センタード・アプローチ(Person-Centered Approach；PCA)という名で自分の立場を表現するようになる。

　ロジャーズがパーソン・センタード・アプローチを標榜していた頃，彼のもとで学び，リサーチチームの重要なメンバーの1人であったジェンドリン(Eugene T. Gendlin)はカウンセリングがうまくいくクライエントでは，まだ言葉になっていないが感じられている感じ(felt sense)に注意を向けていくという内的活動が行われている，ということを発見した。その内的活動を促すのがフォーカシングであり，その背景に"体験過程(experiencing)"の理論(Gendlin, 1964)がある。ロジャーズもその考えに大いに刺激を受けている(Ikemi, 2005)。

　ところで，フォーカシングではクライエント(フォーカサー)が"何について"感じるかには干渉しない。それは"クライエントが最もよく知っている"というロジャーズの考えが生きて

いる。しかし"いかに"感じるかについては，カウンセラー（リスナー）は専門家である。そこで，フォーカシング研究の1つの方向性は，フォーカサーの体験の促し方についてであった。体験のプロセスを促すのは，フォーカシングだけではなかった。共感的な雰囲気のなかで，two-chair テクニックなどのゲシュタルト療法などを用いて体験のプロセスを促進しようとするのがグリーンバーグ（L. S. Greenberg）やエリオット（R. Elliot）らの Process-Experiential Psychotherapy（以後，PE と略す）である。彼らはジェンドリンと違って felt sense だけでなく emotion の重要性を強調する（Elliot et al., 2004; Greenberg, 2002）。

　この他，ソーン（Brian Thorn）やメアンズ（Dave Mearns）らを中心とするイギリスの PCA はロジャーズが晩年（1986）に主張した presence などの理論までを組み込んだ深い実践と訓練（Mearns, 1994; Mearns & Thorn, 1988）でロジャーズ派の世界的な中心地の1つとなっている。

　現在，ロジャーズ派はオーソドックスロジャーリアンといわれるグループやフォーカシングを行うグループ，Process-Experiential のグループ，そして英国のグループ，その他のグループや考え方などがある。それぞれのグループ間では時に深刻な対立もある。しかし，対立によって分離するのではなく，有意義な対話による共存を進めるために，ベルギーのリーター（G. Lietaer）やオーストリアのシュミット（P. Schmidt）らが中心となってロジャーズ派の国際学会を作った。World Association for Person-Centered and Experiential Psychotherapy and Counseling という長い名前になっているのは，さまざまな考えをもった人々が1つの学派としてまとまろうとする意味合いが込められている。

　本章では，このような発展の経緯を反映すべく，時代順に，ロジャーズの3条件についての論文，フォーカシング研究者による論文，Process-Experiential 研究者による論文の3つを選んだ。

　紹介論文1は，ロジャーズの例の3条件の効果を示す多くの実証研究の1つである。トロー（C. B. Truax）というロジャーズの共同研究者のうちの1人による1966年の論文。3条件についての研究はさまざまな角度から行われた。この研究は，集団療法における3条件の有効性について調べているが，単にそれが有効というものではない。集団療法の効果を予測する上で，3条件をどのように測定するとよいか，ということを調べたものである。なお，このトローという人物は，共同研究のデータを他の仲間に見せるのを拒んで自分の名前だけで発表しようとするなど，トラブルメーカーであったらしい（諸富，1997）。

　紹介論文2は，ロジャーズが去った後のシカゴでジェンドリンを中心にクライエント中心療法とフォーカシングを行っていたチェインジズ（Changes）というグループがあった。これは，そこのヒンターコフ（E. Hinterkopf）とブランスウィック（L. K. Brunswick）という2人による，精神病者が傾聴の技術を学ぶことで改善が見られるか，という研究である。分裂病者を相手にしたロジャーズらの大規模な研究プロジェクト（いわゆる"ウィスコンシンプロジェクト"）では十分な結果を示せなかったことが，シカゴに残った連中を，もう一度傾聴の意義を別の角度から実証しようとする気にさせたのではないか，と思えるほどの大変意欲的な試みである。また，ロジャーズのあの開拓精神はシカゴに残った人々に当時はまだ残っていたことを思わせる。その後ヒンターコフは来日し，フォーカシングのワークショップを行っているが，今はフォーカシングを通じて spirituality という領域にまで深化している（1997）。

　紹介論文3は，グリーンバーグとクラーク（K. M. Clarke）による1979年の論文。グリーンバーグはライス（Laura N. Rice）と組み，研究と連携した実践を展開してきた。現在，Process-Experiential Psychotherapy というロジャーズ派における1つの大きなグループのリ

ーダーの1人である。この研究は，まだ"Process-Experiential Fsychotherapy（以後，PEと略す）"という名前が出てくる前のものだが，その後の展開の主要な要素が含まれている。

紹介論文1 Truax, C. B. 1966 Therapist empathy, warmth, and genuineness and patient personality change in group psychotherapy: A comparison between interaction unit measures, time sample measures, patient perception measures. *Journal of Clinical Psychology*, **22**, 225-229.

集団心理療法における治療者の共感性と受容，純粋性，および患者の変化

ロジャーズ派には心理療法／カウンセリングに関する実証研究の長い歴史がある。特に心理療法のなかで起こること（process）がその効果（outcome）にどのように影響するかという"process-outcome research"はロジャーズの3条件の論文（1957）以来，数多くある。ロジャーズ派を含めた Huma-nistic Psychotherapy において，process-outcome research が取り扱うテーマを，ザクセとエリオット（Sachse & Elliot, 2001）が次の3点に要約している。

1. ある治療技法と治療効果の間には有意な関連があるのか？　つまり，その治療技法が治療の成功を導いているのか？
2. 治療の成功に関係すると考えられているクライエント要因が実際に治療効果に影響するのか？
3. 理論上重要とされている介入技法が面接場面で実際に仮定された通りの（望ましい）クライエントのプロセスを引き起こすのか？

上記の1～2は process-outcome research の伝統的な枠組みであり，治療者要因あるいはクライエント要因を用いて治療結果との関連を見るものである。それに対して上記の3番目は治療効果ではなく，クライエントの内的プロセスが実際に引き起こされるかどうかを見るもので，比較的新しい研究の枠組みである。

紹介論文1は，ロジャーズの例の3条件による治療効果を集団療法において見るものである。上記の3つのうちの1番目にあたるものだが，単に3条件を備えた面接方法が他の面接方法よりも治療効果の点で優れている，ということを見るものではない。集団療法に参加する個々の患者の治療効果の違いを3条件の視点からどのように説明したらよいか，という研究である。以下に本論文の仮説をかいつまんで紹介しよう。心理療法の実証研究の仮説の作り方の参考になるだろう。なお，本章においては論文に出てくる"Warmth"を"受容"と訳している。

集団療法を行う場合，グループが違えば治療者の提供する共感と受容，自己一致の程度が異なるのは当然であるが，それは，その同じグループのなかでも異なる。つまり，同じ1つの集団療法のグループにおいても，治療者が示す共感，受容，自己一致の程度が患者によって異なるのである。ということは，個々の患者の集団療法の効果を予測しようとする場合，グループ全体の相互作用の様子を測定するよりは，個々の患者に対して提供されたこれら3条件を測定するほうがよいことになる。この研究が目指しているのは，治療者がグループで表す共感と受容，自己一致の3条件についてのデータを，治療者－グループ全体の相互作用のサンプルからとった場合と，治療者－個々の患者の相互作用のサンプルからとった場合とで，どう異なるかを調べることである。治療者－患者の相互作用のサンプルはさらに次の2通りに分けられる。(1)「治療者－患者－治療者」の発言をセットとするサンプル，(2)「患者－治療者－患者」の発言をセットとするサンプル。(1)と(2)を比較するならば(1)のほうが治療者の言動についての情報量が多い分，治療効果の予測する上で優れているであろうというのが，この研究の仮説の1つである。

本研究にはもう1つの目的がある。それは，共感，受容，自己一致の程度をテープ録音という客観的情報から計測したデータと，この3条件を患者がどう認知したかというデータではどのように差があるかを見ることである。ロジャーズは患者が認知する3条件が重要であると強調している[1]。しかし，患者の多くは情緒的に障害があるため，

対人関係を正しく認知することはできないのが普通だろう。であれば，患者によるこの3条件についての認知も正確さを著しく欠いているであろう。つまり，3条件による集団療法の効果は，患者の認知とは無関係ではないだろうか，というのがもう1つの仮説である。

これらの仮説を1つにまとめると次のようになる。3条件について次の4種のデータ集団療法の効果を予測する上で，(1)「治療者－患者－治療者」の発言のサンプルが最もよく，次に(2)「患者－治療者－患者」の発言のサンプル，その次が(3)グループ全体の相互作用のサンプル，そして，集団療法の効果の予測に最も役立たないのが(4)患者と治療者の関係について患者自身が認知したデータ，である。以上が本研究の仮説である。

被験者であるが，8人の治療者がそれぞれ集団療法を行い，各グループに10人の患者が振り分けられた(全80人)。集団療法は毎週2回，全部で24回(12週)行われた。被験者の半分(40人)は精神病院の患者で主に統合失調症。残り半分(40人)は施設に入所している非行少年・少女である。

治療効果を示す数値は，研究の1年後に施設から離れている時間の割合，Q分類による適応得点，不安反応得点，建設的人格変化に関するMMPI得点など8つの得点をz得点に変換した後に平均したもので，個々の患者に対して各1つずつ算出された。(1)「治療者－患者－治療者」の発言をセットとするサンプル("TPT"とする)と，(2)「患者－治療者－患者」の発言のサンプル("PTP"とする)はそれぞれ1人の患者から6つずつ抽出され，トローが作成したスケール(1961; 1962a; 1962b)をもとに訓練を受けた評定者が評定した。(3)グループ全体の相互作用のサンプルは，1セッションの中間部と後半の3分の1の部分からそれぞれ3分間分のデータが抽出された(Time Sample，"TS"とする)。(4)患者と治療者の関係について患者自身が集団療法後に評定したデータはRelationship Inventory("RI"とする[2])を用いた。

TPT，PTP，TS，RIの4つにおける3条件それぞれの得点と治療効果の相関係数が算出された。結果はTPTもPTPもTSによる共感，受容，自己一致の得点は治療結果と高い相関があったが，TPTとPTPとTSの間には有意な差がなかった。RIによる得点も3条件それぞれが治療効果との相関があったが，TPTやPTP，TSほどにはその数値は高くなかった。

実験前の仮説と異なり，結果はTPTとPTPとTSの間に差がないことを示した。つまり治療結果を予測する上で，TPTはPTPよりも治療者についての情報が多いので，予測値として優れているだろうと思われたが，結果は両者に差がなかった。また，TSはこの両者と同じように予測値として優れていることがわかった。患者の認知(RI)は予測値としてこの3者には及ばなかった。したがって，コストの面から，TPTやPTPを使うよりもTSのほうが安く行えるが，データとしての信頼性も妥当性もTPTやPTPに劣らない。

この研究は，データのとり方自体を研究としている。このような研究は研究を積み重ねていく過程で重要である。つまり，本研究の結果は，今後の研究を進める上で，お金や時間のかかるTPTやPTPをデータとして使うべきかどうか，という時に，安上がりなTSでOKである，ということを示すものである。心理療法の実証研究はデータのとり方によって同じ現象も随分と違うことがありえるので，このような研究は，それに対する対応の仕方を探るための研究として位置づけることができる。

なお，本研究では患者による治療関係の評定値をデータの1つとしたが(RI)，治療プロセスにおける患者行動や治療者行動の評定は大きな問題である。そこで，治療結果を予測する上で，治療プロセスの評定者としては患者がよいのか，それとも治療者か，あるいは第三者がよいのか，について，オーリンスキーら(Orlinsky et al., 1994)は調べた。それによると，例えば治療者行動の評定者としては治療者自身の認知よりも患者や第三者の評定者がより優れており，逆に患者の評定者としては治療者や第三者の評定者がより優れている，ということである。

紹介者注
(1)治療効果に結びつくのは，例えば，治療者が共感したと考える場合よりも，患者が「共感された」と認知する場合である，ということである。
(2)バレット-レナード(Barrett-Lennard, 1962)による有名な質問紙で，クライエント(患者)－カウンセラー関係を調べるのによく用いられる。

紹介論文 2 Hinterkopf, E., & Brunswick, L. K. 1981 Teaching mental patients to use client-centered and experiential therapeutic skills with each other. *Psychotherapy: Theory, Research and Practice*, **18**(3), 394-402.

精神病の患者にクライエント中心療法および体験過程療法の傾聴の技術を伝え，体験してもらうこと

　精神病の入院患者に対してクライエント中心療法の傾聴の技術を教えることについては，この2人の著者はすでに論文を発表している（1975）。ジェンドリンらは"チェインジズ（Changes）"という，フォーカシングを通じて互いに援助し合う治療的なピアカウンセラーのコミュニティを作っていた。それはフォーカシング技法を通じて互いに傾聴（listening）することで，専門家でなくても相互に援助できる，という発想が基盤にあった。チェインジズのメンバーであった2人が精神病患者という巨大な臨床群に対して，何とかlistening技法で患者相互の援助の方法を探ろうとした，極めて意欲的な試みを報告したのが1975年の論文である[1]。それを受けてその成果を実証したのが，この紹介論文2である。なお，同様の試みはオーランド（Orlando, 1974）も行っており，それによると患者は変化可能性の感覚や他人を思いやる能力が増すという。

　精神病患者の入院患者に傾聴を教えることができるのか？　と思われる読者もおられるだろう。1975年の論文にはその辺りの苦労と工夫も描かれているので，紹介論文2に移る前に，1975年の論文をごくかいつまんで紹介しておこう。彼らが対象としたのは慢性の統合失調症入院患者で，コミュニケーションはとれるがすでに4～5回の入退院を繰り返している。

　患者らはある場所に集まり，次にペアを組む。それぞれのペアには1人のトレーナーがつく。トレーナーはこの試みを次のように患者ペアに説明する。"皆さんに学んでいただくのは傾聴と呼ばれる方法で，互いに知り合い，支え合う方法の1つです。まず，話し手（talker）と聞き手（listener）の役割をどちらがとるか決めましょう。話し手となった人は自分が何か感じていることをお話しください。テーマとしては，自分が抱えている問題についてお話くだされば，それが最もよいでしょう。聞き手となった人は注意を集中して話し手の言っていることを聞き，理解するようにしてください。そして，理解した内容を自分の言葉で話し手に伝えて（reflect）みてください（これができない時には，言われた言葉をそのまま返すことをやってもらう）。話し手の人は，聞き手が伝えてきた内容を聞いて，もし自分の言わんとしたことと違っている場合には言い直してわかるように訂正してください。なお，この場で話したことは，後で誰にも話さないというルールを守ってください"。このようにして訓練を開始するが，聞き手が上達するようであれば，表情や態度など非言語情報から感じとれる話し手の気分や感情を話し手に伝えるように，と教示する。

　さて，この説明から実際，どのように訓練を行うか。まず，説明が理解できたかどうかを確認とreflectionの練習を兼ねて，患者に説明の内容を言ってもらい，理解が不十分であればトレーナーは説明を加える。次に実際の訓練で役割交換をする際には，どんな感じがしたか，をそれぞれに言ってもらって，話し手の練習をすると共に，この訓練が患者に悪影響を与えていないかどうかをチェックする。訓練セッションの後はトレーナーはミーティングを開き，苦労した点などについて話し合うが，その際も単なるミーティングではなく，互いに傾聴するという形式で行う。患者がセッションに参加しようとしない時，患者を説得して連れて行こうとせず，参加したくない理由を傾聴する。また，ペアを組みたい相手やトレーナー選択についての希望についても傾聴する。このようにさまざまな面で傾聴を行うが，患者がトレーナーなどに対して否定的な感情を表現する場合は特に大事なこととして，耳を傾けた。さらにこの論文には訓練中に患者がいやがる場合や話し手となった患者が沈黙したり逆に話し過ぎる場合，聞き手となった患者のreflectionが的確でなかったり，

機械的であった場合など，トレーナーがどのように対応したかが具体的に述べてあり，参考になる。

さて，紹介論文2ではこの傾聴訓練の効果を2つのスケールを用いて調べた。患者を訓練を受ける実験群と受けない統制群に分け，訓練前後の差を見るのである。スケールの1つはTalker-Helper Rating Scalesでこの2人の著者が独自に開発した。これはテープ録音された2人ペアの会話の様子を評定するものである。話し手(Talker)の発言はそこに含まれる感情用語の数などが評定される。聞き手(Helper)の発言は基本的に話し手のreflectionであるが，それが内容の点で，あるいは感情用語などの点で，どのくらいの数が含まれるかを，実験として操作的に換算できるように工夫して算出する。スケールのもう1つはDischarge Readiness Inventory (Hogarty & Ulrich, 1972)である。これは退院準備状態をチェックする質問紙であり，病棟のスタッフが個々の患者の様子を見て質問項目に答えるものである。

被験者はイリノイ州，Tinley Park Mental Hospitalの急性および慢性の統合失調症の入院患者の42名(23名が女性，19名が男性)で意味の通らない言葉を話す患者は除かれている。平均年齢は27.6歳で，今までに入院した回数の平均は4.57回。またこの病院への今回の入院期間の平均値は17.2週間である。

Talker-Helper Rating Scalesの分析の結果は次の通りである。まず話し手であるが訓練の結果，実験群は統制群よりも感情用語を有意に多く話すようになった。聞き手においても実験群では内容的なreflectionも感情用語のreflectionも有意に増加し，また，否定的な反応は逆に有意に減っている。つまり，この訓練は患者のコミュニケーション能力や治療的な聞き手になる能力を向上させることを示している。Discharge Readiness Inventoryには全部で4因子があるが，そのうち地域適応能力(community adjustment potential)の因子で実験群が統制群に比べて優位に得点が向上した。これはこの訓練が退院後，地域で何とかやっていける可能性を向上させることを示している。

さらに本論文にはデータとして訓練を受けた患者からの感想がたくさん掲載されている。それらは大きく3種類あり，傾聴を受けたことのプラス(benefits)と傾聴することのプラス，そして話し手の技術を身につけたことのプラスについてである。患者がこの訓練を通してこれだけの向上を示したことを考えると，人員不足で十分に患者に耳を傾けられない精神病院の現状に対して，この訓練が患者同士による相互援助という新しい可能性を開くことを示している，と結んでいる。

この試みはフォーカシングそのものの効果を示したものというよりは，傾聴ということが技術として統合失調症の人に対してさえも伝達可能であり，患者も傾聴する能力をもっていること，そして，それを促すことが患者のコミュニケーションや社会適応性を高めること，を示している。つまり，この論文は，3条件を柱とする傾聴はカウンセリング関係だけでなく，他の人間関係でも適用可能であるというロジャーズの主張(例えば1986)や，専門家でなくても支え合えるという主張(例えばGendlin, 1981)につながるものであり，社会変革の可能性を示唆する内容にもなっている。

紹介者注
(1) 精神病患者や知的障害など，心理的な接触がもちにくい人々に対するアプローチとしてはプラウティ(Prouty, 1976; 1994)を参照のこと。これには理由がある。ロジャーズが必要十分3条件を述べた例の論文(1957)には実は，その3条件を含めて6条件が述べてある。その第1条件は，"2人の人が心理的な接触をもっていること"である。そのため，心理的に接触がもちにくい人の場合には，どのようにすればよいかが課題であった。プラウティのPre-therapyはそういう人々に対する具体的な方法を展開したものである，とメアンズは述べている(Mearns, 1994)。

紹介論文 3 Greenberg, L. S., & Clarke, K. M. 1979 Differential effects of the two-chair experiment and empathic reflections at a conflict marker. *Journal of Counseling Psychology*, **26**, 1-8.

葛藤マーカーにおいて Two-Chair テクニックと共感的反射を用いた場合の効果の違い

フォーカシングの実践および研究が世間に知られるようになってからは，クライエントの内的体験ということが一層注目されるようになった。Chicago のフォーカシングの人々とは別にクライエントの内的体験を精力的に取り上げるグループがカナダに育ちつつあった。それがライスとグリーンバーグらを中心とするグループである。彼らは新たな研究方法論を提示し，また，研究をベースにして実践を発展させた。本論文はその1つである。ここでは two-chair テクニックというゲシュタルト療法の技法が用いられているが，この研究以降も two-chair や empty-chair を用いた研究（Clarke & Greenberg, 1986; Greenberg, 1975; 1979; 1980; 1983; 1984; Greenberg & Rice, 1981; Greenberg & Webster, 1982）が続くことになる。

ゲシュタルト療法（Perls, 1969）の中心概念は"気づき（awareness）"である。気づきを通して変化過程が起こるという考え方がパールズ（F. S. Perls）の自己概念のベースにある。彼は自己というものを有機体（organism）と環境の相互作用のシステムと考えた。そして，自分の気づきの感覚を失う時に不適応が起こると考えた。つまり，"今，こうして感じ，考え，そしてこれをしているのは，（他でもない）この自分自身である"（Perls et al., 1951）という感覚を失う時である。気づきが十分でない状態は，有機体の体験が制限され続けた場合である（Perls et al., 1951；Polster & Polster, 1973）。ゲシュタルト療法の目的はその個人の体験を深め，気づきを広げることにある。課題は経験に十分にふれ（experience oneself），そこから気づきを得ることである。その時，人間の健康にとって必要な欲求の分別と満足とが自然に起こる。two-chair テクニックは深い体験を通して気づきを高めるために用いられる技法である。

グリーンバーグは two-chair テクニックを用いるのに適した場面を"split"と命名した。例えば"自分は彼女と一緒にいたいけど，もう一方で自分は彼女から離れるべきだと知っていて，気持ちが引き裂かれている"というような葛藤場面である。題目に出てくる"葛藤マーカー（conflict marker）"とは，クライエントの行動の流れのなかで，ゲシュタルト療法家がしばしば two-chair テクニックを導入するポイントとなる葛藤（split）場面のことである。split 場面において two-chair テクニックを繰り返し用いると共感的応答よりも深い体験を導かれることをグリーンバーグは3つの事例で見出した（1979）。本研究はこの知見を被験者の数を増やして実証しようとするものである。まず，two-chair テクニックと比較の対象とする技法として共感的応答を選んだ。

彼は「クライエントのある特定の状態に対してはある特定の介入技法が，より適合的かどうかを調べることが目的である」と述べて，わざわざ「ゲシュタルト療法がクライエント中心療法よりも優れていることを示す意図はない」と書き加えている。「共感的応答をその比較対象に選んだのは，共感的応答もクライエントの気づきを高め，体験を促進するカウンセリング方法のベースラインにあるもの」だから，とカーカフ（Charkhuff, 1969）を引用している。ここに彼の苦しい立場が見てとれる。グリーンバーグ自身のアイデンティティはロジャーズ派なのだろうが，一見，ロジャーズ派を否定する研究をすることになっている。この点については後で述べる。

次に，測定の道具であるが，まず，クライエントの体験を深める点で両者がどのように異なるか調べるのに，体験過程スケール（Klein, Mathieu, Gendlin & Kiesler, 1969）が用いられた。体験の深さはクライエントの表現，気づき，自己理解のレベルを高めようとするセラピーでは重要な要因であり，治療結果と関連していることが報告されている（Kiesler, 1971; Klein et al., 1969）。

測定道具の2つ目は面接体験質問紙である。面

接中，自分についてどのような変化に気づいたかをクライエントに面接後に自由に記述してもらう。

測定道具の3つ目はGoal-Attainment Scale (Kiresuk & Sherman, 1968)で，セッション前にクライエントがどのような変化を期待するかを記入し，後でどのような行動上の変化が起こったかをクライエント自身が報告するものであるが。したがって自分の期待する目標に対してそれが実現されたかどうかを調べることになる。

測定道具の4つ目はバレット-レナードのRelationship Inventory (RIと略す，1962)である。面接でカウンセラーから共感されたと感じた程度をクライエントが面接直後に答える質問紙である。

被験者はカウンセリング専攻の大学院修士の1年生でCarkhuff-Egan (Egan, 1975) モデルの訓練プログラムに参加している。被験者は各面接の開始時に，自分個人の葛藤すなわち"split"を述べるように求められる。4人のカウンセラー（経験年数2～6年）は皆two-chairテクニックと共感的応答の訓練を受けたことがある。1人のカウンセラーにはそれぞれ4人の学生がクライエントとして振り当てられた。カウンセラーは1人の被験者（クライエント）に対し，全2回のセッションを行い，そのうち1セッションは共感的応答によるカウンセリング，もう1セッションはtwo-chairテクニックを用いたカウンセリングを行う。カウンセラーは2人の被験者に対しては第1セッションを共感的応答，第2セッションをtwo-chairテクニックのカウンセリングを，残り2人の被験者には，順序を逆にして第1セッションをtwo-chairテクニック，第2セッションを共感的応答のカウンセリングを行った。

データ収集は，次の2段階で行われた。第1段階は，共感的応答やtwo-chairテクニックが適切に施行されたことを確認した。共感的応答についてはCarkhuff Scale (Carkhuff, 1969)を用いて実験仮説を知らない2人の評定者が面接中のテープ録音から抽出された3つのセグメント（断片）部分を5段階で評定した（1つ目は面接冒頭，2つ目は中間部分，3つ目は集結から得られたセグメント）。スケールの3以上と評定された部分が共感的応答として認められることになっているが，データの平均値は3.9であった。two-chairテクニックについてはそれが行われたかどうかについて，やはり実験仮説を知らない2人が評定した。共感的応答，あるいはtwo-chairテクニックが基準を満たさない場合は，もう一度，同じ方法による面接が行われたが，それは全部で2回であった。（なお，本研究に出てくる評定者は中立性を保つため，いずれの実験仮説も知らされていない）。

第2段階のデータは従属変数である。まず体験過程スケールを用いるにあたって，two-chairテクニックと共感的応答の全セッションが2分ずつのセグメントに分けられた。そしてtwo-chairテクニック，共感的応答のセッションの2/3分のセグメントを2人の評定者が7段階で評定した。7段階のうち5段階以上が深い体験とみなされた。two-chairテクニックおよび共感的応答の全セグメントのうち，5以上と評定されたセグメントの割合値を分散分析に適用できるように変換し，3要因の分散分析を行った。1つ目の要因はカウンセラー，2つ目は技法導入の順序（two-chairテクニック→共感的応答か，その逆か），3つ目は技法である。これらの要因あるいは交互作用のうち，唯一，技法において有意差が見出された。two-chairテクニックが共感的応答よりも深い体験を導くことが明らかになった。

面接体験質問紙からは，被験者の全員がどちらの技法による面接も真剣に体験したことがうかがえた。また，RIの結果からも被験者の全員がカウンセラーから共感された，あるいは理解されたと感じていることを示している。ただし面接中に起こった気づきについては差があった。12回のtwo-chairテクニックのセッションにおいてクライエントは気づきの変化を間違いなく感じたが，共感的応答のセッションで同様の変化を感じたと答えたのはその半分に過ぎなかった。気づきの変化について両者の間に有意差が見出された。Goal-attainment質問紙では両者に差はなかった。

これらの結果は予想通りであり，クライエントがsplitについての面接を行った場合には共感的応答に比べtwo-chairテクニックが体験をより深め，より大きな気づきの変化をもたらすことがわかった。ただし，Goal-attainmentについては両者の差がないこともわかった。

ゲシュタルトのセッションにおいては体験過程スケールの5～6段階が最も頻出した。つまり，このことはゲシュタルトセッションが被験者の葛藤のすべてを解決したわけではないが，この時間に葛藤を十分に体験し，直面しようとする欲求が高まったことを示している。それは体験の深まりと解決への探索を導いた。

以上，本研究はこのtwo-chairを取り入れた方法がsplitにおいて共感的応答よりも優れていることを示した。実証研究に基づいた臨床実践を最も推し進めているのが，ロジャーズ派のなかでこのグリーンバーグやエリオットらを中心とするPEである。実践と研究の連携という意味で読者にとって参考になる点が多いだろう。

彼らに対しては，ロジャーズ派内で批判がある。彼らの方法はクライエントの体験のプロセスを明らかに操作しているので，クライエントの潜在的可能性を尊重してそのまま受け入れるというロジャーズの考えには合わないではないか，という批判である。本章でも紹介したようにゲシュタルト療法を取り入れるほうが効果的だ，という研究を展開していることを面白くないと思っているロジャーズ派の人は少なくないだろう。また，ジェンドリン（1981）はemotionを扱うのは治療的ではない，と言っているのに対し，彼らはそのemotionが重要だ，と言っている。このことはフォーカシングを行う人たちとの間に溝を作っているのではないか。この辺りの問題は今後も続くと思われる。

ただし，このことは指摘しておこう。ある学派に所属する人に自分独自の考えが湧きあがってくる時，その独自の考えはその所属する学派の弱点を克服する形で出てくることが多い，ということである。したがって，その本人にとっては，自分の考えは，その所属する学派を補強するものであって，学派に援軍を送っている心境である。ところが，同じ学派の他の人々から見ると，その独自の考えをもち出してきた人は自分たちの学派の破壊者や裏切り者に見える。この葛藤をどう生きるか，がグリーンバーグの課題である。ちなみにロジャーズ自身は，周囲にいた人たちに「私の後継者になるな」と言っている。もし，彼がまだ生きていたらグリーンバーグとどういう対話をしただろう。自分の考えを科学的研究と共に発展させようとするグリーンバーグにむしろ，好意的だったのではないか，と想像する。

ここでは彼らがロジャーズ派のなかで現在最も研究を勢力的に行っているグループであることについて考えておきたい。

彼らが心理療法の研究を重視（1984；1986a；1986b）することには3つの意義があると思われる。1つ目の意義は，現在のロジャーズ派のなかで彼らが心理療法を科学で取り扱おうとするロジャーズの考えを最も継承するグループだ，ということである。

2つ目の意義は，近年の欧米における健康保険の問題が関係している。効果を実証された心理療法でないと保険の支払いをしないという保険会社が出てきたことが，心理療法の業界全体を揺らし始めた。Evidence-based Psychotherapyの価値が高まってきたのである。その点，行動療法や認知行動療法は以前からそのような伝統をもっていた。ロジャーズは心理療法の科学的研究をこの業界にもち込むという画期的なことを行った人物であり，伝統的にロジャーズ派は研究を重視している。しかし，保険という経済の事情から，もう一度，実証研究を積極的に行う必要性に迫られている。現在のロジャーズ派内で，最も精力的にそれを行っているのが，PEのグループであるといえよう。

3つ目の意義は，2つ目と関連していることだが，現在，欧米では認知行動療法が他の学派を圧倒している。グリーンバーグらが研究を進めようとするのは，その認知行動療法を意識してからである。つまり，認知行動療法よりも優れた，あるいはそれと同等の治療効果を上げることが今後のこの業界で学派として生き残るために必要である。そのためにはロジャーズが残した遺産を継承しながらも，そこに積極的に効果のある方法を取り入れ，その効果を示す必要がある。研究と実践を結びつけようとする彼らの積極的な姿勢は貴重なものであろう。

しかし，彼らに対する批判が国際学会World Association for Person-Centered and Experiential Psychotherapy and Counselingのなかでも起こっ

ている(Takens & Lietaer, 2004a; 2004b)。それについて2003年の大会でシンポジウムが開かれた。その際のグリーンバーグの講演が論文となって出ている(Greenberg, 2004)。関心のある方は読むことをお勧めする。

第2章　行動療法・認知療法

　リチャード(Richards, 2002)の行動療法についての論文を要約しながら説明する。
　まず，歴史的な流れについて，行動療法(Behavior Therapy)は，20世紀の初期から学習理論を中心とする人間行動に関する理論から発達したものである。学習理論はパヴロフ(Pavlov, 1927)の古典的学習に関する研究，オペラント学習に関するソーンダイク(Thorndike, 1911)，ジョーンズ(Jones, 1924)，それにスキナー(Skinner, 1953)らの研究により始まった。
　ウォルピ(Wolpe, 1958)が発展させた系統的脱感作は，古典的学習の原理に基づいていた。彼は恐怖の抑制刺激としてリラクセイションを使用し，恐怖症の人々の80パーセントに有効であった。その後，複雑なイメージによるヒエラルキーやそれらと競い合うリラクセイションテクニックに代わるものとして，現実への(in vivo)段階的エクスポージャー(exposure)が生まれた。
　アイゼンク(Eysenck, 1952; 1985)は，伝統的な精神分析テクニックの多くの欠点や不適切さに注目し，精神分析による改善は自然に起きる寛解の比率と何ら変わらないことを発見した。この時，効果的な心理療法を発展させるために，多くの研究が始まった。そのなかの1つが，多くのセラピストが情動の理解に欠くことができないとしているラングの情動の3システム理論(Lang, 1979)である。この理論では，情動反応は便宜的に生理的(自動的な反応)，行動的(個人によりコントロールされた反応)，認知的(思考やイメージのような内的な出来事)な面から定義される。3システムはリンクしているが，セラピー中は異なった割合で変わる。この情動の分析は，行動療法家がアセスメントや治療テクニックを体系づける方法に多大な影響を及ぼした。
　認知療法(Cognitive Therapy)の発展は，行動療法の初期の仕事に追加され，ラングの3システム理論により情動を理解することで，行動療法と認知療法が合わさって認知行動療法(Cognitive Behavioral Therapy；CBT)になった。現在，行動療法，CBTそれに認知療法は理論と実践の両方で連続体上に位置しているが，2つの学派の考え方はお互いの理論的，経験的，臨床的な知識をベースとして取り入れている。ロヴェルとリチャード(Lovell & Richards, 2000)によれば，行動的，認知的または認知行動的アプローチは，同じ数のクライエントに同じレベルの満足のいく結果をもたらすことを繰り返し証明している。より複雑で，多様な要素が結合した認知的，行動的アプローチになれば，多くのクライエントに改善された結果をもたらすことは難しくなる。
　英国では，1972年に英国行動療法学会(BABP)が設立され，現在英国行動認知療法学会(BABCP)となっている。行動療法へのユニークなアプローチが発展し，"社会に役立つ医学"の必要性から国立健康サービス(NHS)が公的に設立された。英国の行動療法の特色の1つは，精神科医，心理学者，ナース，ソーシャルワーカー，教師，一般の実践家など多くの専門的実践家がいることである。特に，モーズレイ学派の精神科医，マークス(Marks, I. M.)はナースの行動療法家を多くトレーニングし，上記国家プロジェクトを発展させた。
　次に，行動療法の実践面について，まとめてみたい。

セラピーの目標

　一般に，行動療法のほとんどのプログラムの目標は，クライエントの困難さが日常生活の活動に及ぼす影響をより少なくするように手助けすることである。一部のクライエントにとっての適切な目標は，すべての症状の完全な根絶であり，特定の恐怖症やPTSDで達成される。強迫性障害（Obsessive-Compulsive Disorder; OCD）のクライエントでは，正常な活動が再開できるのに十分なまでに困難さの影響を減少することである。

選択基準

　現在すべての不安障害を含み，強迫性障害とPTSD，うつ，それに身体化した障害として慢性疲労，性的困難，習慣障害，特に過食のような食の問題，悪夢，それに病的悲嘆などがある。最近，いくつかの認知的テクニックと組み合わせて，行動論的方法が精神障害に効果的であることが示されてきている（Slade & Haddock, 1996）。

効果的なセラピストの特質

　まず，クライエントの敏感さを信じることが，協同作業に不可欠である。第2に，誠実であることは患者に対してセラピーの真のパートナーとして映る。最後はコーピングの原理で，クライエントの行動に見られる回避，儀式，過剰それに欠損などは病理的プロセスとしてよりも，コーピングの試みとして理解する必要がある。
　他の特質は，表出された情動に耐えて操作する能力，筋の通った治療プログラムを立てることができる能力，正確に臨床的な測定をする能力，臨床的なストラテジーを"売り込むこと"について気楽である能力などである。

治療関係とスタイル

　行動療法家の治療スタイルは，目的的で参加型である。セラピストは情報を用意し治療活動に参加し行動を形成することを通して，クライエントが変化することを可能にする。
　注目と接近は，うなずき，顔の表情，アイコンタクト，それに妨害を避けるための環境のセッティングなどにより証明される。侵入的にならずにノートをとることも，セラピーセッションの流れを助けるために利用される。ラポートと協力は，セッションの進度についての相互のコメントを含むクライエント中心のインタビュープロセスの全体を通して確立される。セラピストは解釈，過剰に安心させること，または評価的な言い方などを行わない。

主要な治療戦略とテクニック

①エクスポージャー
　これは，身体的，行動的それに認知的反応が恐怖刺激に慣れる（反応が減少する）まで，その刺激に治療的に直面させることである。この心理生物学的プロセスを促進するために，キーとなる原理がある。
　第1は，エクスポージャーの時間を延長していくことである。恐怖は，その人が十分に長い時間それに直面しない限り，慣れを起こさない。図2-1によれば，実線は恐怖刺激に対する典型的な恐怖と回避の反応で，その人は恐怖がピークに達するやいなや，その刺激から逃げる。一時的な恐怖の減少を経験するが，長期的な改善ではない。もしその人が恐怖刺激と接したままであると（エクスポージャー1），時間が過ぎれば恐怖が次第に減少することにつながる。
　第2は，エクスポージャーを繰り返すことである。"エクスポージャー5"は，エクスポー

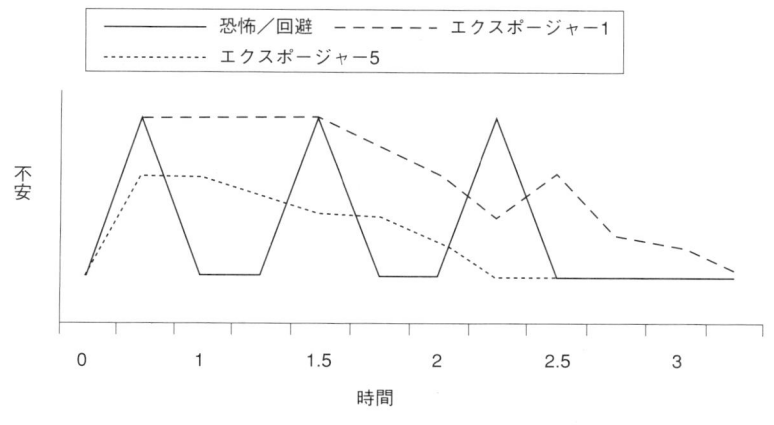

図2-1 恐怖と回避（実線）対エクスポージャー（破線）

ジャー治療プログラムを受けている人に仮に5回のエクスポージャーセッションを施した場合である。繰り返し刺激に接すると，不安は低下する。

第3は，エクスポージャーを段階的に行うことである。状況や対象を恐れる人は，普通ヒエラルキーに順位をつけ，最も不安の低いものから最も高いものへと恐怖刺激を上げていく。

行動療法家は特殊なセルフモニタリング（self-monitoring）の日記方式のシートを使い，クライエントが各エクスポージャー実施の前，間（15分ごとに），後に不安を見積もり，特に宿題としてこのことが行われる。これらの日記を再検討することが，各セラピーセッションのキーとなる。

時折，恐怖刺激に現実生活で接近することが困難な場合は，イメージによるエクスポージャーが使われる（Richards, 1988）。イメージによるエクスポージャーは，PTSDの治療で特に役立っている。イメージによるエクスポージャーは誘発刺激への接近方法を与えるだけでなく，恐怖刺激を再生することを可能にするので，現実の出来事に可能な限り似ており，エクスポージャーの有効性が最大限に生かされる。イメージによるエクスポージャーはまた強迫性障害にも使われている。

②反応妨害法

反応妨害法（response prevention）は強迫性障害に対して，エクスポージャーといっしょに使用する補助的なテクニックである。不安を誘発する刺激（例えば，さまざまな"汚染物質"）に直面すると，OCDの人は掃除や確認のような過剰な行動に従事する。これらは，彼らの恐怖刺激に直面させることにより引き起こされた不安を減少または中和しようとする行動である。エクスポージャーをOCDに有効とするためには，クライエントは恐怖を生み出す状況または対象に触れている間，彼らの中和しようとする行動を止めるべきである。反応妨害法は時間を延長したエクスポージャーの間，これらの行動を意図的に停止することを求める。

③他のテクニック

行動療法の実用的テクニックとして，食欲行動を減少したり，新しい行動スキルを学習するものがある。食欲を減少させるテクニックは，クライエントが過剰と思う行動をコントロールするのが困難な時に使われ，セルフモニタリング（例えば，エクスポージャーで日記を

続けるもの)はたいへん効果的なテクニックである。過食やアルコール乱用などのようなコントロールが貧弱な障害で最もよく使われている。食事の計画化などの行動テクニックは過食などの障害で極めて役立つが，それらのテクニックはクライエントが彼らの行動を操る中核となる前提(Core assumptions, 自己を否定的に評価し，思い込むこと)に焦点を当てることを助ける認知戦略を普通伴っている(Schmidt & Treasure, 1994)。クライエントが新しいスキル，例えば主張性または仕事のスキルなどを発展させるのを助ける確かなトレーニングと学習の手続きが使われている。ソーシャルスキルトレーニング(social skills training)はグループでよく行われ，社会的に孤立しスキルのない個人が安全な環境でトレーニングを受ける。アイコンタクトを維持することのような小さなスキルは，ロールプレイ，モデリングを通して実践され，最終的には現実生活で実践される。

④行動活性化

　行動活性化(behavioral activation)はうつの人に使われ，うつのために従事していない行動の明確化を通して達成される。楽しくて，強化のある活動に従事することは，個人の生活で正の強化子を増やす手段であり，"学習された無力"(Seligman, 1975)の感覚を正す試みである(みんなが疎遠に見えるのは，自分をそっとしておいてくれるのだ，というように，対立した考えが出てきた時に，気分がどのように改善するかを評価する。そのような手続きを通して，次第に気分の改善を図り，思考様式を変えていこうというもの)。

　うつの治療で，行動活性化は他のより複雑な認知療法よりも効果的であることが示されている(Jacobson et al., 1996)。

⑤セルフヘルプテクニック

　セルフヘルプテクニック(self-help techniques)は，1990年代初期より行動療法の効果をより広く利用できるようにする動きが生まれ，急に増えてきた。十分な教示と説明を与えれば，多くの人々はセラピストがいなくてもこれらのテクニックを上手に利用することができる。セルフケアを配信するコンピューター(Ghosh & Marks, 1987)や対話方式のプッシュホン式電話システム(Greist et al., 1998)は，多くの不安障害に効果的であることが示されており，その利用が増加している。

　セルフケアへのアクセスの最後のルートは，行動テクニックを使いながら不安障害の人々のためにセルフケアグループを運営している"恐怖に打ち勝つ(TOPS)"などのようなサービスユーザーグループがある。

紹介論文1 Latner, J. D., & Wilson., G. T. 2002 Self-monitoring and the assessment of binge eating. *Behavior Therapy,* **33**,465-447.

セルフモニタリングと過剰摂食のアセスメント

セルフモニタリングは認知行動療法（CBT）で広く使われている。それはアセスメントの方策としてだけではなく，反応性の大きい効果をもつ治療的介入としても機能している。モニターされた行動の頻度がセルフモニタリングの結果として望ましい方向へ変化し，喫煙，アルコール摂取，それに不眠症に関して多くの報告がある。

食物の摂取は，セルフモニタリングの目標行動としては特に適していて，食べることの発作は時間的にはばらばらのエピソードで起こるので，連続的なモニタリングを可能にする。

体重についてのセルフモニタリングの効果は，肥満患者で調査されている。摂食障害でのセルフモニタリングへの反応性についての直接的な研究はまだ行われていないが，神経性大食症（bulimia nervosa；BN）のCBTによる治療で，セルフモニタリングは過剰摂食（binge eating）の減少に中心的な役割を果たした（Wilson et al., 1999）。

CBTはBNや過剰摂食障害（binge eating disorder；BED）のための経験的に支持される治療として立派に確立されているが（Wilson & Fairburn, 2002），その有効性をもたらす治療の特殊な構成要素についてはあまり知られていない。この研究では，治療の文脈からセルフモニタリングを切り離すことにより，BNやBEDをもつ女性の過剰摂食へのその特殊な効果について調査されている。

過剰摂食または客観的過食のエピソード（objective bulimic episode；OBE）は，摂食についてのコントロールの喪失経験のなかで消費する食物の総量が明白に多いものとしてDSM-Ⅳに定義されている（APA, 1994）。これらの障害のもう1つの共通した特色は，食べられた食物の総量が多くない時でさえも，摂食についてのコントロールの喪失経験をもつことである。過剰摂食については検討されていないが，これらの発作は主観的過食エピソード（subjective bulimic episodes；SBEs；Fairburn & Cooper, 1993）と呼ばれている。

方　法

参加者　研究に参加したのは30名の女性で，DSM-ⅣのBN（N=12）またはBED（N=18）の基準を満たした。参加者は90％が白人，6.7％がアジア系，3.3％がヒスパニックであった。

手続き　患者を診断し，過剰摂食の頻度のベースラインを得るために，摂食障害調査（Eating Disorder Examination; EDE; Fairburn & Cooper, 1993）という構造化されたインタビューが使われた。また，ベック（Beck, A. T.）の抑うつ質問票-Ⅱ（BDI-Ⅱ）により，抑うつの症状が評価された。

インタビューに続き，参加者に診断が割り当てられ，それからセルフモニタリングの手続きについてトレーニングを受ける。

食物摂取の記録についてのセルフモニタリングの手続きで，彼らはすべての食物と飲み物の摂取がなされた後すぐに，そのタイプとおおよその分量，摂取の時間と場所，摂食の発作を食事やおやつかまたは過度の摂食のどちらとみなすか，それに摂食全般にコントロールの喪失を経験したかどうか，などを記録するように教示される。各参加者は，このトレーニングセッション中食物の記録を完成する。

この他，参加者は電話による連絡を受け，電話の会話で参加者はその日に記入した食物の記録を声に出して読むように言われ，セルフモニタリングの手続きについての疑問を尋ねることができる。

トレーニングセッションのはじめの日より，記録が集められ再検討されるフォローアップの決められた日まで，参加者は毎日の食物記録を続ける。ほとんどのケースで，この決められた日は7日後で，6日から18日の範囲になっている。この研究では，最初の6から7日の記録が分析された。

参加者はこの後，自由参加で4週間の栄養学的介入やCBTを受ける。

統計的分析　EDEのインタビューで，最近4週間の客観的過食エピソード（OBEs）の頻度が調

べられ，1日の平均過剰摂取の頻数が出された。

7日かそれ以上の記録をとった16名の参加者について，セルフモニタリング中の毎日の平均の過剰摂食の頻数は，記録が続いていた最初の7日について食物記録に記入されたOBEsの頻数を7で割ることにより得られた。

14名の参加者が6日間記録を続け，これらのケースではOBEsの合計は毎日の平均を得るために6で割られた。ベースラインとセルフモニタリングの毎日の平均頻数は，対応のあるt検定を使って比較された。それから，2つの頻数（"反応性"）間の平均値の差が対応のないt検定を使って診断カテゴリー（BN対BED）を通して比較された。

反応の大きさの効果と年齢，体質量の指標（ボディマス指数；BMI=kg/㎡；肥満度段階を決める指標），それにBDI-Ⅱスコアとの間の相関が調査された。

セルフモニタリング中にDSM-Ⅳの過剰摂食の頻数基準を下回った参加者の割合と，同様にセルフモニタリング中に過剰摂食を自制するようになった参加者の割合が計算され，これらのグループの相対的な大きさがχ^2検定により診断カテゴリーを通して比較された。

結　果

平均BMIについて，BEDの参加者はBNの参加者よりも有意に高いが，平均年齢（33.4）とBDI-Ⅱスコア（26.9）については，グループ間で差はなかった。

ベースラインの過剰摂食の頻数は，すべての参加者において0.91/日であった。この頻数の出現に関しては，BEDの女性（0.72/日）よりもBNの女性（1.20/日）のほうが高い傾向があった。ベースラインの過剰摂食の頻数は，BMI，またはBDI-Ⅱスコアとは有意な関連はなかった。

すべての参加者は記録を続ける手続きに不平を述べず，セルフモニタリングを抜かす日はなかった。さらに，各参加者はその日に消費した食物のリストと分量を詳細に話すことができた（たぶん，彼らの食物の記録を読みながら）。

セルフモニタリング中，平均過剰摂食の頻度は，インタビューで報告されたように0.91/日から0.40/日に下がり，前月の頻数半分以下に有意に下がった。

インタビューとセルフモニタリングで報告された過剰摂食の頻数は，有意に相関があった。平均（週ごとの）過剰摂食の頻数が，図2-2に示されている。

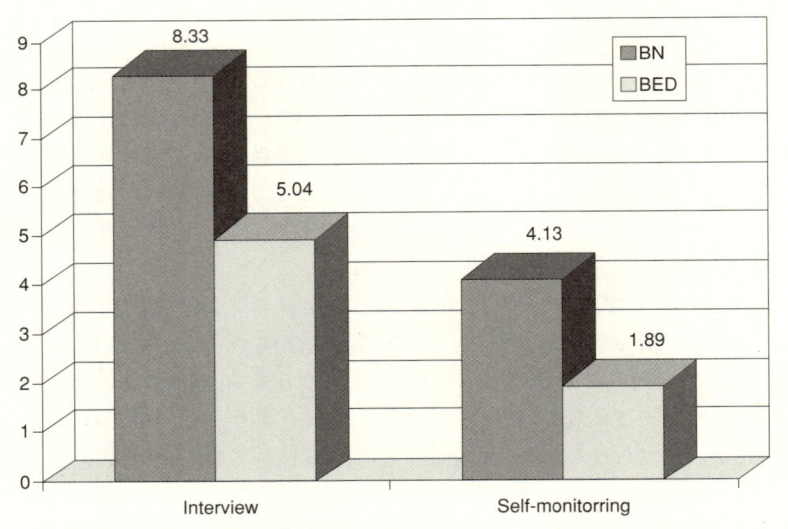

図2-2　神経性大食症患者と過剰摂食患者がインタビューとセルフモニタリングで報告した過剰摂食の（週ごとの）平均頻数

セルフモニタリング期間中，過剰摂食の頻数はBN（0.59/日）に対して，BED（0.27/日）が有意に少なかった。インタビューからセルフモニタリングまでの過剰摂食の頻数において，反応の大きさ，すなわち平均減少数は2つの診断グループで異なっていた。反応の大きさは，年齢，BMI，またはBDI-Ⅱスコアと有意な相関はなかった。

BNのDSM-Ⅳの診断基準は，過剰摂食のエピソードが3ヶ月間で毎週平均少なくとも二度生じなければならないとしている。BEDの研究の基準は，6ヶ月間に毎週少なくとも平均2日生じることを必要としている（APA, 1994）。セルフモニタリング中，12名中2名のみのBNの患者で週2回以下のエピソードに下がったのと比べ，18名中9名のBEDの患者は過剰摂食が週2日以下に下がった。

BEDグループの5名の患者（27.8％）は，セルフモニタリング中過剰摂食を抑制できるようになった（OBEsの報告が0）。BNの患者で抑制できるようになった患者はおらず，両グループを通して差の比率は有意であった。

SBEsの頻数は，インタビューとセルフモニタリングでは有意な差はなかった（インタビュー時では平均が0.84/日，セルフモニタリング中では0.63/日）が，このことは食物の総量が多くない時でさえ，摂食についてのコントロールを喪失したという知覚において，インタビューとセルフモニタリングとの間の頻数に差がないことを示している。

次の4週間の栄養学的介入やCBTに最後まで参加した人（$N = 18$）とドロップアウトした人（$N = 12$）との間で，EDEのインタビューでの過剰摂食頻数のベースライン，セルフモニタリング中の過剰摂食，BDI-Ⅱスコア，BMI，またはインタビューのベースラインとからセルフモニタリングでの過剰摂食の頻数までの変化のスコアなどに差はなかった。研究に最後まで参加した人の間で，継続しているセルフモニタリングで報告されたOBEの頻数は，セルフモニタリング単独で最初に報告されたそれに近かった。

考 察

最初の構造的面接中に評価された過剰摂食の頻度と比較した結果，参加者はセルフモニタリングの間過剰摂食の頻度の実質的な減少を示した。平均過剰摂食頻度は1日につき過剰摂食のエピソードが減少した。両方の障害をもつ参加者は，同じ比率で過剰摂食を減少させた。BEDをもつすべての参加者の半数とBNをもつ参加者の16.6％は，セルフモニタリングの段階でDSM-Ⅳにおける過剰摂食の頻度の基準を満たさなくなった。BEDをもつ参加者の27.8％がセルフモニタリング中に過剰摂食を抑制していた。これらの発見は，食物摂取についてのセルフモニタリングは神経性大食症または過剰摂食障害をもつ女性の過剰摂食を実質的に減少することを示唆している。

この研究は，さらなる証拠を用意している。BEDの女性の相当な割合は，セルフモニタリングのような最小限の介入に反応するだろう。BNの参加者以上にBEDの参加者の大部分は，セルフモニタリング中に過剰摂食を完全に抑制できるようになる。

セルフモニタリングの期間は6から7日であったが，これは過剰摂食の減少がすぐに起こると思われる期間である。8日かそれ以上（平均10日）のセルフモニタリングの記録を完了した10名の参加者の平均の過剰摂食の頻数（0.39/日）から示唆されるように，効果は維持されていると思われた。

将来の研究の1つの方向性は，セルフモニタリングが続けられなくなった後でも効果が維持されるかどうかを決定するために，セルフモニタリングに続く過剰摂食の減少の持続期間を試すことである。CBTがセルフモニタリングを用いる時と用いない時の両方で実施される研究が，治療の構成要素としてセルフモニタリングの効果を明確にしかつ分離するために推薦される。

紹介論文2　Lam, D. H., Bright, J., Jones, S., Hayward, H., Schuck, N., Chisholm, D., & Sham, P.　2000　Cognitive therapy for bipolar illness ; A pilot study of relapse prevention. *Cognitive Therapy and Research*, **24**, (5), 503-520.

双極性障害の認知療法：再発防止の試験的研究

　1970年代の早期から，躁うつ病の治療は主に薬理学的治療がなされてきたが，臨床的に予防薬としてのリチウム（lithium）が患者の一部分にのみ役立つことが観察されている。双極性障害（Bipolar Disorder）の心理療法の有効性の証拠もまた，試験的なものである。

　躁病の前兆（prodrome）症状の出現が週単位で完全な双極性障害の症状の先に起こるために（Molnar, Feeney & Fava, 1988; Smith & Tarrier, 1992），早期の発見と介入により，急性期からより深刻で長期化した状態になることを予防することが可能である。

　前兆のこの特別な問題と双極性障害のコーピングに焦点を当てるために，ラムとウォン（Lam & Wong, 1997）は40名の躁うつ病患者に躁病とうつ病の前兆とこれらの前兆をどのように処理するかについてインタビューを行い，躁病の早期の警告をコーピングする双極性患者の能力は患者の機能レベルと大いに関係していることを報告した。ギトリンら（Gitlin et al., 1995）も，患者の社会的機能がエピソードの間隔に影響することを報告した。これらの研究から，双極性障害の患者に心的状態をモニターし躁病の前兆をつかまえることを教えることは重要であると考える。

　双極性障害において，生活の出来事が日課や睡眠，それに24時間周期のリズムなどの崩壊を通してエピソードにつながることが示唆されている（Healy & Williams, 1989）。

　日課の崩壊が双極性障害のエピソードにつながる可能性についての証拠がいくつかの研究から見られる（Flaherty et al., 1987など）。アメリカ精神医学会（APA; 1994）は規則的な社会的かつ睡眠の日課を，その"双極性障害の患者の治療のための実際のガイドライン"に重要なものとして推薦している。

　双極性障害は，主に感情的，認知的，それに行動的に出現する。心理療法は，障害と関連するストレスをより良くコーピングする戦略を吟味することを患者に促すだろう。良い日課と前兆の早期探知とコーピングは本格的なエピソードの開始を予防し，双極性障害の患者の心理学的なセラピーはこれらの2つの要素を合体させるべきであることもまた事実である。これらの2つの要素の両方とも，モニタリングと調整を含む。

　認知療法は，双極性障害の患者にこれらの適切なスキルを教えることに非常に適している。われわれは，焦点型の時間制限のある再発予防のための認知療法のパッケージを計画した。

　この論文は，通常の精神安定剤を服用し依然再発していない双極性障害の患者のための認知行動療法（CBT）のこのパッケージについての無作為に抽出され統制された試験的研究について報告している。通常の認知療法の要素（Beck et al.,1979）に加えて，われわれの双極性障害のための認知療法の特質が以下に示されている。

①心理教育モデル：ストレス病としての双極性障害の教育
②前兆をコーピングする認知行動スキル
③日課と睡眠の重要性
④病気の結果としての長期にわたる脆弱性と困難さを扱うこと

方　法

包含と除外の基準　　患者の基準は，①DSM-Ⅳの双極Ⅰ型障害，②規則的な予防薬による薬物療法，③少なくとも2年間で2つのエピソードまたは5年間で3つのエピソード，それに④年齢が18歳から65歳まで，などである。

セラピストとスーパービジョン　　4人のセラピスト（男性3名，女性1名）は資格取得後最低6年の経験がある臨床心理士である。すべてのセラピストは相互にスーパービジョンを行うために，毎週1時間会い，さらにカンファレンス形式でのスーパービジョンを行った。

認知療法 　セラピーは，6ヶ月間で12から20セッションであった。セラピストの臨床的な判断により，患者が必要とするセッション数は柔軟に選ばれた。認知療法の内容が付録に要約されている（付録を参照）。

手段 　①MAS（躁病評定尺度，Mania Rating Scale；Bech et al., 1978）：11項目からなり，患者の運動筋肉の活動，視覚的な活動，思考の高まり，声や騒音のレベル，敵意や破壊性，気分レベル（幸せの感情），セルフエスティーム，接触（でしゃばり），睡眠（前の3晩の平均），性的関心，それに減退した仕事能力などについて調査する。
②ISS（内的状態尺度，Internal State Scale；Bauer et al., 1991）：躁病とうつ病の症状の激しさを評価するための16の自己報告による項目からなる。尺度は，双極性障害の尺度でもある。
③BHS（Beckの絶望尺度，Hopelessness Scale；Beck et al., 1974）：20項目からなり，将来についての態度と期待について聞くものである。
④SPS（MRC社会的達成スケジュール，Social Performance Schedule；Hurry et al., 1983）：前月の社会的達成についてのインタビューに基づく観察者評定尺度である。
⑤自己コントロール行動スケジュール－うつ病のコーピング（Self-Control Behavior Schedule － Coping with Depression; SCBS; Rosenbaum, 1980）：36項目の自己報告による質問紙で，被験者の自己コントロールについての認知の使用について尋ねるものである。
⑥早期の警告とコーピングのインタビュー（Early Warning and Coping Interview; Lam et al., 1997）：高い前兆や低い前兆の経験について被験者に尋ねるものである。被験者のコーピングが評定される。
⑦MCQ（薬物療法質問紙，Medication Compliance Questionnaire）：精神安定剤の服用の自己報告であり，被験者が自分の薬物治療の詳細な客観的情報をもたらす。

手続き 　被験者は，コントロールグループかセラピーグループにランダムに割り当てられた。コントロールグループは，所定の手順を行う外来患者で，"通常の治療"を受けた。

セラピーグループは，"通常の治療"プラス約6ヶ月間の双極性障害への認知療法を受けた。

被験者はベースライン，6ヶ月と12ヶ月の時点で，上記の手段を用いて独自の評価者により評価された。

さらに，被験者はまた気分の変動や薬物治療を守っているかをモニターするために，毎月BDI，ISS，BHSそれにMCQに記入した。Mill Hill Vocabulary（Raven et al., 1995）が，標本のIQの見積もりとして補充するのに実施された。

統計的分析 　6ヶ月と12ヶ月でのフォローアップ測定のために，CBTグループとコントロールグループ間の差が，2つに分かれた変数（例えば，性）はχ^2検定により，総数（例えば，エピソードの数）はピアソンの回帰により，連続変数は分散分析（ANOVA）により評価された。月ごとのフォローアップデータは，12ヶ月の平均と12ヶ月の標準偏差（変動の程度の測定）に変えられた。これらの2つのスコア間のグループ差は，ANOVAにより検定された。

結　果

患者の特徴 　25名の双極Ⅰ型障害の患者が研究の基準を満たし，男性12名と女性13名で，平均年齢は39.0歳（SD; 10.9歳）であった。結婚については，既婚と同棲が8名，離婚や別居中が3名，それに独身が14名である。Mill Hill Vocabularyによれば，サンプルの28％が平均以上の知能，64％が平均の知能である。勤務形態は，フルタイムが11名，勤務なしが10名，リタイアが1名，それに主婦が3名である。MRC社会的達成スケジュールによる社会的機能について，深刻な問題をもつ被験者の比率は，44％が雇用，44％が親しい関係，32％が社会的存在など，やや低い機能を示した。

BDI（Beckの抑うつ質問票）によるベースラインでのうつのレベルは，60％がうつの適切なレベルに軽くなっていた。MASの分類によれば，躁症状の分布は4％が確実な躁病（Probable Mania），20％が準躁病（Hypomanic），76％は躁病でなかった。

無作為抽出により，13名がセラピーグループに，12名がコントロールグループに配置された。以前の躁病のエピソードの数に関して，両グループ間で有意な差はなかった。しかしながら，コン

トロールグループの被験者は，前の入院期間の回数と以前の自殺企図の回数は，コントロールグループがセラピーグループよりも有意に高かった。両群とも，ドロップアウトは各1名であった。

成果 セラピーグループの被験者は，平均16.3セッション（*SD*; 3.2）参加した。

エピソード セラピーグループの10名の被験者とコントロールグループの2名の被験者が，全体の12ヶ月で双極性障害のエピソードを示さず，自殺企図も見られなかった。セラピーグループに比べコントロールグループでは，躁病（Manic），準躁病（Hypomanic），完全双極性障害（Total Bipolar Disorder）などのエピソードと入院期間などが有意に高かった。コントロールグループの双極性エピソードのが平均0.45（*SD*; 0.82）であるのと比べて，セラピーグループの被験者は12ヶ月間入院しなかった。

他の成果の測定 気分の測定（BDI, BHS, HRSD, MAS subscales）について，両グループ間でベースラインでは差はなかった。6ヶ月と12ヶ月で，セラピーグループはすべての測定でコントロールグループより低い平均スコアを示したが，有意差のあるものではなかった。

しかしながら，MASのスコアでは，セラピーグループでは12ヶ月でコントロールグループより不安の低下を示し続け，12ヶ月ではMASのスコアが有意に低かった。セラピーグループでは，6ヶ月で絶望尺度（BHS）に関するスコアが有意に低かった。不運にも，12ヶ月ではこの有意さは消失したが，結果は治療グループに好都合に働き続けた。

社会的達成に関しては，SPSでは両グループに有意な差は示さなかったが，セラピーグループは6ヶ月と12ヶ月でよりよい社会的達成を有意に示した。コーピングに関しては，ベースラインでの両グループ間にSCBSの平均スコアに有意な差はなかった。セラピーグループは6ヶ月と12ヶ月でコントロールグループよりよいSCBSを有意に示した。

ベースラインでのうつ病の前兆（CDP）のコーピングでは両グループ間に有意な差はなかったが，セラピーグループは6ヶ月時と12ヶ月時にコントロールグループより躁病の前兆（CMP）について，よりよいコーピングを有意に示した。6ヶ月では，鬱病の前兆のコーピングには両グループで有意な差はなかった。しかしながら，12ヶ月時にセラピーグループはよりよいコーピングに有意差を示した。

月ごとの測定 セラピーグループの被験者は12ヶ月にわたる平均BHSスコアが有意に低く，12ヶ月にわたる薬物治療へ取り組みについての彼らの月ごとの報告によれば有意によりよい取り組みを示した。

セラピーグループでは，12ヶ月を通してISSの活性化の下位尺度すべてでより低いスコアを示し，最初の6ヶ月間で差が有意であった。しかしながら，最後の6ヶ月間で差は有意でなくなった。

12ヶ月にわたるBDI, BHS, MCQ, それにISSの下位尺度のスコアの平均の月ごとの変動（標準偏差）について，セラピーグループは，平均のISS活性化変動スコアが有意に低く，ISSうつ病変動スコアが有意に低かった。セラピーグループはまた，MCQ（薬物療法への取り組み）変動スコアが有意に低かった。

薬物療法 すべての被験者がベースラインで，精神安定剤を服用していた。2つの精神安定剤を服用した比率は，ベースラインでコントロールグループの患者が27.3％に対しセラピーグループが25％，6ヶ月時ではコントロールグループの患者が36.4％に対しセラピーグループが25％，12ヶ月時ではコントロールグループの患者が27.3％に対しセラピーグループが16.7％であった。セラピーグループでは，12ヶ月を通して，2つ以上の精神安定剤を使う被験者はいなかった。

議 論

この試験研究は，精神安定剤を服用し依然再発していない双極性障害患者を確認し，さらなる再発を防ぐために認知療法の有効性をテストすることである。被験者は，前の双極性障害のエピソードの平均回数が非常に高く，全体的な社会的機能性が大きく損なわれているが，彼らのうつ病，躁病，それに絶望のレベルはベースラインでは相対的に低かった。

コントロールグループと比べ，セラピーグルー

プの被験者は所定のケアのみを受け，一貫してよりよい状態を示した。セラピーグループは12ヶ月を通して，双極性障害のエピソードが有意に少なく，入院回数も有意に少なかった。

6ヶ月と12ヶ月での気分の測定のパターンは正しい方向で，セラピーグループでの躁病症状が有意に低いレベルにあることが確認された。さらにその上，ISSのうつ病の月ごとの評定でまた，12ヶ月にわたり鬱病の変動がより少ないことが示唆された。しかしながら，BDIについてはグループ間の変動の差はほとんどない。

気分や薬物療法への取り組みについての月ごとのスコアに関して，セラピーグループは絶望や薬物療法への取り組みについて，12ヶ月にわたってよりよい結果を示した。

試験研究の結果は，たいへん励みになるものであった。セラピーグループでは，気分やエピソードの測定によりよい結果を示すのみでなく，社会的機能，セルフコントロールの行動，それに躁病とうつ病の前兆をコーピングすることなどがよりよく達成された。セラピーグループが6ヶ月時に躁病の前兆を有意によくコーピングするが，うつ病の前兆のコーピングをしないことに注目することは興味深い。このことは，双極性障害患者はうつ病の前兆を探知するのがより困難である，というラムとウォンの発見（1997）と一致する。双極性障害患者と作業をしているわれわれの経験では，しばしば彼らの機能不全の仮説は独立または達成の問題と関連するというものであった。何名かの双極性障害患者は，2番目であることは十分にのぞましいことではない，と率直に言った。彼らは"1番に引っ張る人"でなければならない。このため，彼らは極端に努力ができる。再発のエピソードは，達成目標におけるフラストレーションと関連している。何人かの患者は事業で失敗したことについて話し，そしてそれを補うためにより一層難しい事業に取り組む。双極性障害のエピソードによる履歴で一時中止をすることは，何人かの患者に失った時間を補うために急性期後に2倍に頑張って働くことを意味させる。増加した活動の周期とコーピングすることの無能が，それからさらなる再発につながる。さらにその上，彼らはエネルギーとアイデアが十分な時，わずかに

"ハイ"な気分状態も尊重する。関係の崩壊がエピソードの先に起こるが，欺瞞や愛されていないという彼ら自身の感覚以上に，"自分だけがしっかり努力すれば"という言い方で話す。しばしばセラピーは，彼らの価値は自身の達成に付随するという前提を和らげることを目的にする。

要約すると，セラピーは終了後も持続する有益な効果をもつ。認知療法を受けた被験者は改善を維持することがわかり，12ヶ月までセラピーグループはエピソードがより少なく，よりよい気分の評定とよりよい社会的達成，よりよくコントロールされた行動，それに双極性障害の前兆のよりよいコーピングに有意差が見られた。結果は励まされるものであったが，コントロールされた注意深い影響と慎重にモニターされた薬物療法で再現されなければならない。認知療法の有効性をテストするためには，傷つきやすい双極性障害患者のサンプルで再発防止の薬物療法と連結したより長期のフォローアップが必要である。

付　録

【認知療法の内容】
1. 最初のセッション（1—4）
①教育や治療同盟の発展　躁うつ病は発生学的要因と環境の影響との組み合わせの結果と見られているので，病気にかかりやすい素質－ストレスのモデル，メンタルヘルスの問題と関連する思考や行動の役割に焦点を当てる認知モデルなどへの導入。

躁うつ病にとっては特に仕事，睡眠，ダイエットの日課が大切で，患者自身の病歴に関連している。このため，セラピストと患者は早期の警告サインの詳細なリストを作る。異常な状況に"正常に"対応する患者の考えを導入するために，病歴を使いながら症状が始まる時に，正常にするアプローチをとる。この情報について，セッションで詳しく話し合う。患者はセッションで学習したことが一般化するために，学習の情報が書かれた用紙を与えられる。

②目標設定　症状と関連する，あるいは関連しない患者自身の機能的な目標を引き出すこと。これらの目標に向けたステップを分析するのに，認知的テクニックの使用を含む問題解決アプローチ

が使われる。この段階で大切なことは，いつも撤退や回避を行うより，特別な症状があるにもかかわらず大切な目標を達成し続ける方法を分析することである。

2. 中間のセッション（5―16）
③認知行動テクニック　　毎日の気分評定を含む行動のスケジュール化。異常または機能不全の信念への挑戦，否定的自動思考(例えば，"彼らには，私が不安だと見えるだろう"と心配が先に立つ考え方)のパターンを経由して普通引き出される機能不全の前提(例えば，"私が不安のサインを示せば，彼らは私が無能だと考えるだろう"という思い込み)に焦点を当てること。
④薬物療法(リチウムの服用)を守ること。
⑤自己管理　　感覚を探す行動や気分から来る薬物の使用や依存などのリスクの他に，睡眠，飲食物，日課などを自己管理すること。
⑥早期の警告サインに気づくこと　　再発を予防するため，警告サインを減らすのに効果的な認知行動テクニックについての話し合いをする。
⑦メンタルヘルスの問題の経緯についての必然の結果を受け入れること。
⑧事後の積極的な治療(16―20)　　さまざまなテクニックを実践し，潜在的な問題につながる行動を変化させる。

第3章 遊戯療法

　遊戯療法（Play Therapy）は，遊びを媒介にした心理療法（Psychotherapy）である。イギリス遊戯療法士協会（British Association of Play Therapists）の定義を見てみよう（West, 1996, p.xi）。

　　遊戯療法は，子どもと遊戯療法士の間の，ダイナミックなプロセスである。自分の生活を脅かしている，過去や現在，意識や無意識の問題を，子どものペースと課題にしたがって探求する。治療同盟によって子どもの内的な力が発揮され，成長と変化が生じる。遊戯療法は子どもが中心だ。遊びが主要な手段であり，会話は補助的な手段である。

　アメリカを中心とする遊戯療法学会（Association for Play Therapy, Inc.）の定義は，趣が少し異なる（O'Connor, 2000, p.7）。遊戯療法の対象を，子どもに限定せずに定義しているところが，特徴だろう。

　　遊戯療法は，理論モデルを体系的に用いて，対人関係のプロセスを確立し，訓練された遊戯療法士が遊びの治療的な力を用いて，クライエントが，心理的困難を予防あるいは解決し，最適な成長と発達を達成することを援助する。

　ひとことで遊戯療法といっても，実はさまざまな立場がある。ウェスト（West, 1996, p.190）は，①人間中心（person-centered），②心理力動的（psychodynamic），③行動的（behavioral），④認知的（cognitive），⑤ゲシュタルト（gestalt），⑥トランスパーソナル（transpersonal）の6つの学派（schools）を挙げる。

　諸学派には，代表的な遊戯療法家がいる。例えば，精神分析では，A. フロイト（Anna Freud, 1870-1937），クライン（Melanie Klein, 1882-1960），ウィニコット（Donald Winnicott, 1896-1971），スターン（Daniel Stern, 1934-）など。子ども中心遊戯療法のアクスライン（Virginia Axline, 1911-），実存主義的心理療法のムスターカス（Clark Moustakas, 1921-）も著名である。児童心理療法のハワース（Mary Haworth, 1911-），箱庭療法のローウェンフェルト（Margaret Lowenfeld, 1890-1973），カルフ（Dora Kalff, 1904-1990），集団遊戯療法のジノット（ギノット）（Haim Ginott）も挙げておこう。遊戯療法に影響を与えた心理学者として，ロジャーズ（Carl Rogers, 1902-1987），アドラー（Alfred Adler, 1870-1937），ユング（Carl Jung, 1875-1961），エリクソン（Erik Erikson, 1902-1979）の貢献も見逃せない。とりわけ，クライン，ウィニコット，アクスライン，カルフはぜひ読んでおきたい。

　本章では，このような遊戯療法の多様性を反映するべく，上記以外の著者から4つの論文を選んだ。

　紹介論文1は，ガーニー（Guerney）による1964年の論文である。親子療法（Filial Therapy）の構想が述べられている。日本では，親子並行面接や家族合同面接が自然に行われるが，アメリカでも，1964年という早い時期に，親の助力を得て子どもにアプローチするというアイディアがあった。親子療法はその後も発展し，近年，最も注目される遊戯療法の1つにな

っているという(VanFleet, 1994; Landreth & Bratton, 2005)。

　紹介論文2は，コットマン(Kottman)による1989年の論文。アドラー派の遊戯療法(Adlerian Play Therapy)の概説である。紙幅の関係で，最も「アドラーらしい」部分を要約できなかったが，そのユニークな思想の端緒にふれていただければうれしい。

　紹介論文3は，ネル(Knell)による1998年の論文。認知－行動遊戯療法(Cognitive-Behavioral Play Therapy; CBPT)について紹介している。遊戯療法をベースに，一見，相容れないと思われていた認知療法を，うまく取り入れていった経緯が述べられている。この領域の良い手引きになろう。

　紹介論文4は，アイバーグ(Eyberg)らによる2004年の論文。彼らの提唱する親子交流療法(Parent-Child Interaction Therapy; PCIT)の効果を，フォローアップ調査したものである。検証の手続きが詳しく述べられており，参考になる。

その後の展開

　遊戯療法はこれまで，上記の諸学派のなかの，子どもを対象とした一領域として位置づけられてきた。しかし近年，学派を超えて，遊戯療法を統合，発展させていこうという動きが活発になっている。1982年に，アメリカを中心とする遊戯療法学会(http://www.a4pt.org/)が設立され，1992年には，イギリス遊戯療法士協会(http://www.bapt.info/)が誕生した。わが国においても，日本遊戯療法学会(Japanese Association of Play Therapy)が，精力的に活動している。

　遊戯療法は，2000年以降も多様な展開をとげている。刊行された洋書から，その動向をまとめてみよう[1][2]。

● 遊戯療法に関する成書，入門書の刊行(West, 1996; O'Conner, 2000; Kottman, 2001; Landreth, 2002; Cattanach, 2003; Giordano et al., 2005)
● 適用範囲の拡大：学校現場で行う遊戯療法(Drewes et al., 2001)
● 対象年齢の拡大：青年や成人に対する遊戯療法(Schaefer, 2003b; Gallo-Lopez et al., 2005)
● 短期遊戯療法，親子療法(VanFleet, 1994; Kaduson & Schaefer, 2000; Landreth & Bratton, 2005)
● 国際比較，文化論的考察(Schaefer et al., 2005; Gil & Drewes, 2005)
● 処方せん的，折衷的(prescriptive eclectic)アプローチ，諸理論の比較(Schaefer, 2003a)
● 実証に基づく(empirically based)遊戯療法(Landreth et al., 2005; Reddy et al., 2005)

　私見だが，遊戯療法を論じるには，技法論(どのような効果があるか)，療法論(どのような意味があるか)，治療者論(遊戯療法士とはどのような存在か)の3つの視点が，バランスよく必要である。アメリカの遊戯療法は，どうしても技法論に傾く傾向にある。逆に，日本の遊戯療法は，療法論や治療者論に中心があり，対照的だ(東山・伊藤，2005；河合・山王

---

[1] ノーステキサス大学遊戯療法センター(Center for Play Therapy at the University of North Texas)は，アメリカの遊戯療法の発展をリードしている機関。そのウェブ(http://www.coe.unt.edu/cpt/)にも，多くの情報がある。
[2] この他，狭義の遊戯療法ではないが，さまざまな子育て支援プログラムも数多く開発されている。例えば，オーストラリアのTriple P-Positive Parenting Program(前向き子育てプログラム「トリプルP」)は，サンダース(Matthew Sanders)が，認知行動療法に基づいて体系化した家族介入プログラムである(Bor et al., 2002; Leung et al., 2003; Sanders 2000; Sanders et al., 2000; Sanders et al., 2003; Sanders et al., 2004ab)。概要は，サンダースら(2003)を参照のこと(ウェブ上で全文閲覧可能)。クィーンズ大学子育て＆家族支援センター(Parenting and Family Support Centre at the University of Queensland)のウェブ(http://www.pfsc.uq.edu.au/)に，詳細な情報がある。

教育研究所, 2005)。

　遊戯療法の目標は, 人生の深い悲しみのなかで, 子どもたちが「生きていてもいいんだ」と実感できることにある(串崎, 2005; 串崎・串崎, 2005)。そのためには, 遊戯療法士に幅広い知識と技法, 人格的成熟が求められるだろう。若い世代のバランスよい学びに期待したい。

紹介論文1 Guerney, Jr., B. 1964 Filial therapy: Description and rationale. *Journal of Consulting Psychology*, **28**(4), 304-310.

親子療法：解説と原理(1)

情緒的な問題に取り組む必要性が，ますます大きくなっている。そのためには，効率のよい，効果的な心理療法を目指して，多くの研究がなされる必要がある。ここで提示した親子心理療法(Filial Psychotherapy)は，これらの目標を取り入れながら，新しい方法を発展させる試みである（さらに，長期的な視点からいえば，この方法は，予防手段として力になるかもしれない。子ども時代の基礎を作る上でも，成人のメンタルヘルスや自己実現にも，役立つかもしれない）。

技法としては，親を，子どもたちとの治療的仲介者(therapeutic agents)として活用する。ここで述べたアプローチは新しいとはいえ，これまでにも，心強い先駆者たちが親の能力を活用してきた。例えば，フロイト(Freud, 1959)は，『5歳の少年の恐怖症の分析』("Analysis of a Phobia in a Five-Year-Old Boy")のなかで，こう述べている。

> 治療そのものは，子どもの父親によって実行された。……子どもがそのように告白するのを説得できる人は，おそらく他にいなかっただろう(p.149)

他の前例として，ムスターカス(Moustakas, 1959)による報告がある。彼は，比較的，標準的な子どもの親が，「遊戯療法」のセッションを，家庭で実施した例を示唆している。そのような「関係療法(Rela-tionship Therapy)」において，ある種の母子が，たいへん肯定的な体験をするとも述べている。ナタリー・フックス(Natalie Fuchs, 1957)は，父親であるカール・ロジャーズの励ましで，家庭遊戯療法セッションを自分の娘と行い，トイレット・トレーニングの問題の克服に，めざましい結果を達成した。

親子療法の本質

親子療法(Filial Therapy)は，(6～8人のグループで)幼い子どもたちの親を訓練する。ある特定の方法で，自分の子どもと，遊びのセッションを実行できるようにする。訓練後も，親は，毎週セラピストと面接する。子どもや自分についての結果，結論，推論を話し合うのだ。親子のセッションが，家庭で実施される。親は，週に1回，30分の遊びセッションを始める。だんだん頻度を増やし，週に1～2回，45分にするのが望ましい。

親グループは，母親と父親から構成される。配偶者が一緒にならないように，均等に分けられる。このアプローチによって提示される問題は独特なので，グループ・セラピストのアプローチには，柔軟性が必要となる。諸種の指導的な技法(instructional techniques)が用いられる。遊びのセッションを，セラピストが実演したり，ロール・プレイする技法も含まれる。しかし，親の感情や態度を探索することが，指導や後の議論に関わってくる時，グループ・セラピストは，比較的，来談者中心で関わる。強い促し(probing)や解釈(interpretation)は，一般的には用いられない。

セラピーは，次の3段階の観点から記述されるだろう。

段階1　段階1の第1部では，セッションの目標が，親に次のように説明される。

1. 子どもの活動を子どもが決定できるように勇気づける。もちろん，ある種の制限はある。道具を破壊しない，人を身体的に傷つけるような活動をしない，など。

2. 親の側の共感的理解(empathic understanding)を発達させる。子どもが，遊びを通して伝えようとし，表現しようとしている基本的欲求や感情を理解する。

3. そのような欲求や感情を理解したことを，子どもに即時フィードバックする。どのような感情や思考をもっていても，個人として十分に受容したことを伝える。

4. 子どもは，自分の行為に対する責任を理解し，受け入れたいという欲求がある。ただし，技法を単に機械的に適用したり，純粋性(genuine)

と共感を伴わずに繰り返しても，無意味あるいはかえって悪化することが，強調される。しかし，上記の目標を達成するのに役立つ特定の技法もある。ロジャーズ派のセラピーにおける，伝統的な技法がそうだ。構造化(structuring)，内容の反復(restatement of content)，強調(emphasis)，感情の明確化(clarification of feeling)などである。

段階1の第2部では，家庭セッションに先立って，親が，他の子どもや自分の子どもと，ロール・プレイを試みる。観察セッションでは，グループで話し合い，その役割に対するグループの理解を深め，習得へ導く。最初のオリエンテーションは，完全に課題志向(task-oriented)だ。動機づけを最大限にし，抵抗を最小限にするように計画される。セラピストは，親の一般的な役割と，セッションでの役割は違うことを明確にする。親はこれらの技法を，セッション以外で試みる必要はないといわれる。

段階2 段階2は，6～8セッション後に始まる。親とセラピストが，準備ができたと感じたら，家庭で自分の子どもとセッションを始める。それぞれの親は，普通は彼らの負担で，約25ドル相当の標準的な遊戯療法の道具を準備する。彼らは，遊びのセッションを，遊びの活動に適した一室で実施する。セッションの間，中断されないように，ものごとをアレンジしておく。親は，所定の概要にしたがって，セッションの記録をとる。可能であれば，テープ・レコーダーがあるとよい。話し合いの出発点として，役立つだろう。

最終段階 セラピーが十分に進むにつれて，もはや援助が必要ないことを親に示していく。このことをグループでも話し合い，親は自由に終結してよいと告げられる。

親子療法の原理

次のような疑問が問われるのも，もっともだろう。「親は，問題の形成に深く関与していると推定されるのに，いかにして仲介人になり，今や解決に寄与すると期待されるのだろうか？ そのような親に，子どもとやりとりをさせて，情緒的な重荷や葛藤した領域があるのに，問題をさらに悪化させることはないのだろうか？」。われわれは，まずこう答えたい。親は，いかなる状況においても，子どもに深く関与している。われわれが訓練していることは，問題をよく受容し，理解することだ。その過程では，行動を解釈したり，行為を罰することは避けられる。このことが，子どもの苦悩を悪化させるとは思えない。セッションは，子どもを直接的に援助するものではない。しかし，親のグループ・セラピー・セッションにおいて，有意義な話し合いを促進する触媒として，役立つだろう。

紹介者注
(1) 本論文の構成のうち，「親子療法の本質」(Nature of Filial Therapy)を中心に要約した。「親子療法の原理」(Rationale for Filial Therapy)「親子療法における研究の現状」(Present Status of Research in Filial Therapy)については省略した。親子療法の展開については，下記の文献が参考になる。

Guerney, L. 2003 Filial therapy. In C. E. Schaefer(Ed.), *Foundations of Play Therapy*. Hoboken, NJ: John Wiley & Sons, pp.99-142.（串崎真志（訳） 近刊 遊戯療法の基礎 創元社）

Landreth, G. L., & Bratton, S. C. 2005 *Child Parent Relationship Therapy(CPRT): A 10-session Filial Therapy model*. New York: Brunner Routledge.

VanFleet, R. 1994 *Filial Therapy: Strengthening parent-child relationships through play*. Sarasota, FL: Professional Resource Press.（串崎真志（訳） 2004 絆を深める親子遊び：子育て支援のための新しいプログラム 風間書房）

VanFleet, R. 2000 Short-term play therapy for families with chronic illness. In H. G. Kaduson & C. E. Schaefer(Eds.), *Short-Term Play Therapy for Children*. New York: Guilford Press, pp.175-193.（倉光 修（監修）・串崎真志・串崎幸代（訳） 短期遊戯療法の実際 創元社 pp.217-236）

VanFleet, R., Ryan, S. D., & Smith, S. K. 2005 Filial Therapy: A critical review. In L. A. Reddy, T. M. Files-Hall & C. E. Schaefer(Ed.), *Empirically Based Play Interventions for Children*. Washington, D. C.: American Psychological Association, pp.241-264.

紹介論文 2 Kottman, T. K., & Warlick, J. 1989 Adlerian play therapy: Practical considerations. *Individual Psychology*, **45**(4), 433-446.

アドラー派の遊戯療法：実際的考察[1]

　個人心理学(Individual Psychology)の概念や，アドラー派のカウンセリングの多くの技法は，遊戯療法の基本的な前提と組み合わさって，子どもを援助するユニークな手続きを創造している。アドラー派の遊戯療法士は，アドラーの人格理論で子どもを説明し，次のような技法を創造的に選択できる。勇気づけ(encouragement)，家族布置(family constellation)，早期の回想(early recollections)，目標の開示(goal disclosure)，暫定的な仮説(tentative hypotheses)などを用いて，子どもを援助するのだ。アドラー派では，遊戯療法のなかで，子どもたちに次のようなことを教える。すなわち，自滅的な行動(self-defeating behavior)をしている自分に気づき，その目的について洞察(insight)を得ること。代替手段(alternative methods)を発展させ，人生に対してうまく対処できるようになることである。

関係性(relationship)

　アドラー派のカウンセリングにおいて，セラピーの第1段階は，民主的関係(democratic relationship)の確立である(Manaster & Corsini, 1982)。子どもと関係を構築する過程で，遊戯療法士は，多様な技法を選択できる。行動の追跡(tracking behavior)，内容の反復(restating content)，感情の反射(reflecting feelings)，勇気づけ(encouragement)，質問に対する説明や回答(giving explanations and answering questions)，質問(asking questions)，そして子どもと遊ぶこと(playing with the child)である。

　追跡的な言葉かけは，子どもの行為を簡潔に記述する。例えば，「今それをとろうとしているのね」「箱庭のほうに行こうとしているね」。内容の反復は，「まあ，黄色い太陽を塗っているのね」「お母さんは，あなたが今朝，問題を起こしたというのね」。

　また，遊戯療法士は，子どもの言動を通して表現されている感情を繰り返す(reflect the feelings)ように努力する。子どもが述べた感情を繰り返すことも(「今日は本当に幸せなのね」)，子どもの遊びに表現された，根底にある情緒や感情の調子を繰り返すことも(「パンチング・バッグを叩いている時は，本当に怒っているように見えるわ」「今朝は何か悲しげね」)，どちらも重要である。

勇気づけ(encouragement)

勇気づけは，遊戯療法のなかで，関係を構築するために用いられる。自己理解(self-understanding)と自己信頼(self-reliance)に向けた子どもの努力が認められ，強化される。遊戯療法士は，プレイルームで実際に生じた行動について，勇気づけるコメントをする。「本当に一所懸命に塗っているわね」「釘を丸太に最後まで打ち続けて，誇らしげに見えるよ」。遊戯療法士は，プレイルームの外で生じた活動についても，その努力を勇気づけることができる。「理科の実験に取り組むのが好きだと聞いたよ」「だだをこねずに，おにいちゃんに遊んでもらう方法を見つけたのね」。アドラー派の遊戯療法士は，勇気づけを用いて，子どもが，問題解決において機知に富み(resourceful)，自信をもてる(confident)ように援助できる。「あなたは，自分で解決を見つけることができると思うわ」「あなたは，自分が使いたいものを自分で決めることができるのよ」。

オープン・コミュニケーション(open communication)

オープンなコミュニケーションを確立し，関係のなかに信頼を発展させるため，アドラー派の遊戯療法士は，子どもの質問に，誠意をもって率直に(honestly and openly)答えようとする。遊戯療法の過程や手続きについて，彼らが遊戯療法に連れてこられる理由について，彼ら自身の人生や，その他の質問について。例えば，あるおもちゃをどのように使うのかと聞かれたら，セラピストは最初にこう言うだろう。「あなたが決めることができるのよ」。もし，質問が繰り返されるようなら，こう答えるかもしれない。「あなたは，自分で何でも考えることができると

思うわ」「キャッチボールをしてもいいし，ボウリングをしてもいいし，考えたことをいろいろしたらいいのよ」。質問に正確に答えることも重要である。しかし，遊戯療法士は，その質問のなかにある隠れたメッセージに耳を傾け，感情を反射しようと試み，その暗黙の質問に表現された不安に焦点を当てるようにする。

質問する（asking questions） セラピストは，プレイルームや子どもの生活で生じた，出来事や会話について，明確化（clarification）を求めることができる。家族布置，家族の雰囲気，早期の回想，他の関連する話題について，情報を求めることができる。アドラー派の遊戯療法では，次の2つの適切な方法で質問できる。(a)直接的な質問（direct questioning）と，(b)暫定的な質問（tentative questioning）である。直接的な質問では，セラピストは，情報あるいは明確化を簡潔に求める（例えば，「今週，学校で喧嘩したの？」）。暫定的な質問では，暫定的な仮説を与えるという口調で，質問を表現する（例えば，「誰かがあなたに，そんなことを言ったのかしら？」「それって，あなたが時々家でしていることかしら？」）。

積極的なやりとり（actively interacting） アドラー派の遊戯療法士は，子どもと積極的に関わることによって，治療関係をさらに高めることができる。子どもが，積極的なやりとりを「先導」できるような方法の1つに，「ささやき技法（whisper technique）」がある。遊びが進み，セラピストが何かしたり言ったりする順番の時に，子どもにこうささやくのだ。「次に何をしたらいいのかな」。これは，遊びの方向性と内容を決定する機会を，子どもに与える。

制限の設定（limit-setting） プレイルームには，交渉の余地のない，ある種の規則がある。例えば，道具や自己や他人を傷つけることは禁止されている。しかし，その他の規則，例えば，砂や水の扱いは，柔軟である。この種の行動を制限設定するときは，セラピストが，規則という観点から子どもと交渉することが重要だ。例えば，一定量の水なら，箱庭に入れてもよい場合，こう言うかもしれない。「どのくらいの水を箱庭に入れたら，かなりの量になると思う？」。

アドラー派の遊戯療法で制限設定をする場合，次の4ステップの過程がある。(a)制限の説明（state the limit）。(b)子どもによって表現された感情の反射（reflect the feeling）。禁止された行動をしたいという願望を認める。(c)代替行動をできるように，子どもを勇気づける。制限を破らず，適切な代理案に合意できるようにする。(d)もし子どもが，その新しい合意を守らない場合，その違反に対して，論理的な結末（logical consequences）を考えるように子どもを励ます。多くの子どもにとっては，その過程に入るだけで，4ステップを必要としない。

紹介者注
(1) 本論文の構成のうち，「関係性」（Relationship）の部分を要約した。「ライフスタイルの探索」（Exploration of the Life-Style）「洞察」（Insight）「再方向づけ」（Reorientation）については省略した。さらなる詳細は，同著者による下記の文献を参照のこと。

Kottman, T. K. 2003 *Partners in Play: An Adlerian Approach to Play Therapy (2nd ed.)*. Alexandria, AV: American Counseling Association.

Kottman, T. K. 2003 Adlerian play therapy. In C. E. Schaefer (Ed.), *Foundations of Play Therapy*. Hoboken, NJ: John Wiley & Sons, pp.55-75.（串崎真志（訳）近刊 遊戯療法の基礎 創元社）

紹介論文 3　Knell, S. M. 1998 Cognitive-behavioral play therapy. *Journal of Clinical Child Psychology*, **27**(1), 28-33.

認知－行動遊戯療法[1]

およそ30年前，アーロン・ベック(Aaron Beck)は，心理療法に新たな革新的なアプローチを開拓した。認知療法(Cognitive Therapy; CT; Beck; 1964; 1976)として知られるようになったアプローチである。1980年代の半ばより，CTは，人格理論と病理理論をもち，心理療法のモデルを備えた，心理療法の「体系」として認められている。確固とした実証的知見をもち，臨床的成果研究は，その効果を支持している。

長年にわたり，CTは，ますます幅広い人々に適用されるようになった。そこには，うつ(depressive)，不安(anxiety)，人格障害(Personality Disorders)などの精神医学的問題だけでなく，多くの非精神医学的問題，囚人や多様な医学的疾患をもつ患者も含まれる(Beck, 1995)。しかし，その本質ゆえ，大人に対する実践としてのCTは，修正なしに，そのまま青年や子どもに当てはめることができなかった。発達的に適切なアプローチ(developmentally appropriate approach)が必要だったのだ。

多くの研究は，CTをこの種の人々に適用するのは不可能と仮定してきた。就学前児童の発達水準と，CTの要求するものとは，相容れないように見えた。臨床上の知恵として，就学前児童の個人療法は，遊戯療法(play therapy; PT)の水準で関わるしかないとされた。就学前児童は，単に言語的に介入する能力でさえ限られている。それゆえ，PTとCTは，一見，両立しないように見える。しかし，CTの就学前児童への適用もある。伝統的遊戯療法に，認知的，行動的要素を取り入れたもので，CBPTと名づけられている。CBPTは，大人に対して用いられる時のCTの複雑さを修正し，子どもの発達水準に適した治療的介入を行う。

CBPTは，特に幼児(2歳6ヶ月から6歳)に適用できるように，発展してきた。CBPTは，情緒障害に関する認知理論(cognitive theory)と，セラピーに関する認知の原理(cognitive principles of therapy)を基礎に置く。これらを，発達的に適切な方法で適用する。他の形態の認知－行動療法と同様，CBPTは，子どもの発達上の問題によく反応する。また，このモデルから得られる介入の効果について，実証的妥当性(empirical validation)を検証することを重視する(Knell, 1993)。CBPTを統合した，就学前児童の事例が最初に報告されたのは，ネルとムーア(Knell & Moore, 1990)であった。

CBPTの実際的適用

CBPTにおけるアセスメント　他のいかなるアプローチと同様，認知－行動遊戯療法士(cognitive-behavioral play therapist)に求められる最初の課題は，アセスメントである。CBPTの観点からアセスメントする場合も，基本的には変わらない。児童臨床の綿密なアセスメントとなるだろう(Knell, 1993)。つねに，標準的な発達(normal development)という視点に立ってアプローチする。その子どもは，「トラック」(track)のどこにいるのか？　標準的な発達は，どこでつまずいたのか？(Wenar, 1982)　CTの観点からいえば，大人であろうと子どもであろうと，人は自分の言葉(self-statements)，帰属(attributions)，信念(beliefs)，思い込み(assumption)を確認することに関心がある(Freeman et al., 1990)。大人と子どもで，この情報は，どのように集められるのか。大人の場合は，直接的な面接(direct interview)，自己モニタリング(self-monitoring)，自己報告(self-report)，思考サンプリング技法(thought sampling techniques)を用いる。子どもの場合は，同じ情報でも，より推測的な方法(inferential way)，すなわち観察(observation)や親の報告(parent report)を通して集められるに違いない。面接(interview)，プレイ・アセスメント(play assessment)，伝統的な心理検査(traditional psychological tests)，セラピストが作り出す課題(therapist-created tasks)によっても集められるだ

ろう。鍵となる強調点は，子どもの認知的歪み(cognitive distortions)や欠如(deficiencies)を見極めることにある。これを確定するのは，大人よりもずっと難しい。

分離不安(separation anxiety)を示す5歳の少女の例を考えよう。重要なのは，セラピストが，発達上の文献に熟知していることであった。ある水準の分離の問題は，子どもたちにとっては普通である。それゆえ，標準的な分離困難と，過度の反応を峻別することが重大だった。さらに，この子にとっての機能障害(impairment)の程度も深刻だった。母親から分離する苦痛が，幼稚園やパーティなど，集団活動への参加を阻害していたからである。そのような機能の乱れ(disruption)を考察するとき，その反応が，どれくらい「つまづいて」いるかだけではなく，その子どもの肯定的な発達が継続していることも，考慮するべきであろう。最終的に，アセスメントが実施される方法に対する，発達的感受性(developmental sensitivity)が重要だ。こうして，その子どもには，自分の苦痛を伝える能力があった。彼女に対する直接的な面接だけでは確証できなかったが，親の報告，子どもの行動，遊びを通した間接的な感情表現からは理解できた。

CBPTにおける介入　アセスメントに続いて，介入(intervention)が導入される。行動上の能力(behavioral competence)を増やし，不適切な認知(maladaptive cognitions)を修正し，適応的な認知を教える。セラピーは，クライエントの弱さにストレスを強いるのではなく，クライエントの強さを活かすべきである。CBPTでは，複雑な言語課題の使用をあまり重視しない。代わりに，芸術，音楽，おもちゃ，他の非言語的な表現手段が用いられる。例としては，(a)言語ラベルではなく，さまざまな感情を描いた顔の絵，(b)さまざまな気分を表現した音楽，(c)さまざまな感情や行動を表したパペットや人形などがある。

実際的には，CBPTは，ほとんどいつもモデリングの要素を含んでいる(Knell, 1994)。適応的な対処方法を，子どもにデモンストレーションするために用いるのだ。子どもは，遊びを通して，パペット，ぬいぐるみの動物，本のなかの登場人物を観察し，解決をまねるだろう。それは，自分が体験してきたのと同じ問題かもしれない。

モデリングは，多くの特殊な介入のために，修正することもできる。例えば，最近の文献では，性的虐待を受けた子どもに，認知－行動療法を用いた例が記されている(Deblinger et al., 1990; Ruma, 1993 ; Knell & Ruma, 1996)。CBPTは指示的だが，セラピストが提供する構造のなかで，子どもはコントロールの感覚(sense of control)を発達させる。性的虐待を受けた多くの子どもは，虐待について話し合うことを回避する。おそらく，トラウマティックな体験に関連する不安や否定的な感情を，回避しようとするのだろう。しかし，CBPTの構造では，子どもは，信頼とコントロールの感覚を維持することができる。このことは，性的虐待を受けた子どもにとって，極めて重要だ。克服と信頼の感覚が，破壊されているからである。

紹介者注
(1)本論文の構成のうち，「CBPTの実際的適用」(Practical Applications of CBPT)を中心に要約した。「理論的基礎」(Theoretical Underpinnings)「対象」(Populations)については省略した。さらなる詳細は，同著者による下記の文献が参考になる。

Knell, S. M.　1993　*Cognitive-Behavioral Play Therapy*. Northvale, NJ: Aronson.

Knell, S. M.　2000　Cognitive-behavioral play therapy for childhood fears and phobias. In H. G. Kaduson & C. E. Schaefer(Eds.), *Short-Term Play Therapy for Children*. New York: Guilford Press, pp.3-27.(倉光　修(監修)・串崎真志・串崎幸代(訳)　短期遊戯療法の実際　創元社　pp.5-32)

Knell, S. M.　2003　Cognitive-behavioral play therapy. In C. E. Schaefer(Ed.), *Foundations of Play Therapy*. Hoboken, NJ: John Wiley & Sons, pp.175-191.(串崎真志(訳)　近刊　遊戯療法の基礎　創元社)

紹介論文4 Boggs, S. R., Eyberg, S. M., Edwards, D. L., Rayfield, A., Jacobs, J., Bagner, D., & Hood, K. K. 2004 Outcomes of parent-child interaction therapy: A comparison of treatment completers and study dropouts one to three years later. *Child & Family Behavior Therapy*, **26**(4), 1-22.

親子交流療法の成果：治療完遂群と研究中断群の1～3年後の比較

親子交流療法（Parent-Child Interaction Therapy; PCIT）は，実証に基づいた治療（evidence-based treatment）である。クリニックでの遊びや課題状況を通して，信頼できる子育てスキルを直接的にコーチし，親子の相互作用の機能不全（dysfunction）を変化させる。治療の第1段階では，親子の愛着関係の強化を重視し，第2段階では，親が子どもの破壊的行動（disruptive behavior）をコントロールできるように援助する。明確なコミュニケーションを心がけ，行動に対して年齢に適切な教示を行う。順守（compliance）に対しては，一貫して肯定的な結果を与え，不服従（noncompliance）に対しては，一貫して否定的な結果を与える。機能的な問題解決技能訓練（problem-solving skills training）が取り入れられており，親はPCITを通して，治療終結後に生じた新しい問題にも，対処できるようになる（Bell & Eyberg, 2002）。

親訓練の即時的な効果は，十分に記されている（Brestan & Eyberg, 1998を参照）。しかし，長期的な成果についての情報は，限られている。治療プログラムを完遂したか，中断したかでも異なるだろう。治療中の子どもの減少率（attrition）は高く，40％～60％の範囲に及ぶ（Wierzbicki & Pekarik, 1993）。高い減少率は，子どもに対する効果的なサービスに，重大な障壁となる。また，研究結果に対する疑問も呼ぶ。減少率が，選択バイアスの可能性を高めているかもしれない。減少率の影響は，子どもの治療に関する文献においては，ほとんど研究されていない。データがないのである。治療を求めてきたものの，親訓練プログラムから中断した子どもや家族が，治療を完遂した人々よりも，長期にわたって悪化していくかどうかも，わからない。

多くの長期フォローアップ研究は，方法論上の弱点をもつ。それゆえ，その知見の解釈と一般化に限界がある（Eyberg et al., 1998）。適切な統制群（control group）を設定することが，長期のフォローアップにおける，最も困難な課題の1つだ。もし，統制群がなければ，ベースラインからの肯定的な変化が，治療に由来すると結論できない。成熟（maturation）かもしれないし，平均への回帰（regression to the mean）かもしれない。同時発生的な出来事（contemporaneous events）かもしれないし，統制不可能な要因（uncontrolled factors）かもしれない。

本研究で，われわれは，治療完遂者（treatment completers）を研究中断者（study dropouts）と比較して，長期的な成果を検証した。この準実験的方略（quasi-experimental strategy）は，いくつかの方法論上の問題を引き起こす。第一，グループは自己選択的（self-selected）である。それゆえ，グループの割り当て以外にも，さまざまな点で異なるだろう。2グループ間で，治療効果の長期的な違いが見出されたとしても，そもそも治療前に違いがあった，という説明もできる。

方　法

参加者　このフォローアップ研究の参加者は，少なくとも10ヶ月前に，ある治療研究（Schuhmann et al., 1998）に登録していた61家族から抽出された。子どもたちは，破壊的行動の問題（disruptive behavior problems）[2]を治療している，大きな心理クリニックからリファーされ，DSM-III-R（Diagnostic and Statistical Manual of Mental Disorders, Third Edition, Revised; American Psychiatric Association, 1987）でいう，反抗挑戦性障害（Oppositional Defiant Disorder; ODD）の診断基準を満たしていた。さらに，行為障害（Conduct Disorder; CD）や注意欠陥多動性障害（Attention-Deficit Hyperactivity Disorder; ADHD）の診断を満たす子どもたちについても，研究から除外しなかった。彼らは，高い割合で破壊的行動障害を重複するからである。服薬中の子

どもについても除外しなかったが，服薬量を一定に保つ（先月と変化させない）ように依頼した。また，服薬していない子どもの家族には，刺激剤（stimulant medication）を始めないように頼んだ。重度の身体的，精神的ハンディキャップ歴をもつ子ども（視覚障害，自閉など）は，研究から除外した。ある認知的スクリーニング質問紙で，標準得点（standard score）が70点以下の子どもや親も除外した。ODD，CD，ADHDの診断は，母親に「破壊的行動障害のためのDSM-Ⅲ-R構造化面接」（McNeil et al., 1991）を実施して判断した。認知スクリーニングの質問紙は，「Peabody Picture Vocabulary Test-Revised」（PPVT-R; Dunn & Dunn, 1981）を子どもに，「Wonderlic Personal Test」（Dodrill, 1981）を親に実施した。すべての家族面接で研究条件が提示され，研究への参加が呼びかけられた。治療研究へ参加する家族は，アセスメントの費用が返金され，治療料金も課せられなかった。

最初の治療研究では，33家族が無作為に即時治療群（immediate treatment; IT）に割り当てられた。28家族が無作為に4ヶ月の治療待ちリスト群（waitlist; WL）に割り当てられた。IT群では，8人の子どもが登録時に服薬中で，WL群では，6人の子どもがそうであった。両群合わせて，61家族中，約半分（N=31）が研究を中断した。WL群では，28家族中9家族が，治療開始前に（治療待ちリストに載ったまま）中断し，8家族が，治療開始後に中断となった。IT群の33家族のうち，1家族が割り当て後（治療開始前に）中断し，13家族が治療中に中断した。治療を完遂した30人の治療の平均期間は，13.8セッション（SD; 3.2），少なくとも1セッション以上出席した21人の中断者の平均は6.52セッションであった（SD; 5.6; 範囲=1から18セッション）。

本フォローアップ研究のために，61家族中51家族（84％）が，最初，参加に同意した。しかし，5家族は，郵送で質問紙を返送してこなかったため，最終的なサンプル数は，46人（75％）であった。フォローアップ研究に参加しなかった15人の子どもと家族のうち，最初の研究の完遂群は8人，中断群は7人であった。このフォローアップに参加した23の中断家族のうち，8家族は，割り当て後（治療開始前）に中断，残りの15家族は，平均5.47回（SD; 4.88）の治療セッション後に中断していた。完遂群（N=23）と中断群（N=23）のデモグラフィックな特徴を表に示した[3]。

フォローアップ・サンプルの46人の子どものうち，ほとんどは男児で（78％），最も多いのが白人（74％），続いてアフリカ系アメリカ人（15％），ヒスパニック（4％），異人種間の子ども（4％）であった。子どもの平均年齢は，治療研究の登録時に，4歳11ヶ月（SD; 11.68ヶ月）。このフォローアップ時では，6歳7ヶ月（SD; 13.5ヶ月。範囲49～107ヶ月）。研究に来た時の認知スクリーニング質問紙の平均標準得点は，89.9（SD; 16.94）。ODDの診断基準を満たした半分以上（59％）の子どもが，ADHD，CDあるいは両者の診断基準を満たしていた。家族は最初に，IT群とWL群に，ほとんど等分に（例えば，それぞれ24人と22人）割り当てられていた。平均でいえば，家族は，即時治療前のアセスメントの後，フォローアップ研究に19.59ヶ月（SD; 7.09）参加した（範囲10～30ヶ月）。

質問紙 「破壊的行動障害のためのDSM-Ⅲ-R構造化面接」（McNeil et al., 1991）：子どもの母親に，電話で実施した。

「Eyberg Child Behavior Inventory」（ECBI; Eyberg & Pincus, 1999）：36項目からなる評定尺度で，破壊的行動を，2つの尺度から測定する。強度尺度（Intensity Scale）では，破壊的行動の頻度を1（まったくない）から7（いつもある）で測定する。問題尺度（Problem Scale）では，親にとって問題であるかどうかを，「はい」「いいえ」で答える。これは，子どもに対する親の耐性（tolerance）を測定している。

「Parenting Stress Index」（PSI; Abidin, 1995）：101項目からなるインヴェントリーで，親子の二項関係（dyad）を特定するために作成された。ストレス下にあるか，子育ての機能不全（dysfunctional parenting）を体験しているか（あるいは，そうなっていく危機にあるか），子どもの問題行動を体験しているかを明らかにする。13の下位尺度からなり，「親領域」（Parent Domain），「子ども領域」（Child Domain），「全ストレス尺度」（Total Stress Scale）の3群に分けられている。

「Parental Locus of Control Scale」(PLOC; Campis et al., 1986)：子育ての役割(parenting role)と，親子の相互作用(parent-child interactions)に関連する「統制の位置」(locus of control)[4]を測定する。47項目について，1(まったくそう思わない)から5(まったくそう思う)で評定する。総得点が低いほど，内的統制(internal locus of control)が高い。キャンピスら(Campis et al., 1986)の報告によると，子どもの問題行動で治療を求めてくる親は，外的統制(external locus of control)が高い。

「Therapy Attitude Inventory」(TAI; Eyberg, 1993)：親訓練，家族療法，親子治療に通所している親の満足度をアセスメントするために作成された。

手続き　61家族のそれぞれに，研究用小包が郵送された。次のものが含まれていた。研究について説明したカヴァー・レター，デモグラフィック要因に関する質問項目，ECBI，PLOC，PSI(回答用紙のみ)，インフォームド・コンセントの用紙，切手付き返信用封筒，1ドル札(参加を促すため)。中断群の参加者には，中断の理由と，PCIT研究を中断してから，他の治療を受けたかどうかを尋ねた。質問紙を完成したら，20ドルを郵送で支払うことが知らされた。

小包を郵送して一週間後，研究助手が家族に電話して，フォローアップ研究に参加するかどうかを尋ねた。中断群においては，31家族中15(48％)家族において，治療ファイルに掲載された電話番号が，もはや正確でなかった。中断群では，電話面接のデータを得るまでに，平均7.2回(範囲2〜20回)を必要とした。完遂群では，1.8回(範囲1〜7回)であった。

電話面接では，主な養育者(すべての事例で母親)が質問に答えるように教示され，DSM-Ⅲ-R構造化面接とPSIが実施された。PSIでは，面接者が大きな声で項目を読み上げ，親が所定の用紙に記入した。それぞれの電話は，約25分続いた。

結　果

治療完遂群と中断群の初期の差　治療前の諸変数について分析したところ，デモグラフィック変数(子どもの年齢，性別，人種，言語理解能力 receptive language ability，母親の年齢，家族構造，社会経済的地位 socioeconomic status)については，2群に違いはなかった。破壊的行動障害の症状や，ADHDとCDの重複についても，治療前の時点では違いはなかった(表を参照)[3]。5つの治療成果変数については，PSI子ども領域の得点のみ，違いが見られた。$t(43)=2.145, p=.04$(表3-1を参照)。

治療完遂群と研究中断群の長期的成果　中断群と完遂群の家族の長期的成果の違いを，主要な質問紙について，2群×2時点の分散分析(繰り返し測定)(ANOVAs)を用いて分析した。時点によるグループの有意な交互作用が，PLOCを除くすべての質問紙で見られた(表3-1を参照)。フォローアップ時における各指標をt検定したところ，完遂群で有意な改善が見られた。子どもの破壊的行動の頻度に対する母親の評定(ECBI Inventory Scale, $t(22)=6.64, p<.001$)，子どもの不正(misbehavior)に対する耐性(ECBI Problem Scale, $t(21)=6.44, p<.001$)，子育てストレスの水準(PSI Parent Domain, $t(22)=2.87, p=.009$; PSI Child Domain, $t(22)=3.9, p=.001$)。研究中断群では，治療前とフォローアップの間に，有意な変化は見られなかった。

5つの主要な質問紙の成果について，効果量(effect sizes)[5]も算出された。別の方法から，治療前とフォローアップの変化の強度を，中断群と完遂群について示すためである。表3-1に示したように，大きな効果量が，完遂群のECBI，PSI，PLOCで見られた。対照的に，小さなあるいは中程度の効果量が，中断した家族の諸質問紙で得られた。

考　察

鍵となる知見の1つは，治療を完遂した親は，受理面接の10〜30ヶ月後でも，子どもの破壊的行動と自身の子育てストレスの評定において，有意な肯定的変化を示していた。鍵となる知見の2つめは，治療を求めてきたものの研究を中断した群には，変化がほとんど見られなかったことだ。治療完遂群の成果は，研究中断群よりも有意によいものであった。本研究の結果は，中断を予測する主要因を特定し，幼い子どもたちにとっての成果を最大限にし，治療を受けない家族が経験する

表3-1 治療完遂群と研究中断群の長期的成果

質問紙	群	治療前 平均	SD	フォローアップ 平均	SD	効果量	交互作用 自由度	F値
ECBI-I	完遂	171.40	28.4	133.13	30.4	1.29		
	中断	179.83	26.6	170.61	33.0	0.31	(1,44)	9.24 **
ECBI-P	完遂	22.43	7.0	10.36	7.1	1.69		
	中断	25.40	6.3	21.57	8.5	0.52	(1,43)	16.06 ***
PSI Child	完遂	140.52	16.3	120.30	23.7	1.01		
	中断	152.82	21.9	155.65	24.4	0.12	(1,43)	17.83 ***
PSI Parent	完遂	142.09	23.4	128.83	22.0	0.58		
	中断	153.00	20.9	149.70	24.1	0.15	(1,43)	5.61 *
PLOC	完遂	137.96	11.4	120.91	15.0	1.29		
	中断	135.55	10.4	130.68	14.3	0.39	(1,40)	1.11

*$p<.05$　**$p<.01$　***$p<.001$

多くの問題を防止する必要性を，浮かびあがらせている。

紹介者注
(1) 本論文の「結果」のうち，「長期的成果に関する臨床的有意性」(Clinical Significance of the Long-Term Outcomes)については省略した。親子交流療法そのものについては，下記の文献を参照されたい。

Eyberg, S. M., & Boggs, S. R. 1998 Parent-child interaction therapy: A psychosocial intervention for the treatment of young conduct-disordered children. In J. M. Briesmeister & C. E. Schaefer (Eds.), *Handbook of Parent Training: Parents as Co-Therapists for Children's Behavior Problems, (2nd ed.)*. New York: Wiley, pp.61-67.(山上敏子・大隈紘子(監訳) 1996 共同治療者としての親訓練ハンドブック 二瓶社)

Hembree-Kigin, T. L., & McNeil, C. B. 1995 *Parent-Child Interaction Therapy*. New York: Plenum Press.

Herschell, A. D., & McNeil, C. B. 2005 Parent-child interaction therapy for children experiencing externalizing behavior problems. In L. A. Reddy, T. M. Files-Hall & C. E. Schaefer (Eds.), *Empirically Based Play Interventions for Children*. Washington, D.C.: American Psychological Association, pp.169-190.

McNeil, C. B., Bahl, A., & Herschell, A. D. 2000 Involving and empowering parents in short-term play therapy for disruptive children. In H. G. Kaduson & C. E. Schaefer (Eds.), *Short-Term Play Therapy for Children*. New York: Guilford Press, pp.228-255.(倉光 修(監修)・串崎真志・串崎幸代(訳) 短期遊戯療法の実際 創元社 pp.281-313.)

(2) 問題行動を示す子ども，落ち着きのない子ども。行動化の激しい子どもだけでなく，いわゆる情緒障害なども含む幅広い概念であるが，DSM-Ⅳ-TR(2000)では，「注意欠陥および破壊的行動障害」(Attention Deficit and Disruptive Behavior Disorders)として，注意欠陥多動性障害，行為障害，反抗挑戦性障害を定義している。
(3) 原著表1は省略した。
(4) ジュリアン・ロッター(Julian Rotter, 1966)が提唱した人格概念で，内的あるいは外的強化に関する信念を指す。内的統制が高い場合，自分に起こることは，自分の個人的決定や努力の結果と考える。外的統制が高い場合，自分に起こることは，運命や運，その他の外的状況によって決まると考える。
(5) 母平均の差を，各群に共通の(プールした)母標準偏差で割った値。効果量が同じなら，サンプル数が多いほど，検定力(有意な結果が得られる確率)が高くなる。複数の効果研究を比較する(メタアナリシス)際にも算出される指標。

第4章　精神分析学

　精神分析(Psychoanalysis)とは，フロイト(Sigmund Freud, 1856-1939)により創始された人間理解と援助の方法であり，理論である。一般に精神分析は互いに関連し合う以下の3つの観点を指すとされる(例えば，小此木，2002)。(1)言語も含めた行動，空想，夢，症状といったさまざまな心的活動を，無意識と心理力動を中心仮説に用いて解明するための方法。具体的には，自由連想法やその他の観察方法(例えば，対面式の心理療法やプレイセラピー，芸術表現)など。(2)これらの方法を用いて実施される，抵抗，転移，葛藤の認識と，セラピスト側による解釈や逆転移の洞察によって特徴づけられる心理療法。精神分析療法，精神分析的心理療法，力動的心理療法などと呼ばれる。(3)以上の解明方法と心理療法のなかで現れた心理現象を記述し，理解し，説明するための概念づけと理論構成，すなわち精神分析理論。

　精神分析は，神経症をもつ成人のクライエントに対する心理療法から始まったが，その後，精神病や心身症，パーソナリティ障害など，さまざまな心理的な困難へと心理療法や援助の対象を広げていった。また精神分析は児童期，思春期などさまざまな年代にも応用されることになり，寝椅子を用いての自由連想法から，対面法による精神分析的心理療法，子どもを対象としたプレイセラピー，乳児と養育者の関係性に焦点づけた心理療法や精神保健活動など，より柔軟な技法が適用されるようにもなった。こうした援助対象の拡大と援助のセッティングの多様化は，新たな臨床体験の蓄積へとつながり，必然的にフロイトによる精神分析理論は発展，修正，再構成が行われ，今日までにさまざまな学派を形成するに至っている。代表的な学派として，例えば，自我心理学(A. Freud, H. Hartmann, E. Krisなど)，対象関係論(M. Klein, W. Bionなど)，独立学派(D. Winnicott, M. Balintなど)，自己心理学(H. Kohut, R. Stolorowなど)，対人関係論(H. Sullivan, S. Mitchelなど)などが挙げられる。精神分析学は現在も発展し修正され続けている臨床における知を探求する活動なのである。

　今日の精神分析学で最も活発に取り組まれている研究活動の1つは，精神分析的な方法に基づく臨床観察や臨床経験のなかから構成された理論や仮説を，実証研究の知見と対話させて，さまざまな学派の理論や仮説をあらためてとらえ直し，統合しようとする試みである。この試みは，特に乳幼児の発達心理学的研究との対話という形で積極的に行われている。なぜなら，精神分析学は，その初期からさまざまな心の病理を乳幼児期の体験や発達過程上の問題との関連で理解しようとしてきたからである。

　この章では，発達心理学的研究と臨床理論との対話という今日的な精神分析学の課題を実践する代表的な研究者たちの業績を紹介することにしたい。

　まず最初に挙げるのは，マーラー(Margaret Mahler, 1897-1987)を中心としたグループによる分離個体化過程の研究である(紹介論文1)。マーラーらによる研究は，臨床実践から構成された早期の心理発達に関する概念や理論を，乳幼児へのリサーチや母子関係の縦断観察などから見出された実証研究の結果と統合しようと試みた最初の系統的な取り組みの1つと位置づけられる。マーラーたちは，1人の個として確立する過程は，養育者との満たされた親密さをあきらめる過程でもあるという自己発達のパラドックスについて関心をもち研究を行った。つまり，分離個体化過程とは，身体運動的，認知的な成熟や発達によって乳幼児に

生じる養育者との分離に対して，乳幼児は養育者との交流のなかでどのような形でこの分離を心理的に受け入れ，個として自立していくかを記述したものである。この分離個体化過程は，早期の正常な心理発達のモデルを提供しただけでなく，その後の病理に関する発達的起源についての1モデルとして応用された。とりわけ，青年期の発達と病理の理解にこの分離個体化は有効な枠組みを提供した。例えば，青年期を「第2の分離個体化」と位置づけたブロス(Peter Blos)の青年期理解の精神分析的研究(Blos,1962)や，再接近期の母子の病理的コミュニケーションをボーダーライン・パーソナリティの発達的起源とし，分離個体化を促す母親の役割を応用したマスターソン(James Masterson)による治療論(Masterson,1972)が挙げられる。

　しかしながら，このマーラーらによる研究は従来の精神分析理論に重きを置くからこそ陥りやすい落とし穴も明らかにした。例えば，ゲルゲイ(Gergely, 2000)は分離個体化過程研究に対して次の2つの批判点を挙げている。(1)近年の発達心理学における実証データに基づく批判：マーラーは，精神分析理論に基づき，誕生後からしばらくの間の乳児は外界の刺激から保護されていて，心理的には自他融合，あるいは自他未分化状態であるとした。しかし，今日の発達研究では乳児は生まれた直後から外界の刺激を弁別し，探索し，処理する内的能力や知覚的メカニズムをもつこと (e. g., Fantz, 1963; Meltzoff & Moore, 1977; Bahric & Watson, 1985)が明らかにされている。さらにアタッチメント理論における研究では，再接近期に見られる行動特徴とされた両価傾向(ambitendency)は不安定なアタッチメントのパターンを示す特定のタイプに分類される乳児にのみ観察できると指摘し，すべての乳児に普遍的に見られるものではないと主張されている(Lyons-Ruth, 1991)。(2)「正常自閉期」「正常共生期」という命名への批判：マーラーは分離個体化過程に先立つ2つの段階に対して「病的状態であるかのような解釈(pathomorphic interpretation)」を与えている。このことはまた，大人の病理の現れをレトロスペクティブに早期の発達過程に当てはめていることを示しており，正常な発達過程に対して歪んだ見方をもたらしている。

　以上のような批判を考慮しながら，自ら研究グループの中心となって，実証研究を積み重ね，精神分析理論の再構築を目指す現代の代表的な理論家たちを次に紹介する。エムディ(Robert N. Emde)，フォナジー(Peter Fonagy)，そしてスターン(Daniel Stern)である。彼らの研究には共通点が多い。それは，(1)表象段階以前の心のありよう，自己体験のあり方について関心をもっている点，(2)自己感を発達論の中心に置き，その発達に養育者とのアタッチメントシステムが大きな役割を演じていると考えている点，(3)養育者をはじめとする環境側の情緒的な安定性や応答性が自己発達を促す鍵になるとする点などが挙げられる。

　紹介論文2のエムディのグループによる社会的参照現象の研究は，乳児が頼りとする他者の情緒的な情報を手がかりにして自己の置かれている状態や世界の意味を理解していくプロセスを実証的に検討したものである。エムディは情動や情緒が人生早期から外界への適応にいかに役立っているかをこうした実証研究から明らかにし，自己の情動的核(affective core of self)という表現で，情動や情緒が自己形成の核となることを主張している。彼の理論紹介は渡辺(1989)に詳しく，またいくつかの論文や著書は邦訳でも読むことができるので，参考にしてほしい(例えば，Emde & Sorce, 1983；Sameroff & Emde, 1989など)。

　紹介論文3のフォナジーを中心とする研究グループは，「人との間で生ずる行動を"心の状態"という観点から理解・解釈・説明する能力は，自己の組織化や情緒調整の決定因になる」として，この能力を「メンタライゼーション(mentalization)」と呼んでいる(Fonagy & Target, 2003)。フォナジーとターゲット(Fonagy & Target, 2003)は，心をもつ存在として自己や他者を理解する能力は遺伝的に与えられるものではなく，早期のアタッチメント関係において，

乳児に心を想定し思いやるリフレクティブな心をもつアタッチメントの対象との相互作用の中で生成されるとみなしている。つまり，メンタライゼーションには「自己や他者の行動や態度の背景に意図や感情や欲求といった"心"が存在するという私たちの認識の枠組みは"生成"されるものであること」の含意がある。そして，メンタライゼーションの具体的な現れとして，内省機能（reflective fuction）に注目し，リサーチや臨床場面における観察を体系的に行っている。

　フォナジーは，エムディやスターンらと同様に，独自の理論モデルを構築するにあたって，主にアタッチメントや心の理論などの発達研究で実証的データによって示された知見を理論的な推論や飛躍の歯止めとして，精神分析学の各学派の主張を精査し統合していくという方法論をとる。このことで，精神分析学以外の学派の技法やアプローチとも対話できる，より開かれた精神分析学の理論モデルを構築しようとしている。以上のような方法を通して，心理療法論としてメンタライゼーション・モデルが主張するのは，例えば次のような点である。(1)精神分析療法も含めた力動的な心理援助の共通目標は「クライエントの内省機能を高める」ことである。(2)この内省機能は環境との相互作用の中で練り上げられるスキルであり，年齢と時間と共に複雑になる。(3)内省機能の病理は，不適切な環境を生き抜くために内省機能を犠牲にした適応努力，つまりは防衛メカニズムであり，この適応への努力が他の対人関係や社会場面で困難を引き起こした結果といえる。(4)したがって，内省機能の病理は「停滞や固着」の結果でも，特定の段階への「退行」でもない。

　フォナジーのアプローチのように発達心理学の知見をもとに，精神分析的心理療法そのものをもう一度とらえ直そうとする野心的な挑戦として，スターンをはじめとした変化プロセス研究グループ（The Process of Change Study Group）の取り組みを最後に取り上げたい（紹介論文4）。スターンは発達心理学的な知見をもとに自己感（sense of self）の発達の筋道を描き出すことによって，精神分析的な発達論を塗り替えた有能な研究者であり理論家である。彼の『乳児の対人世界（The Interpersonal World of the Infant）』(1985)，『親－乳幼児心理療法（The Motherhood Constellation）』(1995)などの著書はすでに訳されている。紹介論文4は，発達心理学者，精神分析の臨床家，精神分析理論家の文字通りの対話のなかで，治療的変化をどのように記述できるかを検討している，現在進行形の研究である。学際的な形で心理療法における変化をとらえようとする彼らのアプローチは精神分析学のみならず，臨床心理学の1つの理想的な研究形態を表しているといえる。

　わが国の臨床心理学のテキストに描かれる精神分析学は，あいかわらず口唇期，肛門期，男根期などといった精神性的発達論や，心をイド，自我，超自我という3つの装置から記述する構造論が強調されて紹介されていることが多い。こうした書物を通して精神分析学をイメージしていた読者は，このプレビューとの印象の違いにとまどいを感じるのではないだろうか。この小文が少しでも新しい精神分析学の息吹にふれるきっかけになれれば，幸いである。

紹介論文 1 Mahler, M., Pine, F.,& Bergman, A. 1975 *The Psychological Birth of the Human Infant.* Basic Books.

乳幼児の心理的誕生

マーラーはハンガリーで生まれ，ドイツで精神医学を学び精神分析の訓練を受けた小児科医である。マーラーは子どもの早期の病理に関心をもち，乳幼児の統合失調症に似た症状を共生精神病と名づけ，研究を行った。その際に，子どもは自他未分化な状態（共生）から分離した1つの個体へと発達する過程をたどるという仮説をたてた。本著では，この過程，すなわち「分離個体化過程（separation-individuation process）」を実際に養育者と乳児の観察を通して検証しようとしている。

方　法

被験者　生後1週間から27ヶ月の乳児38名と母親22名（年齢：25〜43歳・平均年齢31歳，学歴：高卒から修士修了まで）。いずれも両親に欠損のない家庭であり，簡易な心理検査を実施して健常な母親であることを確認した。

手続き　マスターズ児童センターに通ってくる母子の観察を行った（予備研究：1959〜62年，組織的な研究：1962〜68年）。観察室は，研究当初，遊戯室のみであったが，その後母子分離の観察をするために幼児室も設置した。データ収集方法は，表4-1の通りである。

評価方法　収集されたデータの整理方法は次の9つの問題意識にそって観察記録より抽出し，要約する形で行われた。（1）接近‐隔たり，（2）新しく出現する自我機能，（3）好んで用いられる様式，（4）不快体験と快体験，（5）注意集中，（6）基本的気分，（7）崩壊に対する耐性，（8）母親と子どもの類似点と相違点，（9）身体と自己。

次いで要約されたデータをカテゴリーに分けて，臨床経験から引き出された理論との間で比較検討を行った。多くのカテゴリーが研究していくなかで使用され，修正されていった。

表4-1　データ収集（Mahler et al. 1975　改変）

データの型	内容	期間
1) 参加観察	研究精神科医と主任参加観察者による母子ペアに対する毎週1〜2回の観察。子どもの行動、母子の相互交流、母親の行動観察、母親のパーソナリティーについての記録。	全期間
2) 共同観察	3人の参加観察者と非参加観察者による母子の30〜50分の観察。観察は9ヶ月までは毎週、9〜18ヶ月までは隔週、18ヶ月以降は毎月であった。	最後の5年間
3) 領域観察	分離個体化過程でのふるまいの各領域に関する判断や推論的な公式化についての非参加観察者による報告書。	最後の4年間
4) 父母面接	研究精神科医と主任参加観察者による母親面接。研究精神科医による父親面接。母親に対しては毎週、父親に対しては年1〜2日実施。	全期間
5) 家庭訪問	参加観察者による家庭訪問。センターと家庭との比較が行われた。2ヶ月に1回、2〜3時間の非形式的な訪問	全期間
6) 撮影	研究カメラマンによる母子ペアの行動記録。各下位段階に相当する暦年齢の指標に従って行われた。	全期間
7) 心理検査	本研究グループではない臨床心理学者による母親への投影法テスト・バッテリーを1回実施。	1回
	本研究グループではない乳幼児テスターによる子どもへの発達テストの実施と発達プロフィールの作成が5,10,18,30ヶ月目に最低4回行われている。	全期間
8) 年長幼児の観察	参加観察者における年長グループ活動の観察	活動毎
	主任参加観察者と精神科医における幼児の個人遊戯時間の確保。	幼児グループにいる時と、その後の1年間の毎週

結 果

観察は分離個体化過程を中心に行われたが，分離個体化過程の前段階として2つの段階についても説明が加えられている。

この2つの段階とは1）正常な自閉段階（normal autistic phase），2）正常な共生段階（normal symbiotic phase）である。

正常な自閉期（normal autistic phase）（生後0〜1ヶ月頃）　子宮内の生活のなごりの状態である。この段階では自分の内部と外部の識別ができておらず，自分を殻で覆っている状態であるとされている。この段階の目標はホメオスタシス的平衡状態（homeostatic equilibrium）の維持にあり，乳児は全能感に満ちていると考えられる。

正常な共生期（normal symbiotic phase）（生後2〜5ヶ月頃）　この段階は乳児と母親の未分化な融合を特徴としている。この時期，乳児のなかでは「私（I）」と「私でないもの（not-I）」が分化されておらず，ようやく内と外が違うものと感じられるようになってきている。マーラーはこの共生時期の特徴を幼児共生精神病の特徴として考えた。また，再接近期でのつまずきがこの時期への退行を促すとした。

以上の2つの段階を経て，分離個体化過程へと発展していく。分離個体化過程に関しては収集された資料をカテゴリーに分けて理論との比較を行った。その結果として，分離個体過程を4つの下位段階（1．分化，2．練習，3．再接近，4．個体化の確立と情緒的対象恒常性の始まり）に細分化した。

分化期（differentiation subphase）（5〜10ヶ月頃）　分離個体化過程の第1下位段階。母親への身体的な依存が完全ではなくなり，母親から少しずつ離れる試みを始める。しかし，まだ完全に離れることはなく，母親の膝元に留まっている。この時期には視覚的な能力の増大も見られ，母親と他人，見慣れたものと見慣れないものを比較できるようになる時期でもある。この時期の特徴的な反応として「人見知り反応と人見知り不安（stranger reaction and stranger anxiety）」がある。

練習期（practicing subphase）（10〜15ヶ月頃）　分離個体化過程の第2下位段階。この期間の特徴として，はじめは這うこと，次いで直立姿勢での移動を習得することにより，母親から離れることができるようになってくる。これは母親との共生状態から徐々に抜け始めることを意味し，現実の世界に関心が向き始めることでもある。練習期において，母親は基地であり，子どもが必要とするときはそこに戻る行動も観察される。この期間中にはまだ母親は分離した人間として完全には理解されていない。

再接近期（rapprochement subphase）（15〜22ヶ月頃）　分離個体化過程の第3下位段階。この時期には，子どもはヨチヨチ歩きが可能になって，子どもは母親から離れることがより可能になる。しかし，そのために母親に対する分離不安も高まってくる。つまり，この時期は自分がひとりで何でもできるという自律的な心理と，母親と共生状態を取り戻したいという心理との間に葛藤が生じる時期である。この時期の子どもにとって母親は単なる基地ではなく，自分が発見した物や世界を分かち合う対象でもある。

再接近期の子どもの特徴的な態度として両価傾向（ambitendency）がある。これは母親を押しのけたい欲望と母親にしがみつきたい欲望が急速に交互することをいう。こうした接近と隔たりという2つの対照的な態度は，次の2つの極端な行動として観察される。1つは，母親の動きひとつひとつを絶えず凝視したり，後をつきまとう「後追い（shadowing）」であり，もう1つはあたかも母親が自分を追いかけてきて抱き上げることを期待して飛び出す行動である「飛び出し（darting-away）」である。この時期には母親からの応答性が重要であり，十分な応答が得られないと，子どもは小児神経症のような発達上の障害をこうむるとされている。このような状態をマーラーらは再接近危機と呼んだ。

個体化の確立と情緒的対象恒常性の始まり（consolidation of individuality and emotional constancy）（22〜36ヶ月＋α）　分離個体化過程の第4下位段階。この期間中にある程度の対象恒常性が達成され，自己と対象の分離が確立される。母親は外界における分離した人間として明確に知覚され，それと同時と母親のイメージは次第に子どもの中に内面化されていく。この下位段階が進むにつれて，子どもは再び母親から分離で

きるようになる。子どもは母親と一緒に幼児室を出て行くことなく、母親がいなくても幼児室に留まる様子が見られて、これを対象恒常性の達成の始まりの徴候とみなしている。

この時期には言語能力の発達も進み、遊びにも空想遊び、役割演技が現れ始める。満足の延期や分離に耐える力も備わってくる。「後で」「明日」といった軽い拒絶にも耐えることが可能になり、同一性の発達が進む。

考　察

乳幼児の観察の結果、分離個体化過程を4つの下位段階（1. 分化，2. 練習，3. 再接近，4. 個体化の確立と情緒的対象恒常性の始まり）に分けることができた。実際にはこれらの下位段階の時期を正確に区切ることは不可能であり、それぞれの段階は重なり合っている。

特にマーラーらは第3下位段階である再接近期について後の病理との関連を示唆している。例えば次のように述べている。

ある子どもたちにおいては、再接近危機は強いアンビヴァレンツとなり、対象世界が「良い」と「悪い」に分裂されることにさえなる。その結果、後には自己愛的な神経症的症候へと組織化されるかもしれない。さらに他の子どもにおいては一群の発達上の失敗は潜伏期および思春期における境界例症候に通ずるかもしれない（Mahler et al., 1975, p.229／高橋ら訳，pp.265-266）

マーラーらは、分離個体化の前段階である正常な自閉期と共生期の2つの段階については、前言語段階に位置しているために、これらの時期の観察を心理学用語に置き換えることは難しいと述べている。したがって、これらの段階の現象を理解するために、後の段階からの退行として現われたものを評価する方法を採用した。本著では、後の段階の退行として評価された共生段階を縦断的に研究することによって、共生の偏在という概念を確認しようと努めたのである。

紹介論文2 Sorce, J. F., Emde, R. N., Campos, J., & Klinnnert, M. D. 1985 Maternal emotional signaling:Its effect on the visual cliff behavior of 1-year-olds. *Developmental Psychology*, *121*(1), 195-200.

母親の情緒的なシグナル：1歳児の視覚的断崖での行動に関する影響

エムディの紹介と目的

スピッツ（Rene Spitz）の直弟子であるエムディは，コロラド大学で実証的手法を用いた乳幼児研究を数多く手がけ，そこで見出された結果を精神分析理論や治療技法に照らし合わせることを通して，分析理論と実証研究の統合を目指している。

とりわけエムディは一連の研究（1981; 1986）で，「社会的参照（social referencing）」という機能に注目している。「社会的参照」とは，不確実さを解消する為に重要な他者の情緒の表現によって状況を探ること（Emde,1989）とされる。情緒の発達は誕生早期より主に母親-乳児の関係性から観察することができる。乳児は母親からの情緒的なシグナル（表情など）を用いて外界を理解する手がかりとし，自らの情緒をコントロールする。こうした仮説からエムディらは，観察者（母親）の情緒的な表現が，単に乳児の行動に影響を与えるというだけでなく，乳児の社会的調整機能（social regulatory function）に役立つとした。そして乳児はその際に，見直された環境に対する評価を行動へ反映させるだろうと考えた。

以上の理論を実証的に確かめる研究の1つとして，エムディらは乳児にとって不慣れであいまいな状況である「視覚的断崖」を用いた研究を実施した。

方　法

被験者　対象は調査協力の募集に応じた中流階級の母親と健常な乳児であった。分析の対象となる基準は(a)視覚的断崖に気づくまで乳児は苦痛を感じなかったこと，(b)断崖に気づいた後で，自発的に母親の顔を見たこと，(c)母親の表情のシグナルは事前に訓練されたポーズを表していたこと，であった。

第1研究から第3研究までに協力した145組の母子のうち，11％が上記(a)に当てはまらず，21％が上記(b)に，そして8％が上記(c)に当てはまらなかったため，本研究から除外された。

実験の設定および手続き　あいまいな環境を作るために視覚的断崖の装置を設定した（図4-1参照）。断崖は2つに分かれており，樹脂ガラスのすぐ真下に模様が施された奥行きのない浅い側，そして樹脂ガラスの下にいくらか距離を変えて，似たような模様が設置されている奥行きのある深い側の2つである。奥行きの深さは30cmにセットされた。

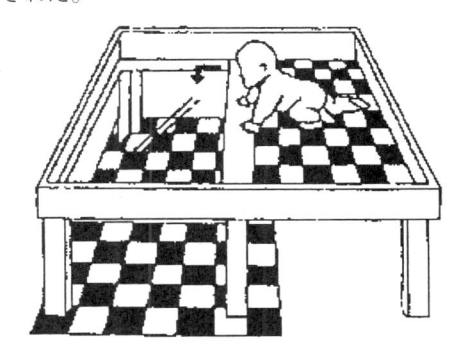

図4-1　視覚的断崖（川上ほか, 1990改変）

乳児は奥行きのない浅い側にいて，すでになじみのある実験者にあやされていた。母親はテーブルの向こう側（奥行きのある深い面の側）に位置し，玩具をその深い側に置いて乳児が断崖の奥行きのある深い側に近づいてくるように励ました。そして乳児が落差のある所から38cm以内に近づいたところで，母親は以下に記述する表情の1つを乳児にシグナルとして送るよう指示された。

・恐　怖：両眉を引き上げ，共に引き寄せる。目は強膜をあらわにし見開き，口を開き，唇を後ろへ引っ張る。

・怒　り：両眉，上瞼を下げ，口は四角い形に開くか，あるいは唇をきつく閉じる。

・興　味：両眉をわずかに上げて，目をわずかに広げ，口は閉めて，表情はリラックスしている。

・幸　福：唇の両端を後ろに引っ張り上げて，頰をもち上げ，下瞼をもち上げるが，

緊張していない。
・悲しみ：両眉の内側の両端をもち上げ，眉のすぐ下の皮膚は内側の端を上げた状態で，三角形になり，唇の両端を下げている。

これらのシグナルを送った後，乳児が奥行きのある面を渡るか，あるいは乳児が落差の生じた地帯に入って120秒が経過するかのいずれかで試行を終了した。

以上の手続きを録画しておいたVTRをもとに，乳児の行動を次の3つのカテゴリーを用いて記録した。(a)快−不快のトーン：10秒ごとに微笑から明白な苦痛までの5段階尺度で評価。(b)母親の参照：落差のある地帯からすぐ母親の表情へと目をやった最初の行動以降に，母親の顔を乳児が見た全回数。(c)対処行動：奥行きのある深い面を渡るか否か，並びに奥行きのない浅い側へと後ずさりする頻度。

結　果

第1・2研究　第1研究では「幸福」と「恐怖」のシグナルの間で，第2研究では「興味」と「怒り」の間で，母親がシグナルを送信した時の乳児の反応を比較した（※表4-2では，第1研究〜第3研究までの乳児の行動に対する母親の表情の効果を示す）。

「幸福」表情条件では，19人中14人の乳児が奥行きのある深い側を渡り，「恐怖」表情条件では17人中1人も渡らなかった。同様に「興味」表情条件において，深い側を渡った乳児は15人中11人で，「怒り」表情条件では18人中2人のみだった。

「幸福」表情条件では3人の乳児が後ずさりしたが，「恐怖」表情条件では11人であった。同様に「興味」表情条件では5人，「怒り」表情条件では14人の乳児が後ずさりをした。

「恐怖」条件は「幸福」条件と比較して，より不快なトーンを生じさせた。一方で「興味」と「怒り」の間では快−不快のトーンに有意な差はなかった。

以上より，母親が情緒的なシグナルを出すことは，乳児の行動に大きな効果を与えることが示唆された。「恐怖」は危険への注意を促し，乳児は自らの安全を守るために落下を避ける。そして「怒り」は制止として役立ち，さらなる危険の接近から乳児を予防すると解釈された。

第3研究　第3研究は母親が「悲しみ」のシグナルを出した時の影響を見るために行われた。「悲しみ」はネガティブな情緒的情報をもつが，「恐怖」「怒り」と違って，回避や禁止という意味合いは含まれていないと考えられる。

母親が「悲しみ」の表情をしたとき，18人中6人の乳児が奥行きのある深い側を渡った。乳児が母親を参照した平均値は「恐怖」「怒り」に比べて最も高かった。おそらく乳児は表情と文脈がもたらす意味に困惑していたか，不確かに感じていたのかもしれない。さらに「恐怖」「怒り」「悲しみ」で深い側を渡った行動を比較すると，「悲しみ」と「恐怖」の間で有意な差が，「悲しみ」と「怒り」の間でわずかであるが有意な差が見られた。しかし，「恐怖」と「怒り」の間に有意差は見られなかった。

これらの結果より，情緒的なシグナルにおいて文脈の適切さが重要だと考えられた。

考　察

社会的参照という情緒コミュニケーションの形態が，乳児の行動に一貫した影響を与えることが明らかになった。乳児が母親を視覚的に参照する傾向や，情緒的なメッセージへの反応は，生後12ヶ月において，すでによく構築されていた。

本研究について次のような問題点が挙げられ

表4-2　乳児の行動に対する母親の表情の効果（Emde，1985）

	研究1		研究2		研究3
	幸福 (N=19)	恐怖 (N=17)	興味 (N=15)	怒り (N=18)	悲しみ (N=18)
深い側を渡った乳児の割合	74%	0%	73%	11%	33%
浅い側へ後ずさりする1分あたりの平均数	.420	1.08	.420	.72	.660
快−不快のトーンの平均の得点	1.62	2.12	2.00	1.92	1.92
1分あたりの参照の平均数	3.60	2.46	5.70	2.94	4.59

る。まず対象の選択である。本研究の対象は中流階級の母子であり，比較的高い能力をもつ乳児の可能性がある。また乳児の個々の内的要因の違いについて理解する必要がある。

次に社会的参照の文脈の問題である。"不確かさ"という状況について熟慮する必要がある。本研究で用いた視覚的断崖はよく統制されており，乳児は行動を選ぶことがそれほどできない。そこで，乳児の行動の調整や対処行動が，もっと幅広く設けられるような，複雑な実験状況が必要だと思われる。こうした実験設定の文脈の問題と共に，情緒的なシグナルの適切さという問題も挙げられる。表情だけではなく，音声，あるいは態度や身振りといった情緒コミュニケーションのチャンネルもまた重要であろう。乳児の世界の日常状況と同じように，多様なチャンネルで情緒的なシグナルが出される複雑な文脈での研究が必要である。

他にも，社会的参照の発達的な開始，あるいは過去の乳児の歴史やアタッチメントと社会的参照との関係，共感と社会的参照との関係など，興味ある課題が挙げられる。

紹介者注
(1) 表4-2の研究3「悲しみ」における被験者数について，オリジナルな表には$N=19$と記されていた。しかし，原文の内容並びにパーセント表示などとの整合性を考慮し，$N=18$に変更している。
(2) 紙面の都合で第1研究と第2研究をまとめて示し，第4研究については割愛した。

紹介論文 3 Fonagy, P., Steele,M., Steele, H., Higgitt, A., & Target, M. 1994 The theory and practice of resilience. *Journal of Child Psychology and Psychiatry*, **35**(2), 231-257.

回復の理論と実践

この論文の第1著者であるフォナジーはUniversity College of LondonのFreud Memorial Professor of Psychoanalysisの他，Menninger ClinicやAnna Freud Centreなどでも指導的な立場にある臨床心理学者である。彼の関心は，ボーダーラインなどの精神病理に関わる諸問題にあり，早期アタッチメント関係をベースに置いた理論的・実践的研究にある。また，精神分析理論と実証研究を統合しようとする試みにおいても，現代の精神分析学のリーダー的役割を担っている。ここに紹介する論文は，こうしたフォナジーの独自性を示す代表的な業績である。

目 的

両親の離婚・虐待・貧困・自然災害や戦争のような過酷な事態など，その後の人生における不適応の危険とつながる病因的な事態は，それらに対する関心の増大にもかかわらず，いっこうに減少してはいない。しかしながら，こうしたリスクにかかわらず結果として適応状態に達している子どもがいるのはなぜなのか？ 本論文では，その1つの可能性として，内省的な自己機能の獲得によって世代間の悪影響の反復から回復する力が発達するという過程を検討したい。この問いに接近するための概念的な枠組みとして，アタッチメント理論を用いることにしたい。メインら（Main et al., 1985）によれば，不安定なアタッチメントを伝達する親の傾向を決定づける鍵は，関係性についての内的作業モデル（internal working model of relationships）にあるという。この内的作業モデルとは，アタッチメントに関する親の心の状態を意味する。本論文では，次の3つのステップでこの主張にアプローチする。

1. 内的作業モデルの世代間伝達について実証する。
2. 伝達の過程は，養育者側の特性に基づいており（caregiver-specific），子どもの回復力と一致する特徴があることを示す。
3. 不安定なアタッチメントを伝達する危険性をもつが，実際にはそれを伝達しない養育者は，関係性のパターンに関する内的作業モデルの複雑さによって弁別されうるということを示す。

方 法

第一子を出産予定のそれぞれ100人の母親と父親（大部分が中流階級の出身）に対して，妊娠期最後の3ヶ月間に，自尊心，結婚満足度，パーソナリティ，妊娠や生まれてくる乳児への態度などを調べるとともに，Adult Attachment Interview（AAI; George et al., 1985）を実施。さらに乳児出産後，12ヶ月時に乳児－母親間，18ヶ月時に乳児－父親間でStranger Situation（SS）を行い，18ヶ月時には両親に対して剥奪（deprivation）の経験の指標になりうる直接的な質問を行った。追跡調査による対象者の減少は5％未満であった。

結 果

内的作業モデルの世代間伝達 AAIによる両親それぞれの安定／不安定の分類とSSにおける乳児の安定／不安定の分類の関連性を調べたところ，高い割合で一致が見られた。図4-1にあるとおり，養育者と乳児の間にアタッチメントの世代間伝達があることが示された（詳しくは，Fonagy et al., 1991b ; Steele et al., 1996）。

世代間伝達における親の特性の要因 アタッチメントの安定性が特定の回復過程の一部とみなされるためには，乳児のアタッチメントの安定性が養育者の特性に基づいていることを示すことが重要である。このことを示すために，母親のAAI，父親のAAI，乳児の母親とのSS，乳児の父親とのSSをそれぞれ安定／不安定で分類した結果を用いて，2×2×2×2マトリックスの構成モデルを作成し，log-linear analysisによるデータの再分析を行った。その結果，母親のAAIと乳児の母親とのSS間と，父親のAAIと乳児の父親との

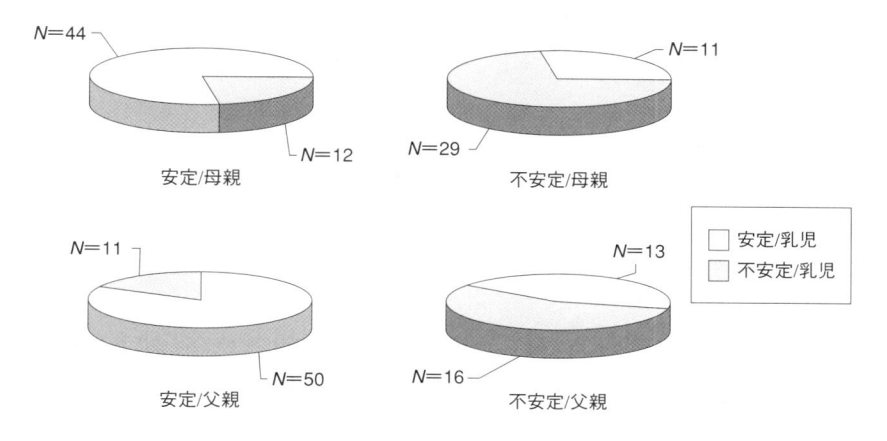

図4-2 AAIによる両親の安定性の分類と乳児の安定性の分類の関係
（Fonagy et al., 1994）

SS間の関連性について有意な差が見られたが，一方の親のAAIと他方の親とのSSの間には関連性が見られなかった。

このことから，それぞれの親はそれぞれに自分の内的作業モデルを伝達することが示された。つまり，乳児のアタッチメントは，それぞれの親の特性に応じて独立して伝達されているのである。この別個の内的作業モデルがいつ，どのように合併され，子どものアタッチメントの関係性に関する包括的なスタンスを決定づけるかは，まだわからない。しかし，少なくとも生後2年間の時期に，このようにそれぞれの内的作業モデルを別々に隔離しておく能力は，不安定な内的作業モデルをもちつつも，安定した内的作業モデルを作り出しうる可能性をもつという適応的な意味があると考えられる。

世代間伝達過程における回復 次に，母親データのみを用いて，世代間伝達過程における回復について2つの試みを検討した。1つは，母親のAAIでの語りから幼児期に愛情の少なさ，拒否，ネグレクト，それぞれの経験の程度を尺度化したもの（Main & Goldwyn, 1993）を使用し，母親の幼児期体験を調べた結果，3尺度のうち少なくとも2尺度において上位1/3に位置する母親は，約2倍の割合で子どもとの間で不安定な関係性をもつことがわかった。

2つ目の調査は，AAI実施から18ヶ月後に，母親に剥奪経験を示す指標について直接的に質問した。その指標とは11歳以前に生じた3ヶ月以上にわたる親との分離，片親家庭，父親の低い社会経済状態，親の3ヶ月以上の未就労，生命に関わる親の疾病，親の精神疾患，幼児期の大病，11歳以前の寄宿学校での生活などである。当てはまる指標の数によって，母親を高リスク群，中リスク群，低リスク群の3群に分けたところ，この苦難指数（hardship index）は乳児の安定性と弱い関連しかもたなかった。

危険性のある母親を同定するために行われた以上の2つのアプローチの間にはいくらか重複があったものの，一緒に用いるには不十分であった。そこで，これまで試されたことのない2つの測度，語りの一貫性（narrative coherence）と内省的自己機能（reflective self function）を導入した。この2つの測度はどちらもAAIから導出されたものである。

語りの一貫性の評定は内省的自己機能尺度と強い関連性をもった。このことから，自伝的語り（autobiographical narratives）の一貫性は内省過程が十分発揮されているかどうかに左右されると考えた。この内省的自己機能尺度はこのグループによる以前の研究において開発されたものである（Fonagy et al., 1991a）。この尺度はAAIに適用され，次のような親の能力を査定する。その能力とは，アタッチメントの関係性という特定の文脈のなかで，自分自身や他者の行為を心の状態の観点から考える能力である。自己や他者の心の機能への気づきは精神分析理論において中心的な構成概念であり，フロイトをはじめ多くの分析家がこの

概念について論じている。おそらくは，内省機能を高めることが心理療法の過程において本質的な側面になると考えられる。

以前の研究 (Fonagy et al., 1991a) では，内省的自己機能尺度は他の尺度と比較して乳児のアタッチメントの安定性と強い関連性をもつことが示されている。それでは，高い内省的自己機能は，不利で有害な生育史を持つ母親にとってとりわけ重要な予防因子になるだろうか？

図4-3が示す通り，母親を剥奪経験の有無と内省的自己の高低で4群に分け，それぞれのグループの母親に対して安定したアタッチメントを示す子どもの比率を調べたところ，高い内省的自己機能を示す剥奪グループに属する10人の乳児はすべて安定したアタッチメント示したのに対し，低い内省的自己機能を示す剥奪群においては，安定したアタッチメントを示す乳児は17人中たった1人に過ぎなかった。このことから母親の過去に剥奪的な出来事があっても自己内省機能が高ければ，乳児のアタッチメントは安定的であることが予測された。

紹介者注
　本紹介では，紙面の制約を考慮して，論文の中核となるリサーチの骨子を記述することを中心に置いた。原文では，AAIやSSについての解説や「回復」に関わるこれまでの研究のレビューなどについても解説がなされている。また，リサーチにおいても，内省的自己機能尺度の具体的な内容，内省的自己尺度と他の要因との間の関連性についての検討も丁寧になされている。さらには，議論 (Discussion) として，今回のリサーチの結果をアタッチメントに基づいた養育者との関係性のなかで心理的自己が生成されるという彼らのモデル（後にmentalization modelと命名される）のなかに位置づける試みも行っている。

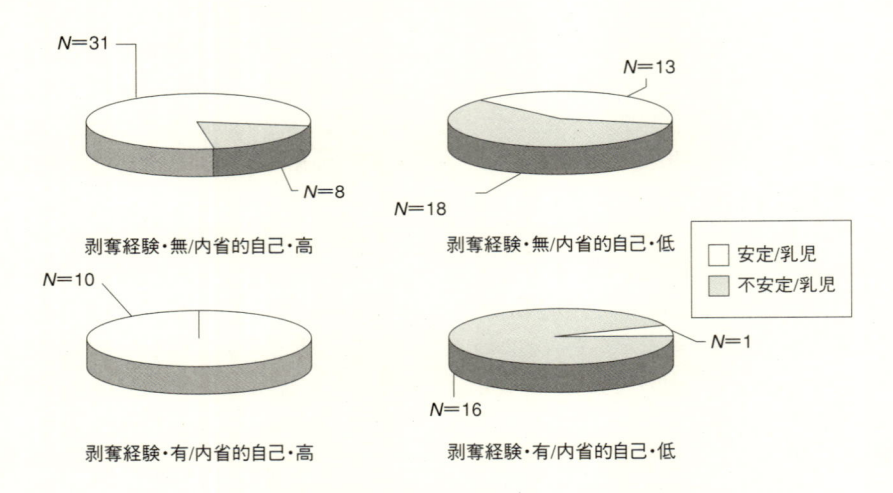

図4-3　母親の剥奪経験の有無と内省的自己の高低で分けた場合の乳児のアタッチメントの比率（Fonagy et al., 1994）

紹介論文4 Stern, D. N., Sander, L. W., Nahum, J. P., Harrison, A. M., Lyons-Ruth, K., Morgan, A. C., Bruschweiler-Stern, N., & Tronick, E. Z. (The Process of Change Study Group) 1998 Non-interpretive mechanisms in psychoanalytic therapy: The 'something more' than interpretation. *International Journal of Psychoanalysis*, **79**, 903-921.

精神分析的心理療法における非解釈メカニズム：解釈よりも「何かそれ以上のもの」

イントロダクション

精神分析的心理療法がどんな変化をもたらすか，という問題について，無意識を意識化するという意味での解釈のほかにも「何かそれ以上のもの(something more)」が必要であることは一致した意見となっている。

本論文は，その「何かそれ以上のもの」について新しい理解を提示し，心理療法関係のどういう領域で，そしてどのようにその「何か」が作用するのかを示すものである。この目的に向けて，第1に心理療法のもたらす変化を2つの領域に分けて区別したい。続いて，発達変化の力学系モデル(a dynamic systems model)からもたらされた理論的観点を心理療法による変化の過程に応用する。

問題へのアプローチ

力動的心理療法において構成され，再組織化される2種類の知識(knowledge)，2種類の表象，ないしは2種類の記憶を区別する。

1つは宣言的知識(declarative knowledge)である。宣言的知識とは明示的で(explicit)意識的(あるいは容易に意識化できるもの)である。イメージや言葉の形式で象徴的に表象される。精神分析的心理療法のコンテキストのなかで言語解釈を通じて獲得されるのは，この宣言的知識と考えられる。

もう1つは手続き的知識(procedural knowledge)である。この知識は言葉として語られない(implicit)ものである。つまり，焦点化された注意や意識的で言葉で語られる体験の外側で作動する知識である。この知識は非象徴的に表象されているのであり，例えば自転車を運転するように自分の身体とモノの間の相互作用において見られるが，対人関係や間主観的な関係についての知識も，この手続き的知識が用いられる。この対人関係や間主観的関係についての知識を言葉として語られない「暗黙の関わりの知(implicit relational knowing)」と呼ぶ。心理療法の相互作用的，間主観的過程を通じて生まれ，変化するのは，この暗黙の関わりの知である。

暗黙の関わりの知は言葉を話す前の，あるいは象徴を用いる以前の乳児の発達心理学において重要な概念となっており，乳児が「関わりの知」に基づいて養育者と相互作用することは，観察や実験からも示されている。また，暗黙の関わりの知は乳児にのみ見られる独特なものではなく，他者と共にあることに関する方法に関わって，一生を通じて継続する。さらに，暗黙の関わりの知は，必ずしも防衛的に意識から排除されるという意味での力動的無意識ではないのである。

それでは，どのようにして暗黙の関わりの知における変化は体験されるのか。ここで力学系の概念である自己組織化の原理を導入する。すなわち，「新しいコンテキストがシステムを構成する諸要素の新たな配列を導く」という一般システム理論の考え方を人の心の組織化に応用するのである。解釈がクライエントの意識的な宣言的知識を再編成する事象であるとするのと同じように，後述する「出会いのモーメント(moment of meeting)」はクライエントとセラピストに関する暗黙の関わりの知を再編成する事象と考える。暗黙の関わりの知における変化(shift)を示す主観的な特徴は，急激な質的変化(shift)のように感じられることである。「モーメント(瞬間)」は，セラピストとクライエントの両者にとっての暗黙の関わりの知の突如とした変化という主観体験をとらえていると考える。

変化の過程に関する発達的観点

乳児と養育者の相互作用研究の知見をもとに，心理療法の変化過程を理解する上で鍵となる考え方を挙げる。

中心的な共同活動としての状態の相互調整(mutual regulation of state) 乳児は養育者と

の相互作用を通じて生理的，動機的，心的状態を調整すること，そしてこうした経験により乳児は相互調整過程を内在化する（対象それ自体や部分対象を内在化するのではない！）ことが発達研究から示唆されている。したがって，現在進行する調整には期待（expectencies）を生じさせる経験の繰り返しが含まれていて，この調整は「暗黙の関わりの知」の基礎になる。

調整は目標指向的である　1つの目標に向かう相互調整の過程は単純に，直線的に，スムーズに進むものではない。目標の大まかな方向に動きだし，それらの目標を同定し，合意していくという試行錯誤的な過程である。こうした過程を「進んでいくこと（moving along）」と呼ぶことにする。お腹がすいておっぱいを求めるというように，明確な目標に向けて2者が活発に進めていくことができる場合もあれば，自由な遊びや他者との共同遊びのようにはっきりしない目標を発見しなければならないような場合もあるだろう。

相互調整は間主観的目標ももつ　「進んでいく」過程（moving along process）は，同時に2つの目標に向かう。1つは互いにフィットする行為を通じて達成される身体的・生理的目標であり，もう1つが間主観的目標というものである。間主観的目標とは，お互いの動機や欲求を相互に認識する経験であり，さらにはこうして分かち合うために，お互いに信号を送り，同意することも含まれる。

調整過程は「発現的特性（emergent properties）」を生じさせる　授乳のようにかなり構造化され繰り返される相互作用であっても，正確にまったく同じやりとりが繰り返されることはない。「進んでいく」過程においては，いつ何が起こるか正確にわかることはないのである。「進んでいく」過程のもつアドリブ的な性質をとらえるモデルとして，非線形・力学系理論における概念である「発現的特性」は最善のものといえる。「進んでいく」過程のなかで，フィットした行為とこうしたフィットに関する間主観的な出会いという2つの目標は「出会いのモーメント」において突然に実現されるのである。つまり，「出会いのモーメント」は「進んでいく」過程の発現的特性なのである。

「出会いのモーメント」は新しい間主観的環境と「暗黙の関わりの知」の変化した領域を生み出しう

る　具体的事例として，遊びのなかでこれまで体験しなかったような高次の活動性や歓喜に予期せず達したという母子の交流を提示する。この交流をきっかけに，ポジティブな興奮に耐える力が他の相互作用にも拡張され，興奮のなかにあっても2者がうまく相互作用できたという相互の認識が生まれる。この「出会いのモーメント」からその後の相互作用は，この新たに変化した間主観的環境のなかで行われるようになる。

「出会いのモーメント」の直接的な結果として緊張緩和が生じる　ある「出会いのモーメント」が相互調整の流れのなかで生じると，ある平衡状態（a equilibrium）が起こる。この平衡状態は2者間の「分離（disjoin）」や2者における緊張緩和（détente）を引き起こす。この分離状態を「オープン・スペース（open space）」と呼ぶ。この空間において，これまでの暗黙の関わりの知による束縛は緩和され，創造力が発揮されやすくなる。そこで，乳児は自分の新しい経験を新たなコンテキストに当てはめることが可能になる。

心理療法での変化への応用

　以上の考察をもとに，心理療法で変化をもたらす「何かそれ以上のもの」を記述する。「出会いのモーメント」は「進んでいく」過程の発現的特性であり，間主観的環境を変化させ，ひいては暗黙の関わりの知を変化させる。「進んでいくこと」は一連の「現在のモーメント（present moments）」からなる。現在のモーメントとは，前進する方向のちょっとした変化（shift）を跡づけていく主観的ユニットである。時折，現在のモーメントは情緒的に「ホットに」なり，心理療法過程にとって重大局面の兆しをたたえるようになる。こうしたモーメントを「今のモーメント（now moments）」と呼ぶ。ある「今のモーメント」（例えば，一方のパートナーから真正で固有な個人的な応答を受けるなど）がとらえられる時，それは「出会いのモーメント」となる。これは主観的コンテキストを変化させる発現的特性である。この出会いのモーメントは，その航跡のようにして「オープンスペース」をもたらす。このオープンスペースにおいて，間主観的環境の変化（shift）は新たな平衡状態を生み出す。そして，変容した暗黙の関わりの知において，ま

た新たな「進んでいく」過程が始まるのである。スターンらが別の論文で示した図4-4がこの流れの視覚的把握に役立つだろう（Stern et al., 1998）。

もちろん，「今のモーメント」がすべて「出会いのモーメント」になるとは限らず，その機会を失うことや，失敗に終わることもあるし，その失敗が再び修復され新たな「今のモーメント」を形成することもある。さらには「今のモーメント」に附箋をつけるように名前をつけておくことや，解消・開示・共有されずにそのまま持続することもあると考えられる。

心理療法における変容を引き起こす行為の場としての「共有された暗黙の関係性（shared implicit relationship）」

「共有された暗黙の関係性」とは，関係性についての共有された暗黙の知識からなるものであり，転移－逆転移関係や定められた精神分析上の役割とは別個に並行して存在する。関係性に関する暗黙の知識は人それぞれに独自であるが，それらの知識が2者の間で重なり合う領域が「共有された暗黙の関係性」である。

解釈は伝統的な見方では転移関係のなかであるいは転移関係の上で行われる中心的なイベントであり，心の内界の環境を変容させることにより転移関係を変化させるものである。これに対して，「出会いのモーメント」は「共有された暗黙の関係性」の内部であるいはその上で行われる中心的なイベントであるとみなされる。そして出会いのモーメントは心的内界と対人関係の両方に関わる暗黙の知識を変容することによって「共有された暗黙の関係性」を変化させるのである。補完的なプロセスである両者は共に変化に関わるが，それぞれに異なる体験の領域に属し，異なる変化のメカニズムをもっているのである。

紹介者注

本論文は，3人の精神分析の実践家（Nahum, Morgan & Harrison），2人の乳幼児の研究者（Lyons-Ruth & Tronick），2人の精神分析の理論家（Stern & Sander），それに小児科医で精神科医（Bruschweiler-Stern）の8名からなる「変化過程研究グループ」によるものである。同時期に彼らの研究は *Infant Mental Health Journal*, **19**(2)において，「心理療法における変化に効果を与える介入：乳児リサーチに基づく1つのモデル Interventions That Effect Change in Psychotherapy: A Model Based on Infant Research」と題する特集として取り上げられ，8人のメンバーそれぞれが第1著者として論文を寄稿しているので，参考にされたい。あわせて，丸田俊彦『間主観的感性』岩崎学術出版社（2002）も本論文の理解に大いに役立つであろう。

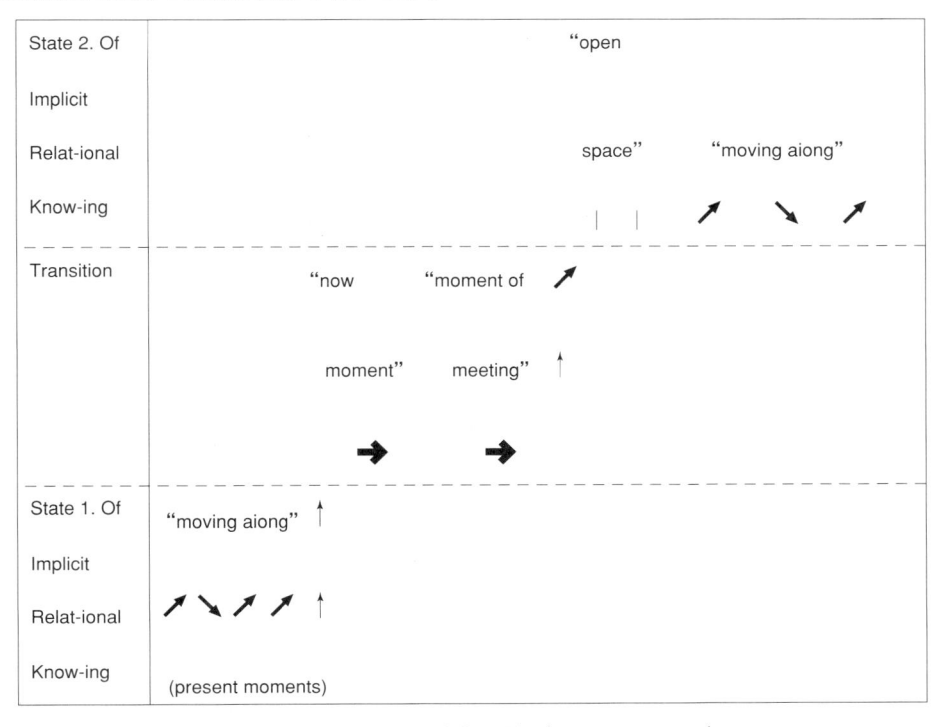

図4-4 心理療法における変化の過程（Stern et al., 1998）

第5章 アイデンティティの発達

　アイデンティティ（ego-identity; Erikson, 1950）とは，自我の同一性と連続性の感覚である。この概念は，内的な自己像と，社会とのつながりのなかで規定される自己像の両方を含む，1つの全体像としての「私」をとらえるものである。精神分析家であるエリクソン（Erikson, E. H.）は，フロイト（Frend, S.）の心理－性的な発達理論をふまえた上で，それだけではとらえきれない心理－社会的な存在として発達を続ける人間像を描き出した。

　アイデンティティは青年期に一度に完成するわけではなく，幼い頃からの発達で積み重ねられてきたものが青年期に統合され，その後も一生発達を続ける。エリクソンは人生を8つの段階に分け，それぞれの時期に課題があって段階的に発達すると考えた。また，発達課題に「危機」の概念を取り入れた。この視点によって，悩み苦しむ過程も発達の機会であると考えることができる。臨床的な援助の際にも，病理的な観点だけではなく，心理－社会的な文脈で「危機」を体験しながら発達していく人間像をもっておくことが役に立つだろう。

　アイデンティティやそれを含むライフサイクル理論は，精神分析家の臨床経験から生み出されたものであるが，あらゆる人に当てはまる一般的な発達理論である。したがって，エリクソンに始まる理論的考察や臨床的事例研究だけでなく，量的な実証研究も多い。特に，マーシア（Marcia, 1966）が「アイデンティティ・ステイタス（ego-identity status）」を提唱してからは，このパラダイムに基づいた膨大な数の統計的な研究が発表されている。近年では，社会心理学的なアプローチも多い。

　アイデンティティ・ステイタスが発表される以前には，測定法としてQ分類や，アイデンティティ達成の特徴の程度を測る質問紙などが用いられていた。マーシアは，達成の程度を一元的な量として見るのではなく，状態像としての質をとらえる必要があると考えた。また，心理社会的な性質をとらえるために，職業，宗教，政治的イデオロギーなどの複数の領域での危機と積極的関与の程度を調べるべきだと考えた。ここでの「危機（crisis）」とは，個人が将来の選択肢を検討し，試行錯誤しながらそれを決定していくことを指している。また，「積極的関与（commitment）」とは，職業やイデオロギーなどの人生の重要な領域に積極的に関わっていく態度を示している。

　マーシアは4種類のアイデンティティ・ステイタスを仮定し，次のように定義している（Marcia, 1966）。「達成（identity achievement）」は，危機の時期を経験しており，職業やイデオロギーへの積極的関与をしている。職業は自分の意志で決定しており，イデオロギーについては過去の信念を見直して，自分が自由に動けるような解決策を見出している。環境の急激な変化や予期せぬ責任が生じた時などに，打ちのめされない。「拡散（identity diffusion）」は，危機の時期を経験している場合としていない場合がある。職業は決定していないし，あまり関心ももっていない。気に入った職業があっても具体的な内容には興味をもたず，他の選択肢があれば簡単に捨ててしまう。イデオロギーについては無関心か表面的な選択しかしない。「モラトリアム（moratorium）」は危機の最中にあり，積極的関与はあいまいであるが，関与しようと努力をしている。両親の希望をまだ重視しているが，社会的な要請や自分の能力との間で妥協をしようと試みている。しばしば悩み，当惑している。「早期完了（foreclosure）」は危機を経験していないが，積極的関与はしている。両親の目標と自分の出

発点を区別することが難しい。親の信念や子どもの頃の信念が変わらず存在している。パーソナリティの硬さが特徴である。両親の価値観が機能しないような事態に直面すると混乱する。

　この論文以降の研究では，マーシアが挙げた4種類のステイタスや3種類のアイデンティティ領域では不十分であるという指摘があり，議論が重ねられ工夫されていった。また，測定法としては，マーシアの半構造化面接を簡便化した質問紙が工夫されてきている。

　発達的な観点としては，マーシアは当初，4つのアイデンティティ・ステイタスについて，後期青年期に「拡散」や「早期完了」から「モラトリアム」へと進み，「達成」に至るという道筋を想定していた。しかし，その後の縦断研究では，マーシアの想定した道筋をたどる場合は確かに多いけれども，「達成」から「拡散」といったような逆行もありうることが指摘されている。また，アイデンティティ領域によってプロセスの様相やステイタスの移行が起こる時期が異なることもわかってきている。

　さらに，1980年代以降は，成人期，中年期，老年期を対象とした研究が増えてきている。これらの研究では，アイデンティティの危機は青年期に起こるだけではなく，それ以降もライフサイクルと個人の発達的文脈のなかで何度も危機が繰り返され，そのたびにアイデンティティの再体制化が起こりうることが実証されてきている。

　以上の流れをふまえて本章では，アイデンティティ・ステイタスの概念を軸にして，アイデンティティの発達プロセスをとらえようとした研究を4本紹介する。

　紹介論文1は，マーシア（1964）が博士論文でアイデンティティ・ステイタスのモデルを構築した後，世間に発表した古典的な論文である。マーシアが用いた測定法の詳細は，鑪・山本・宮下（1984）によって具体的に訳出されているので参照されたい。

　紹介論文2は，早期記憶の回想から個人の世界観をとらえ，アイデンティティ・ステイタスとの関連を見たものである。この論文は，青年期のアイデンティティに幼少期の体験が影響しているというだけではなく，現在のアイデンティティの状態によって個人が過去の記憶に当てる焦点が変わりうることを示すものと思われる。

　紹介論文3は，中年期移行の対象者に思春期から中年期までの回想をしてもらうことでアイデンティティ・ステイタスの移行経路をたどった論文である。ステイタスの移行の様相が領域やライフスタイルによって異なっていることが示されている。

　最後に，紹介論文4として最近の研究を挙げる。この論文では，ステイタスによる「将来の自己像（possible selves；Markus & Nurius, 1986）」の違いをとらえ，将来の自己像がアイデンティティの発達プロセスに与える影響を検討したものである。

　論文2や4のように早期記憶の回想や将来の自己像がステイタスによって異なるという結果は，エリクソンがアイデンティティの下位概念として挙げた「時間的展望」が，アイデンティティ形成に影響を与えることを示唆するものだと思われる。

　なお，本邦でもアイデンティティに関しては多くの研究がなされており，優れた和書もたくさん出ている。アイデンティティは心理－社会的な概念であるために，個人をとりまく社会的，文化的な背景の影響も大きく受ける。卒論論文などで日本人を対象とした研究を行う場合には，日本における研究データや文化をふまえた理論にも目を通すことを勧める。鑪ら（1984～2002）は，外国語と日本語の膨大な量のアイデンティティ研究の文献を展望しているので，参考にされたい。

紹介論文1 Marcia, J. E. 1966 Development and validation of ego-identity status. *Journal of Personality and Social Psychology*, **3**(5), 551-558.

アイデンティティ・ステイタスの開発と実証

アイデンティティの測定に関する先行研究は，アイデンティティが達成された場合の特徴の程度を調べており，心理－社会的な基準や，アイデンティティの直接的な行動結果に関する仮説検証を明確に扱っていない。本研究では，エリクソンの心理－社会的な課題としてのアイデンティティ危機の形成に一致する尺度と分類基準を用いた。アイデンティティ・ステイタスは，職業的選択，宗教，政治的イデオロギーにおける危機と積極的関与の程度によって4つに分類される（p.55を参照）。

このモデルを実証するために，ストレス状況下での概念達成課題，要求水準，権威主義尺度，不確実な情報に直面した時の自己評価の安定性，の4つの課題を用いて，以下の仮説を設けた。①達成群は概念達成課題の成績がよい；②達成群は要求水準の設定が現実的である；③早期完了群は権威主義得点が高い；④達成と自己評価には有意な正の相関がある；⑤達成群は自分のパーソナリティの誤情報を与えられても自己評価が変化しにくい；⑥アイデンティティ・ステイタス面接と文章完成法の間には有意な相関がある。

方　法
被験者　86名の男子大学生。
尺度　アイデンティティ・ステイタス面接：被験者は15分～20分の半構造化面接により，各ステイタスに分類された。ランダム抽出した20の評定における評定者3名の一致率は75％であった。

アイデンティティ文章完成法（EI-ISB）：エリクソンのアイデンティティ達成に関連する行動を参考に作成（Erikson,1956）。23項目。被験者の文章は次の基準で点数化された。3点：破壊的・自暴自棄ではなく，くつろいでいる。；2点：注意深く防衛的。；1点：断片的で危険で自己破壊的。ランダム抽出した20の評定における評定者3名の一致率は74％であった。

課題と手続き　概念達成課題（CAT）：あるカードが課題の概念に対して正か負かを問うことによって概念を推測していく。1回問うたびに5点，推論するたびに10点，30秒経つごとに5点減点。検査結果が知能に関係すると知らされるストレス状況が設定された。また，前の所要時間から次の所要時間を推測させることで要求水準を測定し，D得点（要求水準－実際の達成）を算出。

権威主義尺度：権威主義的価値観を測定。

無価値にされた自己定義（ISD）：現実とは異なる成熟や自信の評価をフィードバックし説明を求める。

自己評価尺度（SFQ-F）：20項目の質問紙。ISDの前後でSFQ-Fを測定し，得点の変化を算出。

結　果
各群の得点を表5-1に示す。CATでは，達成群は拡散群よりも成績が高く（$t(37)=2.19$～3.47, $p<.01$～$.05$），他の3群の平均よりも成績が高かった（$t(82)=2.28$～2.45, $p<.02$～05）。また，達成群は課題の放棄数が有意に少なかった（$\chi^2=8.93$, $p<.05$）。仮説①は支持された。モラトリアム群はすべてのCAT得点のばらつきが他の群よりも大きかった（$F\max(21,61)=2.62$, $p<.05$）。CATと文章完成法の間には相関がなかった。要求水準のD

表5-1　各ステイタスの各課題における得点（Marcia，1966 Table1～5より紹介者編集）

	N	概念達成課題				要求水準	権威主義	文章完成法
		時間	質問と推論	総得点	放棄数			
達成	18	18.17	599.17	791.94	1	3.60	34.28	48.28
モラトリアム	22	24.50	807.14	1024.82	7	4.11	37.57	48.09
早期完了	23	34.20	875.82	1147.83	13	5.06	45.17	46.17
拡散	21	29.73	767.38	1078.57	11	3.91	38.67	43.33

得点は，早期完了群が達成群よりも有意に高く（$t(38)=3.35$, $p<.01$），他の3群の平均よりも有意に高かった（$t(82)=3.70$, $p<.001$）。すなわち，目標を現実よりも高く設定する傾向があった。権威主義得点では，早期完了群は達成群よりも得点が有意に高く（$t(38)=3.88$, $p<.001$），他の3群の平均よりも有意に高かった（$t(82)=3.75$, $p<.001$）。自己評価得点は，1回目の得点と文章完成法の得点に有意な相関が見られたが（$r=.26$, $p<.01$），群間差は見られなかった。また，自己評価得点はCAT成績や権威主義得点とは相関していなかった。自己評価尺度の変化には，群間差は見られなかった。2回の測定間に2ヶ月を空けたため，自己評価尺度の信頼性が損なわれたと考えられる。文章完成法（EI-ISB）では，達成群は拡散群よりも有意に高く（$t(37)=3.89$, $p<.001$），拡散群は他の3群の平均と比べても有意に低かった（$t(84)=3.61$, $p<.001$）。この結果は，仮説⑥を部分的に支持する。

考　察

2つの測定法を比べると，文章完成法よりも面接法の方が優れていた。CATでは，内的刺激（ストレスが生み出す不安）と外的要求（課題達成）の間で調節を行うことが求められる。面接では社会的な要請と個人の欲求や能力のかみ合わせが査定される。この2つにより，内的な面と心理－社会的な面という自我機能の主な2側面を引き出すことができた。

達成群は，ストレスのかかる概念達成課題の成績が高かった。問題に対して長く耐え，現実的な要求水準を保っていた。また，権威主義的な価値づけは他群よりも低く，否定的な情報にも傷つきやすくなかった。モラトリアム群はCATの成績の分散が大きい他は達成群と似ている。早期完了群は権威主義的な価値観が強い。否定的な情報に対して自己評価が傷つきやすく，ストレスのかかる概念達成課題での成績が達成群よりも低い。さらに，失敗しても非現実的な高い目標を立て続けた。拡散群は，達成群の対極にあると考えられていたが，それを支持するのはEI-ISBの得点のみであった。CATの成績は達成群よりも低かったが，最も低いわけではなかった。本研究の拡散群はエリクソンのいうタイプとは精神病理の程度が異なるかもしれない。「プレイボーイ」タイプと「分裂病質パーソナリティ」が連続線上の両極にあると考えると，本研究の被験者は適応がよかったので前者だったのであろう。

紹介論文2 Kroger, J. 1990 Ego structuralization in late adolescence as seen through early memories and ego identity status. *Journal of Adolescence*, **13**, 65-77.

早期記憶とアイデンティティ・ステイタスを通して見られる後期青年期における自我の構造化

自我組織が発達して新しい形態へと変化する道筋については，あまり焦点が当てられてこなかった。エリクソン(1968)はアイデンティティの発達について，初期には取り入れ，同一化に基づく組織化がなされ，後期青年期にアイデンティティ形成を経て統合されていくという段階的な移行過程を示している。マーシア(1966：紹介論文1)はアイデンティティ・ステイタスによって，青年期の自我の心理社会的な分化を操作可能なものにした。

アドラー派や自我心理学者は，現在の内的経験の照合枠(自己や他者や人生一般に対する基本的な態度)を理解するために早期の回想に着目した。人が子どもの頃の出来事を選択的に再構成する方法は，その人の現在の世界観や自我組織に対する豊富な洞察をもたらす。早期記憶の多くの研究では，回想を予め用意した分類に当てはめる形が用いられてきたが，根底にある主題的なメッセージを歪めるおそれがある。ガスハースト(Gushurst, 1971)は，解釈の歪曲を最小限にするために，データ収集の際に早期の出来事を尋ねるだけではなく，詳細にわたる明確な質問を行った(例：あなたの心のなかで最も鮮明に思い出される早期記憶はどの部分ですか？　どのように感じますか？　なぜあなたはそのように感じたのですか？)。

本研究の目的は，青年期の早期記憶を検証することにより，内的な再構築を行っている人に共通する世界観の傾向を明らかにすることである。ステイタスのそれぞれにおける青年の早期記憶に共通する主題的なメッセージを検討することで，アイデンティティの変化をより正確に描くことができるだろう。

方　法

参加者　73名(女性39名，平均年齢20歳5ヶ月，男性34名，平均年齢20歳2ヶ月)。年齢幅は19歳～22歳。60名(80％)が大学に在学。13名(18％)は就職しているか，就職活動中，訓練中であった。

尺度　マーシア(1966)のステイタス面接法(性役割領域を加えた)と，ガスハースト(1971)の早期記憶面接。

手続き　2つの面接を単一のセッションで行い，録音した。ステイタスと早期記憶の評定は2名によって独立に行われ，それぞれ高い一致率が得られた。早期記憶については，世界観のテーマが共通する回想をまとめて次の5つのグループを設けた。①「関わりを求める」(空虚感，見捨てられ感，受け身的なあきらめ，愛着や救済の希望がない)；②「重要な他者のそばや，なじみの環境にいることで安全性を求める」(重要な他者への同一視，慣れ親しんだ環境を維持したがる，新奇の状況で混乱する)；③「重要な他者やなじみの環境から離れる」(新しい状況の希求，重要な他者や慣れ親しんだ環境に対して幻滅する，援助を求めない)；④「重要な他者や外の世界に対して対抗する」(自律性を抑圧されることへの葛藤，指図されることへの拒絶)；⑤「一人でいることに満足するか重要な他者のそばにいく」(重要な他者と共にいることに満足するが，自発性，自律性，自己効力感があり，一人で楽しむこともできる，人生に満足，ストレスに対処できる)。

結　果

各ステイタスの人数は，達成35名(女性17名，男性18名)，モラトリアム15名(女性10名，男性5名)，早期完了18名(女性10名，男性8名)，拡散5名(女性2名，男性3名)であった。5つの記憶テーマを従属変数として，2×4(性×ステイタス)の分散分析を行った。5つとも性の主効果や交互作用は見られなかったが，早期記憶のタイプ1($F(3,69)=6.21$, $p<.001$)，2($F(3,69)=14.21$, $p<.001$)，3($F(3,69)=5.16$, $p<.01$)，5($F(3,69)=4.65$, $p<.01$)でステイタスの主効果が見られた。拡散群では，他のすべての群よりもタイプ1「かかわりを求める」が有意に多かった。早期完了群

では、他のすべての群よりもタイプ2「重要な他者のそばや、なじみの環境にいることで安全性を求める」が多かった。モラトリアム群では、達成群や早期完了群よりもタイプ3「重要な他者やなじみの環境から離れる」が多かった。達成群では、早期完了群よりも「一人でいることに満足するか重要な他者のそばにいく」が多かった（表5-2）。

考察と結論

アイデンティティ・ステイタスの違いによって早期記憶のタイプの出現率は異なっていた。先行研究(Josselson, 1982; Orlofsky & Frank, 1986)は、本研究の結果を全体的に支持する。これらの研究は早期記憶を心理-性的発達段階によって分類しており、早期完了群と拡散群では口唇期的、肛門期的なテーマが優勢であり、モラトリアム群と達成群では男根期的、エディプス期的、潜伏期的なテーマが優勢であった。本研究では達成群は、目的を追求しながら支持的な関係性を楽しむことができるような、分化した自我組織を示した。単独活動を求めることに満足を感じるテーマを表現した者がいたことは、以前の研究には見られなかった結果である。なお、先行研究では葛藤はモラトリアム群と結びついていたが、本研究ではタイプ4の群間差は見られなかった。カテゴリーの幅が広過ぎたためかもしれない。

本研究で性の主効果が見られなかったことは、オルロフスキーとフランク(Orlofsky & Frank, 1986)の結果と一致する。後期青年期の自我の構造化のプロセスにおいては、両性は似ていることが示唆される。

後期青年期における、同一化に基づくアイデンティティ(早期完了)からより個体化した形態(達成)への変化は、マーラーの幼児期の分離・個体化理論と似ているかもしれない。早期完了は共生期、モラトリアムは練習期、達成は対象恒常性の獲得を連想させる。

早期記憶のテーマとステイタスについての長期的な調査を行えば、青年期の自我の構造化に含まれる移行的な局面を分類するのに役立つだろう。

表5-2 各ステイタスにおける早期記憶タイプの頻度の平均値（Kroger, 1990 Table1）

早期記憶のタイプ	アイデンティティ・ステイタス			
	達成 $N=35$	モラトリアム $N=15$	早期完了 $N=18$	拡散 $N=5$
タイプ1 $N=6$	0.00b	0.07b	0.11b	0.60a
タイプ2 $N=85$	0.86b	0.60b	2.44a	0.40b
タイプ3 $N=44$	0.43b	1.20a	0.44b	0.60
タイプ4 $N=78$	1.26	1.07	0.72	1.00
タイプ5 $N=79$	1.46a	1.07	0.28b	1.40

注：同じ行のなかで異なるアルファベットがついているものは、互いに5%水準で有意差があることを示す。
早期記憶のタイプ1は、Nが少なかったので、安定した結果ではない可能性がある。

紹介論文3 Kroger, J., & Haslett, S. J. 1991 A comparison of ego identity status transition pathways and change rates across five identity domains. *International Journal of Aging and Human Development*, **32**(4), 303-330.

5つの領域におけるアイデンティティ・ステイタスの移行経路と変化率の比較

エリクソン(1956)は，アイデンティティの問題は青年期だけではなくそれ以前や以降においても活性化していると述べているが，青年期以降の長期的な道筋については明確に示していない。アイデンティティがその構造や内容やプロセスにおいてどのように精緻化されていくのかについても，あまり研究されていない。この点について，本研究はアイデンティティ・ステイタス(Marcia, 1966；紹介論文1)の視点から取り組んだ。このモデルは，過去25年間の膨大な先行研究によって信頼性や妥当性が検討されている。

先行研究では，後期青年期で達成のステイタスにある人の割合は低いという結果が示されている(19～41％)。近年，マーシアの手法を成人に適用することに関心が高まってきている。ウォーターマン(Waterman, 1982)は，青年期から成人期までの発達におけるステイタスの変動について図式的なモデルを仮定し，異なるアイデンティティ領域における発達の継起とタイミングについて，多くの問題提起をした。

このモデルを実証するには，長期的な縦断研究が有効であるが，これまでの縦断研究ではデータ収集の頻度が少なく，ステイタスの変動をとらえることができない。回想的手法では長期間にわたる発達を連続的，実証的にとらえることが可能である。ただし，対象者の想起やデータの歪曲の問題を抱えている。回想法を用いた過去の研究では，アイデンティティの複数の領域を統計的に比較していない。複数の領域を個人内で比較すると，かなりのばらつきがあることがわかっているので，領域は別々に検討されるべきである。

本研究は，青年期から中期成人期までの期間に，職業，宗教，政治，性役割観，関係性の5つの領域間で，アイデンティティ・ステイタスの移行経路が異なるかどうかを検討することを目的とする。

方　法

参加者　　ニュージーランドの中上流(upper-middle)階級で収入の高い40歳から63歳の成人100名(男性40名，女性60名)。ネットワークサンプリング法(調査に協力してくれた人に，2名の知人を紹介してもらうことを繰り返す)を用いて参加者を集めた。年齢，学歴，ライフスタイルなどが近い人をまとめて，以下の8つのグループを設けた。①一貫して専業主婦で，高等教育を受けていない女性(N=4)；②一貫して常勤職で，学士相当の学歴の男性(N=8)；③一貫して常勤職で，学士相当の学歴の女性(N=3)；④育児後常勤職に復帰した，学士相当の学歴の女性(N=3)；⑤育児後非常勤職に復帰した，学士相当の学歴の女性(N=9)；⑥一貫して専業主婦で，学士相当の学歴の女性(N=10)；⑦一貫して常勤職で，大学院相当の学歴の男性(N=10)；⑧育児後常勤職に復帰した，大学院相当の学歴の女性(N=3)。

測度　　マーシア(1966)のステイタス面接法を成人向けに加工したものを用い，領域に関係性を加えた。対象者はこの5つの領域について，15歳から現在までの態度の軌跡について回想した。

手続き　　1名の調査者が面接を行い，訓練された4名の評定者が録音内容に基づいて参加者のステイタスを判定した。一致しない場合には調整して，最終的には93％($p<10～15$)の一致率が得られた。

統計的手法　　ステイタスの推移確率については，マルコフ連鎖を用いた統計的分析を行った。参加者の回想を，15～24歳，25～34歳，35～44歳の3つの年齢段階に分け，1つのステイタスから次のステイタスへと推移する確率を計算し，3段階でどのように推移していくかのパターンを見た。

結　果

5領域についてステイタスの推移確率を比較し

たところ，統計的な差が見られた。これは主に宗教領域が他の領域と異なっていたことによると思われる。宗教以外の領域では，「早期完了」→「モラトリアム」→「達成」という経路が多かった。ただし，この移行が起こる年齢段階は領域やグループによって異なっていた。グループ2，5，6，7，8では，職業における達成への移行が早い段階で起こっていた。グループ1，3，4では，性役割観，関係性といった対人関係の領域において達成への移行が早く起こっていた。宗教では「拡散」が多く，またグループ4以外では，宗教での「拡散」の割合は年齢が上がるにつれて増えていた。グループ4では全年齢を通じて「拡散」が多かった。「モラトリアム」の期間の長さは領域によって異なっていた。全体的に職業領域では「モラトリアム」が短く，性役割観や関係性の領域では長かった。

グループ7と8を詳細に見ると，グループ7では，職業領域における達成への移行が他の領域より早かった。グループ8では，性役割観や関係性の領域での達成への移行が比較的早かった。グループ7では全領域において「達成」が漸増していたが，グループ8では必ずしもそうでなかった。特に，グループ8では職業と政治の最終的な「達成」の割合は少なかった（43歳時で，グループ7では「達成」が職業では60％，宗教では58％，グループ8では「達成」が職業では39％，宗教では0％）。

考察

本研究では，青年期から中年期までの間に，アイデンティティのさまざまな領域で多くのステイタスの変動が起こっていることが示された。エリクソンは青年にとっては職業が一番大きな問題であると仮定していたが，本研究では8グループのうち5つだけがあてはまり，部分的に支持された。

グローテヴァント(Grotevant, 1987)は，アイデンティティの模索には文脈が影響しており，人格や状況的な変数は連動していることを示唆している。多くの領域は同時進行しており，領域同士が互いに影響し合っている。本研究の結果は，この問題についていくつかの答えをもたらすものである。

本研究では，ライフスタイルの選択とステイタスの移行経路がつながっていることが確認された。しかし，ライフスタイルの選択がアイデンティティの発達を決定するのか，あるいはその逆であるのかについては明らかにできなかった。ライフスタイルの選択と社会的歴史的文脈の関連の検討も今後の課題である。

コールマン(Coleman, 1978)は焦点モデルを提案し，鍵となるアイデンティティの問題は同時発生的ではなく継時的に起こることを示唆している。本研究の結果はこの焦点モデルを支持する。宗教以外の領域で移行経路は類似していたが，移行が起こる年齢は領域によって異なっていた。

バウマイスター(Baumeister, 1986)は，アイデンティティの危機や模索には異なるタイプがあるのではないかと述べている。本研究ではモラトリアムの長さがグループによって異なっていたが，これは危機のタイプが異なることを反映しているのかもしれない。長いモラトリアムはアイデンティティの欠損と結びついており，短い場合はアイデンティティ葛藤と結びついているかもしれない。状況要因と危機のタイプの組み合わせが，モラトリアムの長さを決めるのかもしれない。例えば，本研究で職業領域のモラトリアムが短かったことは，経済的な生き残りの必要性があってすぐに解決を要求される問題だからであろう。

マーシアの達成の定義は，エリクソンが「新しいユニークなゲシュタルト」として述べた構造とは異なっている。また，マーシアのモデルは後期青年期を対象として発展したものであり，成人に適用する場合にはステイタスの変動における構造的な意味は不明確である。本研究はマーシアのモデルの範囲で研究を行ったが，成人期のアイデンティティの構造については，さらなる研究が必要である。

紹介論文 4 Dunkel, C. S., & Anthis, K. S. 2001 The role of possible selves in identity formation: a short-term longitudinal study. *Journal of Adolescence*, **24**, 765-776.

アイデンティティ形成における将来の自己像(possible selves)の役割
：短期間の縦断研究

序　論

　マーシアのパラダイムを用いた縦断的な発達研究では，これまでに次のことが見出されている。(1)ステイタス間の変動がよく見られる；(2)大学生以上の年齢になると達成になる；(3)アイデンティティは18〜22歳の後期青年期で最も力動的である；(4)モラトリアムは結果というより移行的な状態である。クロージャー(1993)は，モラトリアムは変化しやすいため，短期間の縦断研究が有効だと示唆している。

　アイデンティティの移行のメカニズムについてはまだ十分に研究されたとはいえない。グローテヴァント(1987)は，構成主義の視点からアイデンティティの形成プロセスについてのモデルを発展させた。彼は，アイデンティティ構成の礎は活発な探索であると考えたが，特定のメカニズムについては述べていない。構成主義的なメカニズムの仮説としては，「将来の自己像(possible selves；Markus & Nurius, 1986))」が挙げられる。将来の自己像はその人の野心や将来に対する関心を表し，「望んでいる(hoped)自己像」と「恐れている(feared)自己像」の2種類がある。将来の自己像の数と種類には個人差がある。

　クロスとマーカス(Cross & Markus, 1991)は横断研究を行い，将来の自己の数は後期青年期で最も多く，職業的，家族的，アイデンティティ的な問題を多く反映しており，年齢とともに数が減少することを見出した。ダンケル(Dunkel, 2000)は，将来の自己像がアイデンティティの形成プロセスにおいてなんらかの役割を果たすと仮定し，モラトリアム群が他群よりも多くの否定的，中立的な将来の自己像をもち，拡散群がより多くの肯定的な将来の自己像をもつことを示した。しかし，この研究は変化の検証をしていない。

　そこで本研究は，縦断的なデザインで測定を行う。仮説は以下の3点である。①モラトリアム群は他群よりも多くの将来の自己像を生成する。ダンケルは，モラトリアム群が負の自己像を誘発するか，あるいは負の自己像によってバランスをとるのだと推測している。モラトリアム群が他群よりも多くの恐れている自己像を生成すれば，誘発性仮説が支持される。モラトリアム群の望んでいる自己像が恐れている自己像と拮抗する内容なら，バランス仮説が支持される。②探索は，将来の自己像の生成と結びついている。③積極的参加の程度が高い人は，同じ望んでいる将来の自己像を長くもち続ける傾向にある。

方　法

参加者　大学学部生116名(女性71名，男性45名；平均年齢20.49歳，*SD*；1.89，年齢幅18〜25歳)。

尺度　アイデンティティ・プロセス質問紙(EIPQ)：探索と積極的関与の次元からアイデンティティを得点化する32項目の尺度。本研究では，α係数は探索で0.75，積極的関与で0.72であった。

　将来の自己像：クロスら(1991)を参考に作成した自由記述式の尺度。望んでいる／恐れている自己像を回答する。

手続き　参加者は2つの質問紙に同時に回答し，4ヶ月後に再び回答した。参加者は各ステイタスに分類された。将来の自己像のバランスの評定に対する評定者間の信頼性は$r=.89$であり，一貫性の評定についての信頼性は$r=.75$であった。

結　果

　1回目の結果においては，達成群(平均9.97個)が拡散群(平均5.55個)や早期完了群(平均6.85個)よりも多くの望んでいる自己像を生成していた($F(3,112)=4.28, p<.01$)。恐れている自己像については有意な群間差は見られなかった。誘発性とバランスについても，群間差は見出されなかった。また，探索と2つの将来の自己像の数の間には，

2回とも有意な相関が見られた（表5-3）。

次に，参加者を探索の得点変化によって①少ない（1標準偏差以上低い）；②平均的（1標準偏差以内）；③多い（1回目で60，2回目で72）の3グループに分けた。望んでいる自己像の変化ではグループ差が有意であり（$F(2,96)=3.11, p<.05$），グループ1では減少していたが，グループ3では増加していた。恐れている自己像の変化においてもグループ差が有意であり（$F(2,95)=3.92, p<.05$），グループ1では減少していたが，グループ2と3ではわずかに増加していた。積極的関与には，グループ差は見られなかった。

さらに，望んでいる自己像の一貫性については，積極的関与のグループ差が有意であり（$F(2,94)=3.18, p<.05$），グループ3がグループ1よりも一貫性が高かった。探索にはグループ差は見られなかった。

考　察

アイデンティティ探索における変化は，将来の自己像の数の変化を有意に予測することが示唆された。また積極的関与は，望んでいる自己像の一貫性において役割を果たしていた。望んでいる自己像は恐れている自己像と異なり，目標として働く。積極的関与は，これらの目標に対して単独で作用するのかもしれない。積極的関与もプロセスである。本研究の結果は，このプロセスが進行し，個人の投資が増大するにつれて，その人の将来の自己像がより安定したものになることを示している。

本研究の結果は，ダンケルの誘発成果説やバランス仮説を支持しなかった。先行研究と異なって，積極的関与が高得点であると定義される達成群が，多数の将来の自己像を生成したからである。これは，尺度が異なるためだと考えられる。本研究の尺度では達成を探索中であると定義しているのに対して，先行研究の尺度では過去に探索したものと定義している。活発な探索が将来の自己像の生成と結びついているため，達成群がより多くの将来の自己像を生み出したのだと考えられる。将来の自己像を測定するための尺度についても，本研究では自由記述式を用いたが，ダンケルはチェックリストを用いている。モラトリアム群は提案されたものに動きやすいために，多くの将来の自己像に回答したのではないだろうか。自由記述式の尺度のほうが，より効果的に達成群の将来の自己像をとらえることができたといえる。

表5-3　アイデンティティ得点と将来の自己像の相関
（Dunkel & Anthis, 2001 Table2より紹介者編集）

		探索得点		積極的関与得点	
		1回目	2回目	1回目	2回目
1回目	望んでいる自己像	0.42**	0.28*	0.10	0.05
	恐れている自己像	0.21**	0.40**	0.18*	0.07
2回目	望んでいる自己像	0.33**	0.18	0.01	0.04
	恐れている自己像	0.27*	0.35**	0.10	0.05

*$p<.05$　**$p<.01$

第6章 痴呆高齢者の心理臨床

はじめに

　現在しばしば用いられる痴呆の診断基準はDSM-Ⅳ（APA, 1994）とICD-10（WHO, 1992）である。DSM-Ⅳによると，痴呆とは①記憶障害，②失語・失行・失認・実行機能の障害といった認知障害の存在，③認知欠損により社会的・職業的機能の著しい障害を引き起こし，病前の機能水準からの著しい低下，といった特徴によって定義される。国立社会保障・人口問題研究所によると，2005年には65歳以上の高齢者の全人口に占める割合がほぼ1/5になり，2015年には1/4程度にまで達するとされている。その高齢者人口のうち，痴呆の有病率はおよそ8％程度に上ると考えられる。2004年，厚生労働省から「痴呆」の呼び名をあらため，「認知症」とするという通知が出ているが，「認知」の意味が正しく伝わらず，「認知失調症」としたほうが良いのではないかという意見も出されている。2005年時点では医学上も「認知症」はあまり使用されていないようである。本書でも従来の痴呆で統一する。

　痴呆では認知面・精神面・行動面でさまざまな症状が見られ，それらは以下のように進行性である（守田ら，1991）。まず初期には近時記憶の障害，時間の見当識障害が持続的に見られる。自発性が減退し，人柄に繊細さが失われたり，頑固で自己中心的な傾向が見られる場合もある。この段階での問題行動は言語面での繰り返し，健忘症状のため話す内容に混乱が生じたり，まとまりがなくなる。攻撃的な態度，被害妄想に基づく言動，繰り返し見られる徘徊などの多くはまだ軽度に留まっている。中期では近時記憶，即時記憶の障害に加えて錯記憶，健忘失語が見られる。また遠隔記憶も障害され，場所に関する見当識の持続的な障害も加わる。中期は最も問題行動が目立つ時期である。まず被害妄想に関連し大声を出して騒いだり，同じことを繰り返したり，物を盗まれたというものがある。また徘徊や攻撃的行動，保続や失行も目立ってくる。無気力で家に閉じこもっているといった不活発さや感情の混乱，爆発が見られることも多い。末期には遠隔記憶の障害も著しくなり，人物に関する見当識も障害されるようになる。運動面では寡動となり，歩行障害，失禁が見られる。また側頭葉の障害による症状としてKluver-Bucy症候群が見られることもある。次第に自発性が低下し，寝たきりの状態となり，暴力的行為や言語面での問題行動も少なくなる。

　このように痴呆高齢者の心理臨床では，発達課題や人格，家族関係といった要因の他に，器質的な障害の要因が行動や対人関係に及ぼす影響をあらかじめ押さえておく必要がある。以下に痴呆高齢者の心理臨床におけるいくつかのポイントを挙げる。

老年痴呆の原因となる主な2タイプ

　痴呆の原因にはいくつかの種類があるが，高齢者ではアルツハイマー型痴呆と血管性痴呆および両者の混合型が主なタイプを占める。その他にも一般身体疾患によるもの，薬物乱用などによるものなどが挙げられる。原因疾患の鑑別診断でDSM-ⅣやICD-10の他にアルツハイマー型痴呆ではNINCDS-ADRDA，血管性痴呆ではNINCDS-AIRENなどが用いられる。しかしながら診断基準による臨床診断の一致率の低さに課題があり，これは診断基準の内容の違いのみならず，両タイプの多様性や混合型の存在が大きいと考えられる。

　アルツハイマー型痴呆の病理所見は老人斑と神経原繊維変化の出現，広範囲な神経細胞死

である。まず老人斑の構成成分であるアミロイドβタンパクの脳内沈着が始まり，その毒性によって神経原繊維変化や神経細胞死が生じると考えられている。一方，血管性痴呆は血管障害により，脳に単発あるいは多発の梗塞巣が生じ，痴呆を発症するものである。

　両タイプには分類の視点によってさらにいくつかのサブタイプが知られている。アルツハイマー型はDSM-IVでは発症年齢で65歳を境に，早発性と晩発性に分類されている。前者はアルツハイマー病，後者はアルツハイマー型老年痴呆と呼ばれる場合もある。血管性痴呆に関してはDSM-IVではサブタイプは記載されていないが，小血管病変による皮質下の病変が起こることによる皮質下型痴呆と，大血管病変により皮質の病変が起こることによる皮質型痴呆などが指摘されている（中島, 2003）。さらにアルツハイマー型痴呆と血管性痴呆の混合型が存在し，臨床的には痴呆症状との因果関係の特定が難しいので，話はさらにややこしくなる。また一般的にアルツハイマー型痴呆は徐々に進行し，血管性痴呆は発作が起こるごとに段階的に進行すると考えられているが，これらのサブタイプによって急激に進行する場合や徐々に進行する場合があり，その経過も異なっている。

痴呆のタイプと人格変化の関連性

　ワイルドら（Wild et al., 1994）は重度の認知能力低下の前に起こる微妙な行動変化を明らかにするために中程度のアルツハイマー型痴呆と健常高齢者を比較した。その結果，行動変化はMMSE（Mini-Mental State Examination; Folstein et al., 1975）のような知的能力の低下とは関連がなく，認知能力低下に先立つものであった。また病前性格の先鋭化というよりも一貫したパターンがあることが明らかになった。これらの行動変化はペトリー（Petry et al., 1988）も示しているように，地に足がつかない，子どもっぽい，無頓着で自立心が少なくなったと表現されうる統一した行動パターンの変化である。またチャタルジ（Chatterjee et al., 1992）も同様に性格の収束を指摘しており，融通がきかなくなり，かたくなになるとしている。

　田辺（1998）は松下（1987）が対人接触のもっともらしさ，人格の形骸化と呼び，あるいは田辺ら（1993）が取り繕い，場合わせ反応と呼んでいる言動に注目している。この"取り繕い，場合わせ"反応は，後方連合野が障害され外界からの情報を適切に処理・統合できないことに対する，多少ともすでに障害され，健全でなくなっていた前方連合野の反応であるとしている。同じアルツハイマー型痴呆でも前方連合野が保たれている時や，脳が局所的にアルツハイマー病性変化に侵され巣症状のみが目立つ場合はこの反応は見られない。

　新福（1994）は血管性障害の部位と大きさにより，人格への障害もタイプが異なると考えている。例えば，前頭葉の障害では高等感情鈍麻・自発性低下のものと，無関心・抑制減退・衝動性・多幸性・多弁のものがある。側頭葉の障害では扁桃核，海馬が広範に障害された場合には顕著な人格への障害を起こす。頭頂葉では人格への障害が主となることはまずないが，注意障害などを生ずるため，適応全体が障害されることがある。間脳では視床障害は部位と大きさによって気分変調，無関心，自発性低下を主とする高度な人格への障害を起こす。視床下部の障害でも高度になると顕著な人格への障害を生ずる。基底核では錐体外路症候群が主であるが，尾状核周辺の障害では，発動性減退を主とする人格への障害を起こしうる。脳梁や辺縁系でもさまざまな人格への障害が出現するとしている。また血管性痴呆の場合，器質性変化の発展が緩慢であるという経過上の特徴や，全般的変性より局所的，まだら的脳障害が主であるという特徴から人格の先鋭化が問題になるとしている。またアルツハイマー型痴呆では先鋭化は少なく，初期には同様に人格変化が生じているのではないかと考えられるが，観察の粗雑さによってそれに気づかれないのではないかとしている。

　東ら（1991）はアルツハイマー型痴呆と血管性痴呆に対して痴呆に随伴するさまざまな症状

と病前性格特徴との関連を検討し，血管性痴呆の患者には攻撃的，身体のことを気にする・心配性・何か気になるとそればかり気になるといった性格特徴が見られたとしている。また柄澤(1990)も両痴呆の病前性格を比較して血管性痴呆患者には閉鎖的，無口，非社交的，無愛想等を特徴とする内閉的な者が多かったと報告している。

痴呆による認知障害と行動心理学的症候(BPSD)を評価するスケール

DSM-Ⅳの診断基準にも見られるように，痴呆では中核症状として記憶障害やさまざまな認知障害と共に，徘徊や暴力といった行動障害も見られ，周辺症状と呼ばれてきた。これは近年，国際老年精神医学会により行動心理学的症候(Behavioral and Psychological Symptoms of Dementia; BPSD)として統一されている(IPA, 2000)。

知的能力の一般的な検査は何といってもWAIS-R(品川ら, 1990)であるが，課題数が多く高齢者には負担である。また痴呆の進行した高齢者ではほとんどできない課題も多いので，検査自体が成り立たない場合も多い。そこで改訂長谷川式簡易知能評価スケール(HDS-R; 加藤ら, 1991)やMMSEが痴呆の簡単なスクリーニングテストとしてしばしば使用されるが，ある程度，痴呆が進行した場合でも大まかな知的能力を測定するツールとして有効である。記憶障害・認知障害をさらに詳しく検討できるものとしてADAS(Alzheimer's Disease Assessment Scale; 本間ら, 1992)などがあり，臨床治験などで用いられることが多い。

痴呆に伴う各種の行動異常は介護者にとって大きな負担となるが，行動異常を定量的に評価する方法はまだ確立されていない(溝口ら, 1993)。したがって，さまざまな評価スケールが考案されている。例えばFAST(Functional Assessment Staging; Reisberg, 1986)，GBSスケール(Gottfries et al., 1982)，CDR(Hughes et al., 1982)などがある。これらは観察式行動評価尺度(吉野ら, 1996)であり，日常生活における行動能力の障害と問題行動の評価が含まれ，行動面から認知機能障害を評価するものとしてテスト式知能検査法と平行した存在である。

また痴呆の認知機能，感情機能，あるいは身体機能などに関連する多面的な行動を評価する目的でヘルメスら(Helmes et al., 1987)によるMOSES(Multidimensional Observation Scale for Elderly Subjects)などが作成されている。これは信頼性，妥当性とも詳細に検討されており，各項目の重症度の説明も具体的で評価しやすい(本間, 1990)。バウムガルテン(Baumgarten et al., 1990)は，行動障害を示す28の症状より構成されるDBDスケール(Dementia Behavior Disturbance scale)を作成している。溝口ら(1993)はDBDスケールを用いてわが国における痴呆患者の行動異常の評価を試み，妥当性，信頼性とも高く介護負担も反映しうる有用な評価法であるとしている。

痴呆高齢者の心理療法

高齢者に対する心理療法で近年，広く認知されてきた形式に回想法がある。これにはレミニッセンスとライフレビューの2形式があり，両形式とも高齢者の回想を聞いてゆく点は共通しているが，前者は主にグループを対象とし，情緒の安定などを目的とした支持的なものであるのに対し，後者は人格の統合を目指した心理療法的意味合いが強いものとされている(黒川ら, 1995；吉岡, 2000)。リアリティ・オリエンテーション(reality orientation; RO)は1950年代フォルソム(Folsom)らによって提唱された方法で，現実見当識を繰り返しの刺激により強化し，誤った外界認識に基づいて生じる痴呆の行動障害や情動障害を改善することを目的とするもので，24時間ROとクラスルームROがある(下仲, 1995)。また近年ではフェイル(Fail, 1989)によるバリデーション・セラピーが注目を集めている。これはリアリティ・オリエンテーションが現実見当識を維持することを目的としているのに対し，痴呆高齢

者のすぐには意味が飲み込めない言葉に傾聴し，その心的現実を理解し，共感的に受け入れるための方法論である。個人心理療法の経験のある心理士などには，腑に落ちやすい考え方であるが，科学的な有効性の検討は十分ではなく，いまだ評価は定まっていない。

　この他に痴呆高齢者に対する心理療法は，音楽療法（北本，1996；南ら，2001），動物介在療法（加藤ら，2002）などさまざまなものが考案されている。いずれも痴呆の中核症状である記憶低下などを一時的に改善することはあっても，持続的改善は難しい。また竹田ら（2002）はアルツハイマー型痴呆高齢者に対し，臨床動作法が認知機能の維持や改善に有効である可能性を示唆しているが，大幅に改善されるものではない。とはいえこれらのアプローチは情緒的安定などによってBPSDである徘徊，攻撃的行動，ひきこもりなどを減らすことは十分可能であろう。奥村ら（1997）はこれらを組み合わせたリハビリテーションプログラムを軽度アルツハイマー型痴呆高齢者に施行し，プログラム中では他の参加者に話しかけるといった自発性の高まりや，順番を譲り合うなど協調性の高まりを観察している。また日常生活でも趣味を再開したり，地域サービスへの参加が可能となるなどの変化が見られたが，プログラムを中止すると再び悪化したと報告している。これらの心理療法的アプローチの特筆すべき点はむしろ，痴呆高齢者自身の行動変化を目の当たりにした施設職員の変化である。グループを実施する場全体の雰囲気が肯定的受容的なものに変化したり（黒川，1995），新しい働きかけをとるようになったり（加藤ら，2002）と，集団全体に影響を及ぼすようになっている。

　林（1999）は高齢者への心理療法を阻害する要因として，高齢者への心理療法の効果に対する基本的な悲観主義，エイジズム，心理臨床家自身の老いや死への不安，高齢者の依存性に対する反応などを指摘している。痴呆高齢者に対してはなおさらであり，施設や病院で心理療法のオーダーとしてはあまりないかもしれないが，痴呆の進行を遅らせる観点からも心理臨床的関わりのニーズは高いといえよう。

痴呆の介護予防について

　基本的に痴呆は不可逆の病気と考えられているので，治療による完全な回復は難しい。近年では血管性痴呆の症状の治療薬として開発された脳循環代謝改善薬が思ったほど効かないことが明らかになった。またアルツハイマー型痴呆ではコリン作動系ニューロンが脱落するため，アセチルコリンエステラーゼ阻害薬ドネペジル（アリセプト）がある程度有効であることなどがわかってきた。行動心理学的症候（BPSD）に対しては抗精神病薬や抗うつ薬，抗不安薬といった向精神薬がある程度有効である。しかしながら，萎縮や梗塞で失われてしまった機能を回復することはできない。またさまざまな副作用もあり，高齢であることや痴呆があることで転倒などの思わぬ事故も起こりうる。そこでできることであれば予防することがベストの選択肢といえよう。

　ピーターセン（Petersen et al., 1999）によると，記憶機能に障害のあるMCI（Mild Cognitive Impairment）の10％から15％がアルツハイマー型痴呆に転移するとされている。またリッチー（Ritchie et al., 2001）による研究では5つの認知領域のいずれか1つ以上に軽度の認知障害をもつAACD（Aging-associated Cognitive Decline）では28.6％と高い割合での転移率が認められた。矢冨（2003）はこのような痴呆予備軍に対し，認知的介入が痴呆予防や進行抑制に有効であるといった報告から，記憶機能・注意分割機能・実行機能を刺激する要素を含んで，なおかつ日々の生活のなかで興味をもって行えるプログラムを作ることが痴呆予防に必要であるとしている。また血管性痴呆は予防可能な痴呆と呼ばれている。それは高血圧・糖尿病・高脂血症などの危険因子が明らかになっており，積極的な運動や食習慣の是正によって

ある程度予防することが可能であると考えられている。また近年，同様の因子がアルツハイマー型痴呆のリスクとしても高いことが明らかになってきている(中島，2003)。

　下川(2005)は特別養護老人施設における痴呆入居者の健康維持に，施設が提供するプログラムのみならず，たまり場に参加することが有効であることを明らかにした。自然に参加したくなるような生き生きしたたまり場ができている施設は，入居者のみならず職員の自由度も高く，臨機応変に仕事ができる施設であることも示唆された。またたまり場ができやすい建築条件があり，居室に近く，テレビなどのインセンティブがあり，寮母室が近くにある場所などであった。

　高齢者の増加に伴って，今後，痴呆高齢者数も増加していくと考えられる。抗痴呆薬として特別なものがない現在，痴呆予防や痴呆の進行を遅らせることは重要な課題である。しかしながら特殊なプログラムを使った受動的な訓練では長続きしないであろうし，多くの人手や資金が必要になる。高齢者の能動的な動きと，それを支援できる環境をつないでいくことこそが心理臨床のアプローチとして必要であろう。

紹介論文 1 Shimokawa, A., Yatomi, N., Anamizu, S., Ashikari, I., Kohno, M., Maki, Y., Torii, S., Isono, H., Sugai, Y., Koyama, N., & Matsuno, Y. 2000 Comprehension of emotions: Comparison between DAT and VD. *Dementia and Geriatric Cognitive Disorders*, **11**, 168-274.

アルツハイマー型痴呆と血管性痴呆の情動認知能力の比較

痴呆の患者に共通して記憶，概念化，言語などの認知能力の低下が見られ，これらの障害のためにその家族が患者を介護することがだんだん困難になっていく。しかしながらその患者が相手の表情や立場を理解できなくなるために介護者とよい関係を維持できなくなることがさらに大きな問題である。これらの問題は認知能力の低下だけでなく情動認知能力の障害が引き起こしているのではないかと考えられる。

アルツハイマー型痴呆（DAT）と血管性痴呆（VD）は2つの大きな痴呆であるが，DATの病因はVDのそれと大きく異なる。この両者の病因の違いは認知機能の低下パターンに影響しているかもしれない。情動刺激を処理する能力は健常な被験者や脳の片側に障害のある患者で調べられてきたが，痴呆の分野では非常に少ない。例えばある研究ではDAT患者は情動名を適切な表情と一致させることやある情動的なトーンで読んだ文章と表情を一致させる能力が障害されているとしている。他の研究ではDAT患者の情動認知能力の欠損は認知能力の低下によるものであり情動認知能力が一次的に障害されたものではないとしている。しかしながらDATとVDの情動認知能力を比較した研究はない。

印象ではDAT患者は認知能力が全般に低下しているにもかかわらず，VD患者に比べて対人関係におけるノンバーバルコミュニケーション能力を維持しているように感じられる。例えば，DAT患者は他人と挨拶したり，内容がわからなくても会話をスムーズに進めるために適当な反応を返したりする。バートル（Bartol, 1979）もまたDAT患者はノンバーバルな情動の手がかりを知覚する能力を維持していると臨床上の印象を述べている。一方，特に認知能力の低いVD患者は人の気持ちに無頓着だったり対人関係に無関心であるように見える。本研究ではこのようなDAT患者とVD患者の情動認知能力の違いを検討する。

方　法

対象者　本研究は4つの病院で行われ，全部で62人の患者が実験に参加することに同意した。アルツハイマー型痴呆患者は25名（男性6，女性19），血管性痴呆患者は25名（男性9，女性16）であった。加えて白内障の手術のため検査に訪れた12人がコントロール群の対象者として参加した。彼らの認知状態は家族や病院のスタッフから注意深く検討されたが，進行性の知的低下の既往は見られなかった。

DATやVDの診断はDSM-Ⅳに従い，神経科医または精神科医によって判定された。重篤な頭部外傷，アルコール中毒，精神病既往のあるものは除外された。患者はまたルーティンの検査，心電図，脳波，胸部X線を行った。神経科医または精神科医によって病歴や臨床検査の注意深い検討が行われた後，CTまたはMRIを用いて痴呆の原因となると考えられる特定の医学的状態をもつ患者を本研究から除外するのに用いられた。この過程はもちろんDATやVDの診断を確かにするためにも有効であった。

材料　対象者の認知機能を評定するために全般的な認知障害をスクリーニングする簡単なテストであるMMSEを用いた。対象者は名前を聞かれMMSEは心理学者によって施行された。

MMSE施行後，図形認知課題（課題1）と3つの情動認知課題（課題2・3・4）がそれぞれ施行された。最初の課題は図形認知の視覚能力においてDATとVDの能力が異なっているかどうかを検討するものである。対象者は1つのターゲットと4つの絵が描いてある紙を見せられ，ターゲットとまったく同じものは4つのなかからどれか尋ねられる。後の3つの課題は両痴呆の表情認知能力（課題2），情動概念認知能力（課題3），情動状況認知能力（課題4）を比較するのに施行された。それぞれの課題では1つのターゲットと4つの表情が用いられた。それぞれのターゲットは表情（課

題2），情動語（課題3），ある情動状況にある人（課題4）であった。被験者はその4つの顔のなかからターゲットと表情がマッチするものを選ぶように指示された。絵で描かれた4つの情動表情はそれぞれ怒り，喜び，悲しみ，驚きであった。

結　果

すべてのDATとVD患者に画像診断を行った。DAT群では24名がCT，1人がMRIを行った。VD群では14名がCT，11名がMRIを行った。すべてのフィルムに対して梗塞巣，皮質梗塞，白室病変，脳室拡大，皮質萎縮の有無を調べた。皮質梗塞や白室の病変はすべてのVD群に見られたが，DAT群にはまったく見られない。脳室拡大や皮質萎縮では両痴呆群に差は見られなかった。

それぞれの対象者は自分の名前は正しく答えることができた。表6-1は対象者のデモグラフィックなデータ，MMSE，課題1，課題2・3・4の合計得点，である。3つのグループは年齢において有意差はない。両痴呆群は病気の期間，MMSE得点，課題1に有意差はない。

図6-1はMMSE得点と3つの情動認知課題の総合的な正答率である。DAT, VD, コントロール群はそれぞれ異なる記号で表してある。DAT患者はMMSE得点は情動認知得点の正答率と有意な相関はない；MMSEとは無相関である。一方，VD患者はMMSE得点は情動認知の正答率と有意な相関がある。

表6-2は両痴呆群のMMSE得点と3つの情動認知課題の相関である。DAT群はMMSEといずれの課題も有意な相関をもっていない。一方，VD群のMMSE得点は情動認知得点とそれぞれ有意な相関をもっている。

両痴呆群と統制群の情動認知得点を比較するために分散分析を行い，有意な主効果が見られた。有意水準を0.1に設定したtukey testでは統制群より両痴呆群のほうが悪かった。さらに，DAT群に比べるとVD群のほうが有意に障害されていた。この結果はVD患者の情動認知能力は健常群やDAT群よりも障害されていることを示している。

考　察

本結果はDATとVDの情動認知能力が一般的認知能力や図形認知能力を統制しても有意に異なっていることを示している。

最も重要な結果はVD群はMMSE得点と情動認知得点に有意な相関があるにもかかわらず，

表6-1　痴呆群および健常群の特徴

	アルツハイマー型痴呆	血管性痴呆	健常高齢者
患者の人数	25	25	12
男性	6	9	5
女性	19	16	7
年齢			
平均値	80.2	78.9	76.5
標準偏差	6.5	6.3	4.5
範囲	63-89	68-91	67-84
有病期間（年）			
平均値	3.7	3.2	
標準偏差	2.2	3.4	
範囲	1-10	0-17	
MMSE得点（/30）			
平均値	13.0	14.4	28.0
標準偏差	4.4	4.7	1.3
範囲	5-22	3-21	26-30
図形認知課題得点（/9）			
平均値	7.6	7.9	9
標準偏差	2.3	1.9	0
範囲	0-9	1-9	9
情動認知3課題の合計得点（/10）			
平均値	7.6	5.5	9.8
標準偏差	1.5	2.4	0.4
範囲	5-10	0-9	9-10

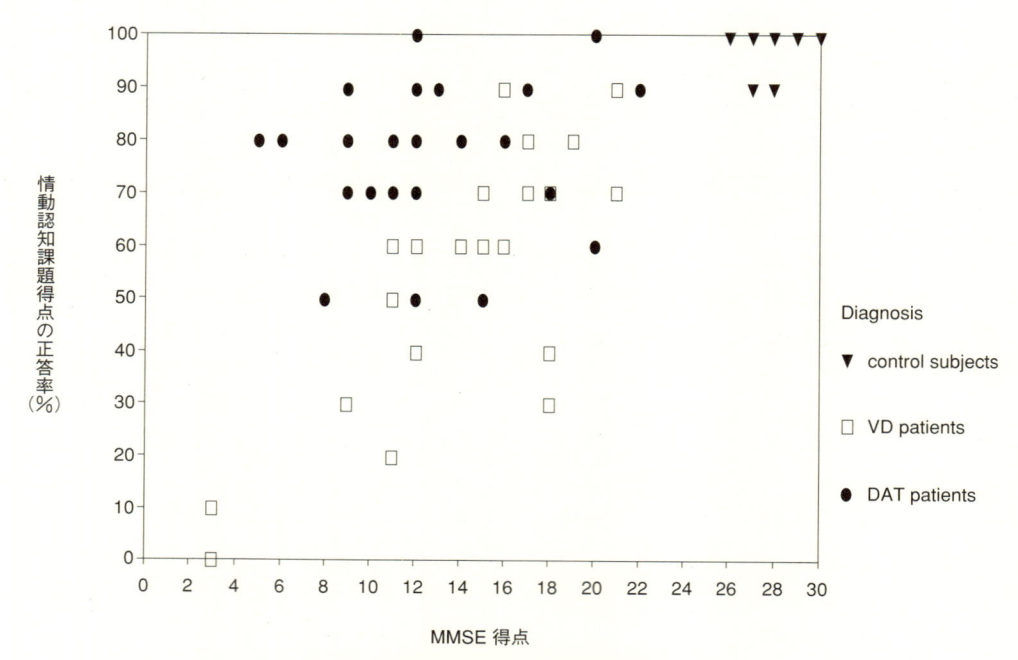

図6-1 情動認知課題とMMSE得点の関係

表6-2 アルツハイマー型痴呆と血管性痴呆における各課題間の相関係数

	アルツハイマー型痴呆				血管性痴呆			
	MMSE	課題2	課題3	課題4	MMSE	課題2	課題3	課題4
課題1	.27	.81***	-.15	.01	.73***	.68***	.56**	.40*
課題2	.21		.14	.14	.64***		.41*	.34
課題3	-.14			.08	.65***			.27
課題4	.10				.42*			

*$p<.05$ **$p<.01$ ***$p<.001$

DAT群ではまったく見られないということである。同様の関係はMMSEと各情動認知課題にも見られる。この結果パターンはDATはVDと比べて情動認知能力の低下パターンに違いがあることを示している。

もう1つの重要な知見はVD群はDAT群に比べて情動認知課題のパフォーマンスがよくないということである。この結果と情動認知能力の低下パターンの違いはDAT群はVD群に比べて認知能力がかなり低下しても情動認知能力は維持されていることを示している。この結果はDAT群の方がVD群よりも情動認知能力が維持されているのではないかという臨床上の知見を支持している。

情動認知能力の低下パターンが両痴呆群で異なるという結果はそれぞれの脳の障害部位の違いが関係しているのかもしれない。血管性痴呆は皮質または皮質下に障害部位をもつ。一方，アルツハイマー型痴呆は皮質痴呆で頭頂葉，側頭葉，前頭葉が障害を受け，皮質下は血管性痴呆と比べるとそれほど障害を受けていない。本研究でもVD群は皮質もしくは皮質下に障害を受けていたが，DAT群では見られなかった。

局所的な脳損傷患者の情動コミュニケーションを検討した神経心理学研究はこの問題に示唆を与えるかもしれない。コルブ(Kolb et al., 1992)は子どもと前頭葉に障害のある大人の患者を検査し，前頭葉部位は情動認知課題の結果に関係があることを主張している。カンセリエ(Cancelliere et al., 1990)は側頭葉前部，島，シルビウス裂領域の基底核が情動表出や理解を伝達するのに特に重要な構造であるとしている。ベーカー(Baker, 1996)は神経心理学文献を検討し，情動処理に特徴的な欠陥は皮質下と皮質の障害に関連があるとしている。

われわれの結果と神経心理学研究はいずれもDATとVDの情動認知能力の違いは皮質下の血管性障害によって説明されるかもしれない。しかしながら本研究では皮質および皮質下の障害部位，脳室拡大，皮質の萎縮の大きさは特に評定していない。痴呆患者の病理解剖の詳しい検討は脳と情動認知能力の関係に関するより多くの示唆を与えてくれるだろう。さらなる研究が必要である。

　今回の結果は臨床的に重要な意味をもつと考えられる。われわれの結果はアルツハイマー型より血管性の中等度から重度の痴呆患者は徐々に他者の感情をその表情やその人が置かれている立場から読みとることが難しくなることを示している。このことは他者とよいコミュニケーションができなくなることを示している。しかしながら従来，両痴呆群は同じ痴呆として処遇され臨床上同じ対応がなされてきた。臨床現場ではこのことも考慮に入れ対応する必要があると考えられる。情動認知能力の欠如が痴呆患者の対人行動にどのような影響を及ぼすのかさらに検討が必要である。

紹介論文2 Shimokawa, A., Yatomi, N., Anamizu, S., Maki, Y., Torii, S., Isono, H., Sugai, Y., & Kohno, M., 2001 Influence of deteriorating ability of emotional comprehension on interpersonal behavior in alzheimer-type dementia. *Brain and Cognition*, **47**, 423-433

アルツハイマー型痴呆の情動認知能力低下が対人行動に及ぼす影響について

目 的

　アルツハイマー型痴呆が進行すると記憶，概念化，言語などの知的能力が低下するが，うつ状態や幻覚妄想，徘徊，攻撃的行動といったさまざまな精神症状や問題行動も出現する。これらの問題行動については従来，さまざまな測定方法（Helmes et al., 1987; Patel et al., 1993; Aarsland et al., 1996）が開発されている。またこれらの行動障害と重症度とは関連があるとされている（Morita et al., 1998）。

　しかしながら，以前には見られなかった対人関係のまずさが目立つといった，微妙な行動変化はパーソナリティの変化（Petry et al., 1988; Chatterjee et al., 1992; Bozzola et al., 1992; Rubin, 1987）とされ，行動障害として測定されてこなかった。ワイルドら（1994）によるとアルツハイマー型痴呆患者のこのような行動変化は病前性格の先鋭化というよりも各患者に共通する行動変化であるとしている。また重症度とMMSEで測定される知的能力の低下は関連があるが，アルツハイマー型痴呆ではこのような知的能力の変化と微妙な行動変化とは相関が見られない。このことからアルツハイマー型痴呆に共通して見られる微妙な対人行動の変化は，知的能力の低下によって行動の統制がうまくできなくなったことによるアウトプットの障害以前に，インプットとして相手の気持ちを理解する情動認知能力の低下が大きな要因となっているのではないかと考えられる。

　本研究では紹介論文1で用いた情動認知課題を改良し，その妥当性と信頼性を検討した上で対人行動との関連を検討する。本研究で特にアルツハイマー型痴呆を対象としたのは，血管性痴呆では情動認知能力と知的能力が相関するが，アルツハイマー型痴呆は無相関なので，対人行動に対する情動認知能力の影響がより明らかになりやすいと考えたためである。

方 法

対象者　病院A，病院B，病院Cに来院または入所中の高齢者100名（男性36名，女性64名）を対象とし，MMSEと行動評定を行った。平均年齢は76.8歳（*SD*；7.0），平均発病期間は2.9年（*SD*；2.5）であった。C病院に来院している29名に関しては共同研究者が途中で亡くなったため十分な情報が得られず最終的な分析からは除外し，行動評定のみ分析した。また残った対象者のなかからアルツハイマー型痴呆以外の患者も分析から除外した。

　その結果，アルツハイマー型痴呆と考えられる高齢者38名（男性12名，女性26名）を分析の対象とした。診断はDSM-Ⅳに従い精神科医または脳神経科医が症状の経過とCTまたはMRI画像をもとにし，ある期間行動を観察した上で決定された。平均年齢は79.5歳（*SD*；6.3），平均罹患期間は2.8年（*SD*；2.0），平均ハッチンスキー得点1.2（*SD*；1.3），CDR得点12.5（*SD*；3.5）で，すべての人が自力歩行可能であった。

材料　情動認知課題：本研究における情動認知課題は紹介論文1の研究で用いた課題を作り変え，さらに下位課題数を多くするなど改良したものである（図6-2）。

　作成した情動認知課題を平均年齢28.5歳（*SD*；3.5）の青年10名（男性3名，女性7名）と痴呆高齢者家族の会に参加している42歳から76歳までの平均年齢55.3歳（*SD*；8.9）の成人19名（男性2名，女性17名）に施行した。また都内の高齢者福祉施設に頻繁に来所している平均年齢71.3歳（*SD*；6.3）の高齢者25名（男性9名，女性16名）に施行した。

　青年群ではすべて正解であった。成人群では課題1，課題2，課題3ともすべて正解であったが課題4には誤りが見られ，正答率に偏りがあるかどうかコクラン検定したが特に有意差は見られなかった。そのため不注意によるミスではないかと

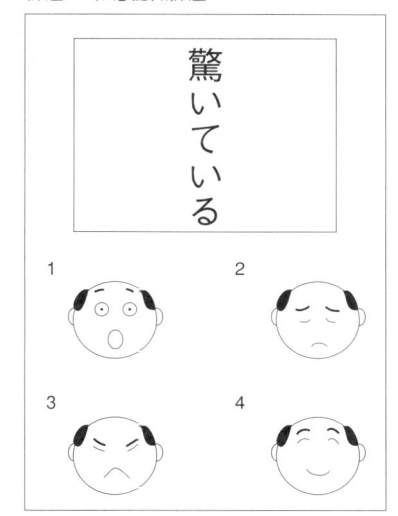

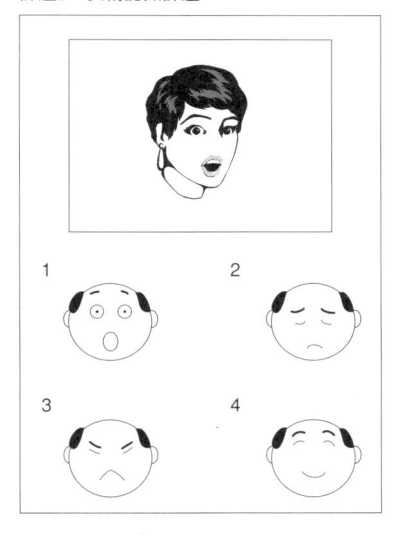

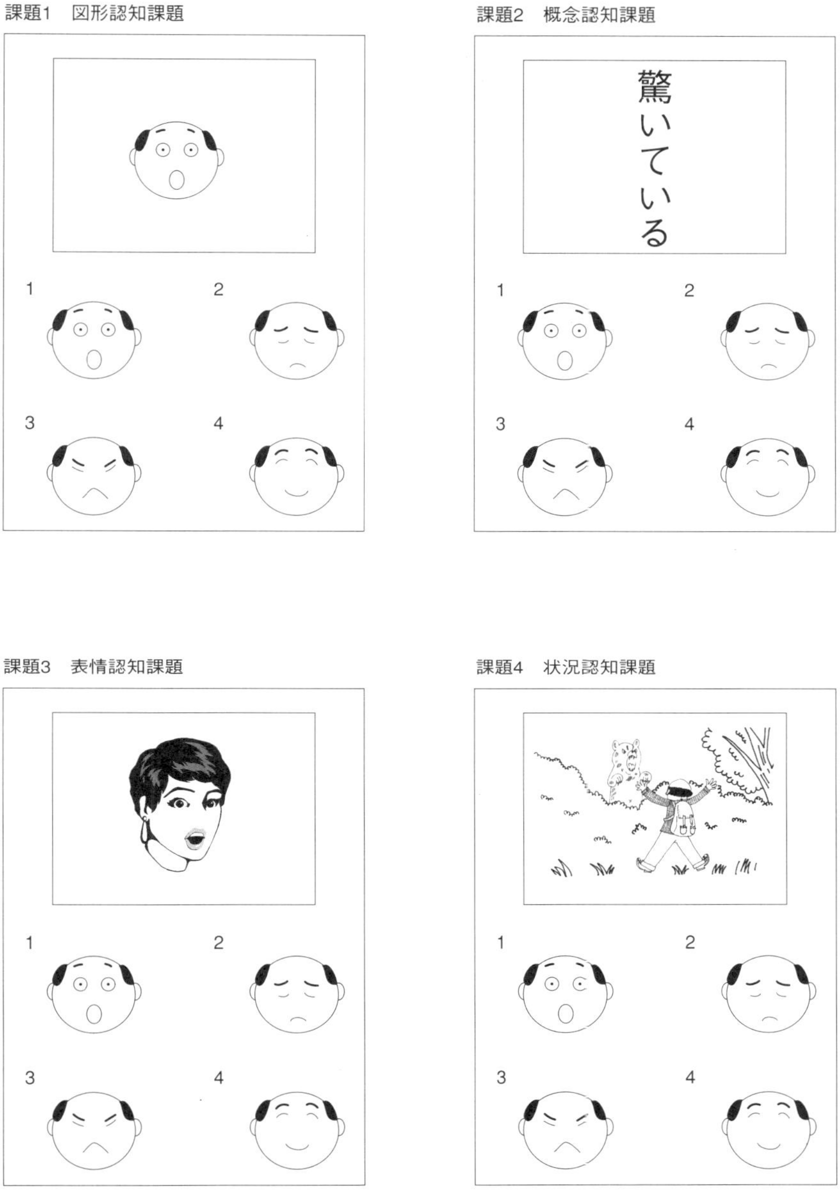

図6-2 情動認知テスト

考えられた。

　高齢群では25名のうちMMSE得点が25点以上であった21名を分析対象とした。MMSE得点の平均値は28.1（SD；1.8）であった。コクラン検定した結果，課題1・課題4では有意差は見られなかったが，課題2（$Q=36.8, p<.0001$）・課題3（$Q=43.9, p<.0001$）で有意差が見られた。これは少し泣きべそをかいているような少年の悲しい顔の刺激を怒っていると認識したために起こった誤り

である。

　青年群，成人群で，概念認知課題および表情認知課題はすべて正解であったことから，表情課題は十分な妥当性があると考えられた。しかしながら高齢群ではすべて正解というわけにはいかなかった。この原因の1つとして，高齢群の対象者が福祉施設に通っており，十分に健常とはいえない可能性がある。状況認知課題では青年群はすべて正解し，課題の妥当性は確かめられたが，成人群

表6-3 アルツハイマー型痴呆と血管性痴呆における各課題間の相関係数

	1回目	2回目	t	p	相関係数	p
MMSE	15.4 (4.9)	13.8 (5.8)	$t(23)=2.54$	$p<.05$	$r=.84$	$p<.001$
課題1	6.7 (1.8)	6.6 (1.6)	$t(23)=.22$	n.s.	$r=.43$	$p<.05$
課題2	6 (1.5)	6.3 (2.1)	$t(23)=-.91$	n.s.	$r=.66$	$p<.001$
課題3	4.8 (1.7)	4.7 (1.9)	$t(23)=.39$	n.s.	$r=.82$	$p<.001$
課題4	3.8 (1.8)	3.7 (2.0)	$t(23)=.11$	n.s.	$r=.50$	$p<.05$

や高齢群はすべて正解というわけにはいかず，少し判断しづらい刺激も含まれることが示唆された。

次に情動認知課題の信頼性を検討した。病院Aに入院中の平均年齢77.8歳（$SD=7.1$）の高齢者28名（男性13名，女性15名）を対象に課題1から課題4とMMSEを2週間隔で2度施行した。そのうち退院や病状の変化で2回目を受けられなかった4名を除外し，24名を分析対象とした。表6-3は2回のMMSEと課題1から4までの平均値と標準偏差，t検定，相関係数である。MMSEの平均値は有意差が見られ，相関係数も有意であった。MMSEで最も大きく低下した項目は時間の見当識であった。このことから病院に入院することで時間の見当識が著しく低下しMMSE得点の有意な低下が起こったのではないかと考えられた。

課題1から課題4までは得点差は見られず，相関係数はいずれも有意であった。このことから，これらの課題がさまざまな要因の影響を受けにくく情動認知能力を安定して測定していると考えられた。また課題2，3，4の3課題間にはいずれも有意な相関が見られたことと，情動認知能力は他者の表情や他者が置かれている状況からその気持ちを読みとる能力という定義から，この3課題の合計得点を情動認知得点とする。2つの結果から改良された情動認知課題は妥当性，信頼性とも十分に高いことが示された。

対人行動測定課題：対人的関心を反映すると考えられる対人行動を測定する5項目を4段階で評定する。また病棟などでの扱いの難しさを測定する7項目を4段階で評定する。合計12項目の痴呆高齢者の対人行動を評定する質問紙を作成した。

測定方法　100名全員にMMSEと情動認知テストを施行した。テスト施行から1週間以内に患者をよく知っているスタッフが患者の行動を評定した。病院Aでは主治医，看護師長，看護師，ソーシャルワーカー，OTの5名が40名の患者を，病院Bでは看護師2名，ケアワーカー2名の4名が31名の患者を，病院Cでは看護師1名，ケアワーカー2名，アートセラピスト1名，臨床心理士1名の5名が29名の患者をそれぞれ評定した。

結　果

病院スタッフによる行動評定が行われた高齢者100名の12項目からなる評価結果を主成分分析したところ寄与率が42.0％と22.4％の2つの大きな因子が得られた。この2因子で主因子解を求めバリマックス回転を行ったところ，「対人的関心」5項目と「扱いの難しさ」7項目から構成される2因子が得られた（表6-4）。「対人的関心」を表す5項目の信頼性係数 $\alpha=0.86$，「扱いの難しさ」を表す7項目の信頼性係数 $\alpha=0.90$ で内的一貫性も非常に高いと考えられた。

次に対人行動尺度の信頼性を検討するため2つの尺度の各評定者間の相関を求めた。高齢者の対人行動の評定もスタッフ間でよく一致しているので被験者ごとに評定値の平均を算出し，それぞれ対人的関心得点，扱いの難しさ得点とした。

アルツハイマー型痴呆と考えられる38名のなかからMMSE得点が24点以上の高齢者はカットオフポイントより上なので分析から除外した。また図形認知能力が低い場合，情動認知能力がテストに反映されない可能性があるので，図形認知得点が6点以上の27名を分析対象とした。

各課題の平均値はMMSEが14.7（SD；2.8），図形認知課題が7.6（SD；0.8），情動認知課題が16.4（SD；3.7），概念認知課題が6.9（SD；1.5），表情認知課題が5.4（SD；1.3），状況認知課題が4.2（SD；2.0）であった。MMSEと各情動認知課題はいずれも有意な相関は見られなかった。

「対人的関心得点」および「扱いの難しさ得点」とMMSEとはいずれも有意な相関は見られなかっ

表6-4 対人行動スケールの因子分析結果

対人行動スケール	扱いの難しさ	対人的関心	共通性
些細なことで不機嫌になる	0.78	−0.13	0.63
大声を出したり騒いだり不穏な行動がある	0.77	−0.12	0.60
周りの人とトラブルを起こすことがある	0.76	−0.01	0.57
スタッフまたは家族が患者に対して扱いが難しいと感じている	0.73	−0.25	0.60
自分の欲求を満たすことを待つことができない	0.72	−0.20	0.55
誘導場面などで指示に従わない	0.72	−0.18	0.55
スタッフまたは家族に実現不可能な要求をする	0.70	0.01	0.49
誰かに話しかけることがある	0.05	0.88	0.78
誰かと一緒に過ごそうとすることがある	−0.14	0.80	0.65
話しかけられた相手に答えることがある	−0.07	0.75	0.57
挨拶することがある	−0.22	0.72	0.57
身繕いなど身の回りのことを気にかけることがある	−0.21	0.55	0.35
固有値	3.95	2.97	6.92
寄与率(%)	32.9	24.8	57.6

たが,情動認知課題とは両方とも有意な相関が見られた(.53, p<.004; −.56, p<.003)。

考 察

　表情や状況から情動的文脈を読みとることは誰もが子どもの時から日常的に行っている認知なので,刺激や認知能力に問題がなければ誰でも理解できる刺激を作ることが可能である。特に表情はエクマン(Ekman et al., 1975)が示しているように文化や人種を越えた普遍的な認知である。本研究の情動認知テストもこの普遍性を目指して作成し,妥当性や信頼性は十分であると考えられた。

　次に「対人的関心」と「扱いの難しさ」の頻度について対人行動尺度を作成し,介護者が痴呆高齢者を評定した。この尺度も妥当性,信頼性は十分であることが示された。MMSE,情動認知課題と対人行動尺度との相関を調べたところMMSEと対人行動尺度はいずれも有意な相関は見られなかったが,情動認知課題と対人行動尺度はいずれも有意な相関が見られた。このことから,アルツハイマー型痴呆の扱いの難しさや対人的興味の低下は知的能力の低下によるものではなく,相手の表情や置かれている立場を理解する情動認知能力の低下による要因が大きいことが明らかになった。

　しかしながら情動認知課題別に見ると有意な相関が見られるものと見られないものがあった。対人行動はさまざまな要因によって影響を受ける。そのため認知能力と行動の関連は微妙で,まったく相関が得られないこともしばしばある。本研究で有意な相関が見られなかった課題でも,MMSEほどまったく相関が見られないわけではないので,各課題数が全体と比べて少ないことでばらつきの影響が大きくなり,有意な相関が得られなかったのではないかと考えられる。

　本研究でアルツハイマー型痴呆の対人的関心の低下や扱いにくさといった行動は情動認知能力の低下に関連していることが示唆された。この結果は血管性痴呆にも当てはまるのであろうか。パーソナリティの一部として理解されるような微妙な行動は実際には知的能力と情動認知能力が複雑に関連していると考えられる。そのため両者の低下が関連しないアルツハイマー型痴呆では別々に論じることができたが,血管性痴呆では両者に関連があるため,情動認知能力のみが対人行動にどのように影響を及ぼしているかを論じることは難しいのではないかと考えられる。

紹介論文 3 Vetter, P. H., Krauss, S., Steiner, O., Kropp, P., Möller, W. D., Moises, H. W., & Köller, O. 1999 Vascular dementia versus dementia of alzheimer's type: Do they have differential effects on caregivers' burden?. *Journal of Gerontology: Social Sciences*, **54B**(2), S93-S98.

血管性痴呆対アルツハイマー型痴呆：
両痴呆タイプの違いは介護者の負担に異なる影響を及ぼすか？

アルツハイマー型痴呆（DAT）は全痴呆例の 50～75％を占める最も一般的なタイプである。血管性痴呆（VD）はおそらくそれに次ぐものである。DATの発生率は上がり続けているにもかかわらず、75歳以降のVD発症は低下している。DATが知らない間に始まって、徐々にではあるが確実に低下してゆくのに対し、VDは突然始まり、段階的に進行してゆくが、いずれも重度になるにつれて介護者の負担が重くなることはよく知られている。どの段階でも介護者が感じる負担感はコントロールできなくなった領域、コミュニケーションの縮小、思いの他の作業量、患者の攻撃性などによる。実証的な証拠には欠けているが、両方のタイプの介護者は同じ負担を経験していると考えられる。この仮説を検討するために介護者の負担を検討した。

方　法

家庭で介護されている、混合型は除外した、72名の痴呆高齢者（DAT36名, VD36名）と、家族介護者を対象とした。診断基準はICD-10に従った。GDS（Grobal Deterioration Scale; Reisberg et al., 1982）を適用し、重症度に従って軽度（GDSレベル3/4）、中等度（GDSレベル5）、重度（GDSレベル6/7）の3グループに分けた。認知能力はMMSEで測定した。

日常生活の課題に対処できる能力は家族介護者がBDS（Blessed Dementia Scale; Blessed et al., 1968）で評価した。また症状や人格変化、全体的な重症度はBAD（Behavioral Pathology in Alzheimer's Disease Rating Scale; Reisberg et al., 1987）で家族介護者が評価した。介護者の負担はSCB（Screen for Caregiving Burden; Vitaliano et al., 1991）で測定した。

結　果

VD群（$M=78.5$）は男性18名、女性18名で、DAT群（$M=71.0$）は男性19名、女性17名であった。この年齢差は有意である（$t(70)=3.26; p<.01$）。VDの介護者は79％が女性で25歳から94歳（$M=63.2, SD ; 17.6$）であった。介護者の57％は配偶者、5％が兄弟、38％が子どもであった。介護者の69％は共に暮らしていた。DATの介護者は69％が女性で31％が男性で、平均年齢は61.7歳であった。53％が配偶者、8％が兄弟、39％が子どもであった。85％が共に暮らしていた。これらは両グループで有意差は見られなかった。

表6-5は痴呆群と重症度で分けた各変数ごとの平均値と標準偏差である。各群ごとの平均値の差を多変量分散分析で検定し、下位検定で、追加の分散分析を行った。多変量分散分析の結果、重症度、痴呆のタイプ、交互作用も有意であった。

2つの下位尺度を除いて、症状と介護者の負担は両グループとも重症度に従って増加している。またVD介護者はDAT介護者と比べて習慣の変化、概日周期の障害、経済的負担などを挙げている。一方、DAT介護者はより重度の感情の障害を挙げている。

両タイプと重症度との交互作用が有意な点がより興味深い知見である。この交互作用は7変数でしか見られなかったが、重度痴呆群ではVDよりもDAT家族介護者で際だって高かった。逆に中等度・軽度痴呆群ではDAT群はVD群に比べて同程度かさらに低かった。

考　察

DAT患者とVD患者で、家族介護者の負担（SCB）、日常生活の活動性、パーソナリティ、興味（BDS）や精神病理学的変数（BAD）の得点変化に関して違いがあるか検討した。

習慣の変化（BDS）、概日周期障害や感情の障

表6-5 各尺度の平均値，標準偏差，および痴呆のタイプと重度との2要因分散分析の結果

	アルツハイマー型痴呆			血管性痴呆			痴呆のタイプ(A)	重症度(B)	A×B
	軽度(N=7)	中等度(N=13)	重度(N=16)	軽度(N=12)	中等度(N=12)	重度(N=12)	$F_{1,65}$	$F_{2,65}$	$F_{2,65}$
Blessed Dementia Scale									
日常の活動性の変化(α=.84)	2.30	3.67	5.84	3.08	4.07	6.00	0.00	18.74**	0.31
	(2.28)	(1.42)	(1.66)	(1.59)	(1.99)				
習慣の変化(α=.72)	0.40	0.58	3.00	2.50	2.79	3.62	5.70*	4.66*	1.11
	(0.79)	(0.89)	(2.83)	(2.71)	(2.08)	(1.98)			
人格の変化(α=.71)	2.00	2.67	4.88	3.83	3.64	3.92	0.53	4.31*	3.68*
	(1.41)	(1.30)	(1.63)	(2.08)	(1.69)	(2.02)			
興味と動因の変化(α=.69)	0.60	1.92	2.06	1.75	1.86	2.00	1.92	6.79**	5.73**
	(0.55)	(0.67)	(0.44)	(0.75)	(0.53)	(0.58)			
Behaviorial Pathology in Alzheimer's Disease Rating Scale (α=.78)	0.20	1.00	4.63	1.00	2.64	5.23	0.34	9.00**	0.19
	(0.45)	(2.00)	(3.52)	(1.71)	(3.32)	(5.43)			
幻覚(α=.64)	0.00	0.75	1.56	0.25	1.71	2.15	0.54	4.34*	0.17
	0.00	(0.36)	(2.13)	(0.45)	(2.16)	(2.23)			
行動障害(α=.74)	0.20	0.92	3.38	1.00	1.14	3.31	0.03	15.78**	0.35
	(0.45)	(1.38)	(2.31)	(1.13)	(1.10)	(2.36)			
攻撃性(α=.60)	1.80	1.42	4.19	3.50	2.36	4.08	0.65	6.27**	0.87
	(2.05)	(1.32)	(2.79)	(2.15)	(1.91)	(2.29)			
概日周期の障害＋	0.60	0.58	1.06	0.75	1.50	1.85	6.08*	3.66*	0.67
	(0.89)	(0.67)	(1.18)	(0.62)	(1.09)	(1.21)			
感情の障害(α=.54)	1.20	2.83	3.50	1.50	1.71	1.54	4.62*	1.68	1.83
	(0.45)	(1.85)	(2.22)	(1.73)	(1.68)	(1.27)			
不安と恐怖(α=.63)	1.80	1.00	4.50	2.25	2.36	2.31	0.00	4.28*	3.85*
	(3.49)	(1.60)	(3.12)	(2.22)	(1.86)	(2.10)			
Screen for Caregiver Burden									
全得点(α=.88)	9.80	14.33	43.38	20.58	20.64	33.31	0.17	17.78**	3.78*
	(8.93)	(6.01)	(19.10)	(17.60)	(12.20)	(12.10)			
活動性の低下(α=.70)	3.60	4.08	7.00	3.25	2.50	6.54	1.64	6.76**	0.21
	(4.16)	(2.20)	(4.24)	(3.70)	(2.44)	(4.59)			
コミュニケーションの喪失(α=.70)	2.80	4.25	11.19	3.58	4.21	8.31	2.23	16.62**	1.49
	(2.68)	(2.49)	(4.55)	(4.93)	(4.15)	(3.73)			
攻撃性(α=.80)	0.40	0.50	6.13	2.92	1.14	3.15	1.08	7.37**	.48*
	(0.89)	(0.89)	(5.50)	(2.14)	(2.77)	(3.36)			
介護上の負担(α=.74)	2.00	3.67	11.25	5.92	6.86	8.23	0.06	8.15**	4.09*
	(2.92)	(2.50)	(6.53)	(4.34)	(4.42)	(4.92)			
経済上の負担(α=.61)	0.20	0.17	1.19	1.17	1.29	1.92	7.06**	2.63	0.07
	(0.45)	(0.39)	(1.60)	(1.80)	(1.64)	(2.43)			
コントロールの喪失(α=.67)	0.80	1.67	6.63	3.75	4.64	5.15	1.78	12.90**	7.81*
	(1.10)	(1.50)	(3.03)	(2.63)	(2.27)	(2.19)			

*$p<.05$ **$p<0.1$

害（BAD），特に経済的負担（SCB）に関して，DATとVDは違いが見られることが明らかになった。VD患者はDAT患者と比べて，自分自身の面倒を見ることが難しい。VD患者と違いDAT患者は後半になって日常生活の基本的なスキルが低下する。またVD患者の昼夜リズムはDAT患者に比べて強く障害されている。特に睡眠障害は家族介護者にとって耐え難いものである。またVD患者はDAT患者に比べて家族介護者に経済的負担を負わせる。これはVDに伴って多彩な神経学的徴候と症状が見られ，さまざまな病気にかかりやすくなることからきている。逆にDAT患者では感情の障害が顕著で，抑うつ的な症状はDATの40％で見られる。しかも初期段階によく見られる。

両者はBDSとBADのほとんどの下位尺度で重症度に関連する違いが見られた。両タイプで家族介護者にかかる負担はタイプにかかわらず重症度に従って増していった。

他の研究は葛藤的な結果を示していた。両痴呆の知的障害が同じ程度であっても，VD患者の症状のほうがDAT患者よりも重症度の点で大きかった。しかしながらブフト（Bucht et al., 1983）はVD患者はDAT患者に比べて精神症状が少な

かったとしている。この違いはそれぞれのグループ内での痴呆の重症度やグループ間の重症度の違いを反映しているのかもしれない。

認知的な低下はDATの中期では早く，最後期ではよりゆっくりに進行するとされ，BDS上では重症度なDATの患者の場合，ほとんど低下しなくなるようである。一方，自立した生活スキルの障害に気がつかない点や記憶の障害に無知である点は介護者のストレスと強く関連するとされている。さらにDAT患者の介護者は精神病理を評価することに対してより否定的である。この症状の重症度をあまり取り上げないという偏りは介護者の抑うつと関連しており，介護者の50％に起こっている。

さらに痴呆のタイプと重症度に有意な交互作用が見られる点は興味深い。中等度や軽度の段階であっても，両痴呆は多くの点で異なっている。初期段階のVD患者はDAT患者よりも家族介護者に負担である。しかしながら重度になっていくに従って，この関係は劇的に逆転していく。DATの家族介護者はVDに比べてより介護負担を感じるようである。

軽度から中等度にかけて，DAT患者の家族介護者は特に患者のパーソナリティ変化に関しては，ほとんど変わらないと評価している。重度の状態になってはじめてVD患者よりも障害されていると判断された。興味や動因の変化（BDS）もまた軽度の段階ではほとんどマークされておらず，中等度や重度の段階でのみVD患者のそれを上回っている。DATの不安状態も軽度や中等度ではVDと同程度であるが，重度の段階でVDに比べて有意に悪くなっている。

コントロールの喪失は重度になってはじめてDATがVDを上回るが，軽度や中等度ではDATの負担はVDの負担に比べて下回っている。コントロールが失われることに家族介護者が負担を感じるという点はあらゆる段階でしばしば報告される。また重度の段階ではじめて攻撃的行動がVDの家族に比べてDATの家族の負担になることもよく知られている。さらにわれわれの研究では，軽度の段階における負担の増加はDATよりもVD患者の家族介護者により負担を与えるが，重度の段階ではDAT患者の家族のほうがより負担に感じるようになることも明らかになった。

プルクノ（Pruchno et al., 1989）はDAT患者の介護者は認知の障害といった，ある特定の障害に対しては対処能力が上がっていくことを指摘している。例えば，病気が進行するに従って物忘れといった症状は直線的に悪くなっていくのだということをDAT患者の家族介護者がいったん受け入れたなら，介護に関連するストレスは一般的に小さくなる。対して予測不可能な行動障害がだんだん増してくるといった点は介護者のストレスを増加させる。

家族介護者が特に負担に感じたのは症状の軽度，中等度レベルに適応する必要であった。プルクノ（1989）およびモーリッツ（Morycz, 1980）の知見は，なぜ軽度および中等度VD患者の家族介護者がDAT患者の家族介護者と比べてこの病気を負担だと感じているのか，またより重度な段階ではそれが逆転するのかという点を説明する助けになる。DAT患者の家族介護者は一定の病気に従った低下を経験しているのに，VD患者の家族介護者の76％は行ったり来たりのコースを経験する。軽度から中等度においてVD患者の家族介護者の負担がコントロールの喪失，攻撃的な行動障害，増加する負担という点で飛び抜けているのは，この症状の変動が理由かもしれない。従来の文献でもこれらの項目は特に介護者の負担になっていると報じている。

またVD診断前の平均2年半の間，VD患者の29％から45％は高血圧・心不全・卒中・糖尿病といった身体病のケアで医者にかからなくてはならないのに対し，DAT患者ではこういった病前の病気はそれほど大きな役割を果たしていないという点もVD患者の介護者の負担に影響を及ぼすもう1つの要因であろう。

DAT患者はVD患者に比べて，平均7.5歳年上であるということも介護者の負担に何らかの影響を及ぼしているかもしれない。DAT患者では年齢が上がるほど，痴呆症状の始まりの年齢と医者を最初に訪れる年齢とのずれが広がる。DAT患者の90％以上で最も共通な最初の症状が物忘れで，これは家族には通常の加齢進行過程の現れだと受け取られることが多いようである。DATの診断がついた後でも，家族は認知の混乱は行動障

害よりも負担ではないと感じる。これに加えて，家族のなかにはDAT患者が不治の病にかかっているとは思いたくないということもある。DATの過程の間に直線的に物忘れや認知症状が増えていく予測可能性と，家族がこれらの症状に慣れていくことは，なぜこれらの症状が最初はたいしたことないと経験されるのかを説明している。また中期や後期になってから起こる症状の急速な変化や，それと関連する家族に対する負担はどの年齢で病気が始まったのかという点による。というのは，高齢のDAT患者はすでに病気の後期にあるので，あまり元気がなく，加齢に伴うさまざまな一般的な医学的問題にもかかっている。VD患者の中等度・重度の段階における家族介護者にかかる負担の増加はしばしば見られる精神症状や失禁，歩き方や運動機能の失調が進行し，無口になったり寝たきりになる傾向と関連していると理解することもできる。威嚇，つっかかり，暴力は病気のより後期に起こり，家庭介護者に問題を投げかける。

本研究は横断的なデザインであった。VDとDATの異なる重症度における違いはさらなる縦断的な研究で確かめられる必要がある。

結論

VDとDATの発症や経過の特徴の違いは，介護者にかける負担という点でも同様に異なっており，両痴呆タイプを診断的に分ける必要や，家庭介護者に両痴呆それぞれ特有の家庭介護サポートシステムが必要である。われわれの結論や文献によれば，VD患者の家族はDATより早期の家庭介護サポートが必要になる。一方，DAT患者の家族に対しては終末期における特に重い負担について話しておく必要がある。介入はそれぞれの痴呆に特有で，重症度による負担要因・攻撃性・一部の患者のパーソナリティ変化・制御不能さ・家族の負担の増加，などに焦点を当てるべきである。これらの介入は利用可能な家庭支援サポートを適正に使うことで，介護者の負担を減らしたり，VDやDAT患者の施設入所を遅らせたり阻止する目的で行わなくてはならない。タイムリーで効果的な介入は家庭介護サポートシステムに対するコストを下げることも期待できる。

第7章 心理的課題の予防的アプローチ

　本章では，従来の臨床心理学の範囲から少し幅を広げて，子どもたちの精神的・心理的課題を社会的な文脈や教育場面で予防していこうというアプローチを紹介する。『予防心理学』とでも呼べるこの分野は，日本ではまだあまり普及していない。しかし，子どもたちの問題が一般化し，もはや個人カウンセリングレベルでの対応では追いつかない状況が生じている現代においては，家庭での養育，地域での養育の不全を補う形で，学校等集団の場での何らかの予防的対策が必要であろう。その際に，教育分野と協働(collaborate)して，心理臨床家が果たす役割が不可欠と考えられる。

　なお，予防という文脈での心理学は，日本においてはコミュニティ心理学(Community Psychology)，健康心理学(Health Psychology)，あるいは，自殺予防・犯罪予防の心理学として言及される。この分野を学ぼうと思うものは，コミュニティ心理学や地域実践心理学，発達心理学，教育心理学，あるいはソーシャルワーク分野におけるコミュニティワークやスクールソーシャルワーク，公衆衛生や疫学など多岐にわたる知識を動員することが必要となる。本章では，特に子どもに対するアプローチに限定して紹介するが，これは，発達段階の早期に，すべての子どもが通うことになっている学校において，集団の力を利用しながら心理的課題に取り組むことが，後々に大きな問題(例えば自殺，犯罪，精神病の発症など)が生じてからその対策をとるよりもはるかに効果的であると考えられるからである。「いじめ予防は犯罪予防」(Fox et al., 2004)と言われるように，社会の将来を担う子どもたちには，その生活環境を調整し，日々のコミュニケーションを豊かなものにし，安心して毎日が暮らせる状況を与えることが大変重要なのである。しかしながら，日本においてこのような学校におけるアプローチ，教育プログラムを取り入れる試みはまだ端緒についたところである。

　歴史的に振り返ってみると，すでに日本に導入されている予防的アプローチとしては，北米における各種のエクササイズを取り入れた心理教育プログラム(psycho-educational program)(星野・津村, 1996)がある。これらは國分康孝，平木典子らによってかねてからより精神的健康であるためのアプローチとして紹介されてきた。例えば，構成的エンカウンターグループ(encounter group；國分, 2000)やアサーショントレーニング(assertion training；平木, 1993)などの手法は，広く成人向け・学生向けに展開されている。これらの手法を子ども向けにアレンジしたものは，特に構成的エンカウンターグループのエクササイズを取り入れた形(國分, 1995)が多く，それを取り入れている学校は散見されるが，特に心理臨床家が実践するというよりは，興味関心の高い教員によって実施されていることが多い。また，これらは系統だって特別な社会的能力を育てよう，あるいは明確な予防をしようという目的で行われるというよりは，特別活動の1コマとしてコミュニケーション能力の向上のためなどを目的に行われている場合が多いようである。あるいは心理劇(psychodrama；台, 1982)などの手法は，学級で生じる課題への対処の手法として活用されてきたが，技術的な困難さを伴うからであろうか，学校での利用はそれほどの広がりを見せてはいない。

　一方，近年，総合的な学習の時間の導入に後押しされて，オーストラリアからピア・サポート(peer support；滝, 2004)の試みが導入されたり，PTAなどとの協力の下に暴力予防プログラムであるCAP(Child Assault Prevention Program；Ccoper, 1991)が学校で展開された

りするようになっている。これらの活動も特に心理臨床家が中心ではなく，客観的な効果研究は今後に待たれるところである。

　さて，日本において心理臨床家が取り組んでいる先駆的な研究としては，コミュニティ心理学における学級風土(classroom climate)の研究(伊藤・松井，1998)が，注目されている。学校コミュニティという概念で学校をとらえ，学校に心理臨床家が査定と示唆という形で入っていく活動および研究である(紹介論文2はそれに関連している)。また，学生相談やスクールカウンセリングのアプローチの1つとして，大学や学校のなかに予防的機能をもった空間を置いたり，予防の発想でグループワークを実施したりすることの意義が指摘されている(武田，1999)が，予防が対処よりも経済効果が高いという指摘はあっても(Fox et al., 2004)，日本では，予防に予算を使うという発想はまだ受け入れられ難く，学校教育プログラムが積極的な教育活動として展開する兆しは今のところ見られない。

　日本における予防的アプローチの課題は，いくつかの取り組みが単発的に試みられていても，その予防的意味合いが1つの概念としてまとめてとらえられていないことであろう。それぞれが予防的機能を果たすアプローチであるにもかかわらず，海外からの個々のプログラムの導入や紹介というレベルに止まっており，日本の教育において，それらのアプローチがどのように効果的に発展させられるか，というような包括的な視点からの研究がなされていない。

　さらに，これらのプログラムの導入の際に，海外では当然の事前事後アセスメント(pre or post assessment)がなく，効果測定されないままその効果が喧伝されている。心理臨床と統計学の知識をもった研究者がこれらの実践に関与することによって，より有効なプログラムが効果的に教育現場に採用されていくことが望まれるだろう。例えば，カナダの教育プログラム「共感の根」の導入と効果の研究(武田，2002)においては，その試みがなされたが，文化差の大きい中で外国の基準を用いて比較研究することには限界があり，さらなる研究が求められる段階にある。

　そこで，この章では，北米においてこの分野が現在どのように展開しているのかを記述した論文を紹介することによって，日本におけるこの分野の発展を望みたい。ここで紹介するのは，北米の学校教育場面における予防的アプローチの数々である。北米は，子どもたちの状況が，日本の現状よりも何年か先の様相なので，日本で活用するにはタイミングが早めであることにすぐ気がつかれるかもしれないが，これらの研究が日本でも必要になる日は近いだろう。

　紹介論文1は「学齢期の子どもにおける精神的疾患の予防」プログラムの近年の展開をまとめた論文である。数多くの主要な学校教育プログラムが紹介されているので，概要を読んだ後，興味関心をもった研究について，引用文献のリストから原本に当たるとよいだろう。

　紹介論文2は，学校教育プログラムの中でも先駆的な縦断研究(longitudinal study)で，学校風土(school climate)を扱っている。長期にわたる研究の変化の状況をコンパクトにまとめている。

　紹介論文3は，「健全な青年の発達」を促すプログラムに関する研究をまとめた論文である。予防よりもさらに発達促進に力点を置いている。全体を概観する資料的意味合いが強い。

　紹介論文4は，世界的に広がる暴力予防カリキュラム「セカンドステップ」の効果に関する研究である。プログラムの評価研究の代表的な論文であり，紙面の都合で本稿には掲載できなかったが，詳細になされた結果分析は，このような評価研究を学ぶに適切な論文であると思われる。

紹介論文 1 Greenberg, M., Domotrovich, C., & Bumbarger, B. 2001 The prevention of mental disorders in school-aged children: Current state of the field. *Prevention & Treatment*, **4**, Article 1.

学齢期の子どもにおける精神的疾患の予防：この分野における現状

【要約】学校における予防的介入プログラムの意義を確認するために，アメリカ合衆国で実施されている主要なプログラムをさまざまな資料を用い，厳密な評価基準を用いて再検討した。その結果，抽出された130以上のプログラムのうち，34を特に優秀なプログラムであるとみなし，それらの介入のあり方について，共通の特性を見出し，学校やコミュニティベースのプログラムについて，その方針と進め方に関する考察を加えた。

子どもの精神的健康における予防重視の必要性

子どもの精神的健康の悪化と金銭的負担の増大　Healthy People 2000（アメリカ国民の健康のために設定された目標）に基づき，18歳以下の精神疾患率20％を17％に減少させる，15〜19歳の若者の自殺率を10万人中8.2人以下に減らす，14〜17歳の若者の身体的喧嘩の発生率を10万人中137人から110人に減らす，非暴力的な対立解決能力開発プログラムを半数の小中学校で実施する，暴力予防プログラムを少なくとも8割の地域に広げる，などの目標が設定された。その背景には，18歳以下の若者のなかで，精神的健康に関するサービスを必要としている割合が12〜22％といわれており，1990年で，精神的疾患に対する対応にかかる費用は約749億ドルと見積もられた，という現状がある。

児童期における予防的介入の必要性の認識　これらの状況に対応するためにアメリカでは児童期の疾患予防が大きな課題となり，早期の予防的介入を，学校ベースで取り入れていく必要が認識されたのである。つまり，臨床的レベルの課題を抱える多くの子どもたちに，特別教育や矯正機関などの対応を行うのではタイミングが遅すぎるということが指摘されたのである。

発達的－生態学的モデルの導入　予防学の発展においては，発達的－生態学的モデルが重視された。つまり公衆衛生学，予防疫学，社会学，発達精神病理学等によるモデルが，発達理論によって統合され，その発達理論のなかに，生態学的分析の重要性が強調されるようになった。子どもたちの行動に影響を及ぼす要因がどの生態学的レベルにあるかを分析することによって，介入の目標や焦点づけが明確化されるようになった。

危険因子とその作用に保護因子が働く状況　個人の有するさまざまな危険因子（家庭や仲間などの環境との相互作用や所属する社会システムを含む）が作用することを防ぐ保護因子が強く働けば，危険因子の発動を予防することができる。

介入目標の明確化の必要性　予防的介入を行い保護因子を活性化するために，ある結果をもたらす危険因子と保護因子を十分に理解し，予防的介入がどのように作用するか，その目標設定を明確化することが必要である。

3つの予防的介入

普遍的な予防的介入：特定の問題を認識されていない一般の人を対象とする介入。

発達障害への予防的介入：危険因子を保有する個人やグループを対象とする介入。

精神障害への予防的介入：精神的・生物学的疾患のサインを示す人々を対象とする介入。

予防プログラムの再検討

主要な学会誌などに投稿された研究論文，インターネット上の情報，直接的な研究者へのアプローチなどによって5〜18歳の子どもを対象とする130以上の予防プログラムが抽出された。プログラム前後に評価研究がなされていること，追跡調査がなされていること，使用したモデルと手順が明確であること，成文化されたマニュアルがあること，対象のサンプルとそれらの行動的，社会的特性がはっきりと記されていることを基準に，34の研究が再検討に値するとみなされた。

普遍的な予防的介入プログラムの課題

多くの問題領域において，危険性を減少させ，健康を増進するという結果を得ている。より幸福

で回復可能な力を得させるために役立つと考えられる。一方，多数の問題をもたない子どもたちに対して，労力をかけすぎることと，大きな問題を抱える子どもたちに対して十二分な対応が望めないことが課題である。

発達障害への予防的介入プログラムの課題

効果はめざましいが，時間と共に効果が薄れていく傾向がある。多くのプログラムにおいて標本数が少なく，対象がもっぱら男子生徒に限られているなどの問題がある。

精神障害への予防的介入プログラムの課題

自尊心，自己コントロール，認知の歪みへの対応が予防的介入の焦点となる。数種のプログラムがあるがまだ数も種類も少なく，これからの分野である。

考　察

最近20年間に多くの重要な予防研究への取り組みが見られ，プログラムの理論，研究デザイン，評価が進展し，精神的な症候の軽減に有効であるというプログラムの数は増大した。子どもたちや家族に介入する効果的で妥当なプログラムが行政によっても求められ，公共政策にまで影響を及ぼしている。研究者も実践家も行政官も，とりわけハイリスクな青少年の精神病理の予防や健全な発達の促進のための集中的包括的プログラムを現実的に必要としている。

- 時間制限の予防的介入が短期的効果を上げる一方で，長期プログラムは持続的効果を上げているようだ。
- 小学生時代に実施される予防的介入は効果的だが，不健全な状態の子どもを減少させるためには就学前からの取り組みも必要だ。
- 予防的介入はある一定の問題行動をターゲットにするよりも，プログラムをセットで行って，複数のマイナス行動に対して最小の費用で確実に成果を上げるのがよい。
- 介入は個人や環境，制度の変革といった，複数領域に目的設定されるべきである。
- 学校での子ども個人に焦点づけるのではなく，教師や家族も巻き込んで家庭，学校や地域と取り組む教育的，環境調整的プログラムが効果的である。
- ハイリスクな行動を予防するのに，これだけでいいというプログラムはない。それぞれのコミュニティに必要なプログラムを組み合わせて利用する。とりわけ生徒に対しては学校を生態学の視点で見ていくことが必要である。
- 予防の持続的，広域的効果を図るためには，治療システムとの協働，統合が必要である。コミュニティは共通理解を深めることが必要で，学校はその拠点となりうる。
- 第三者機関による評価及び長期的追跡調査が不十分な研究が多く，妥当性の検証が今後の大きな課題である。
- 研究参加者の発達プロセスをふまえたフォローアップデータが不足している。
- 発達障害と同様に精神障害の予防プログラムも重要であり，アセスメントの問題を含めた早期の兆候に対して効果的な予防的介入の工夫がなお一層求められている。
- 介入への個人差に関する解明が必要である。
- プログラム実施の質についてはまだ十分な調査がなされているといい難い。
- 小さな特定の課題に焦点づけた研究ではなく，複合的な問題行動に対する共通のリスク要因や，有能感の促進，結果の多次元的な分析が必要である。
- 予防研究の重要性は増大しており，長期にわたる多面的な研究が必要とされている。

紹介者注：

Prevention & Treatment は2003年廃刊。しかし，2005年8月現在，第6巻までAPA (American Psychological Association) のウェブサイトからすべての論文を読むことができる。また，以下のアドレスでアクセスすれば，紹介論文1で効果的とみなされた32のプログラムの概要を知ることができる。http://journals.apa.org/prevention/volume4/pre0040001a.html#8

紹介論文2 Battistich, V., Solomon, D., Watson, M., & Schaps, E., 1997 Caring school communities. *Educational Psychologist*, **32**(3), 137-151, Lawrence Erlbaum Associates,Inc.

思いやりのある学校コミュニティ

【要約】小学校を「思いやりのあるコミュニティにすること」を目標として15年間にわたり介入を行いながら研究した結果をまとめたものである。生徒と教師が学校をコミュニティとしてとらえ、その意識を共有しながら高めていくことで、さまざまな学校での活動が肯定的な結果につながっていくこと、経済的に不利な生徒たちが多く在籍する学校では特に、学校をコミュニティととらえて向上させていこうという取り組みが功を奏すること、しかしそのような努力が学級に集中しすぎた場合は時にマイナス面ももつことがわかった。コミュニティとしての学校という概念は、教育実践を見つめ、教育改革の努力を導く力強い枠組みになると思われる。

約15年前、筆者らは生徒たちの向社会性の発達を促すための包括的プログラムを少数の小学校で実施し始めたが、研究が拡大していくなかで次第に重要な概念となったのが「思いやりのあるコミュニティ」として学校をとらえる、という考え方であった。このような概念をもつことによって、それが枠組みとなって、教育実践が進められ、教師や生徒のニーズを効果的に満たしていく援助が可能になった。

コミュニティとは、成員が互いを気遣い支え合い、集団活動や決定に積極的に参加し、影響力をもち、集団に所属感とアイデンティティをもち、共通の規範、目標、価値をもつ場所、と定義づけることができる。生徒たちは基本的な心理的欲求、つまり所属したい、自律したい、有能でありたいという感覚をもっており、学校への関与の度合いは、学校でこれらの欲求がどれほど満たされるかによる。これらの欲求が満たされた時、生徒たちは情緒的に学校と結びつき、学校に対して積極的に関与するようになり、学校の示す目標や価値に一体感を感じることができるようになるのである。

最初の研究はCDP (The Child Development Project) という縦断研究で、向社会的な発達を高めるような機会を生徒に与えて学校改革を実現していくというものであった。プログラム実施に伴い、小学校高学年の生徒たちの質問紙による自己評価（例えば、同級生同士が互いに気遣い合い、協力的であるかを聞く項目や、学級運営に生徒が主体的に関わったという生徒の認知を聞く項目）と学級での行動観察を行い、相関をとったところ、3年を通して、質問紙の結果と実際の行動は有意な相関を示した。そして、実験群の生徒たちは、コミュニティとして学校をとらえる意識の平均得点が、対照群に比べて有意に高かった。

自分の学級に結びつきを感じた生徒は、学級の規範をより身につけやすいという結果が出た。学級の観察により、実験群の教師たちは、外発的動機づけの利用を最小限にし、競争よりも協調性を強調し、生徒たちに自律性を与え、学級運営に積極的に参加させる傾向があり、生徒たちは、積極的に規範を発展させ、問題解決をし、学級活動に参加し、他者理解や向社会的価値の重要性に気づいていた。そして、彼らのなかでコミュニティ意識をもつ者は、内面化された価値と規範に基づいて行動し、そうでない者は、権威や賞罰に基づく行動をとる、ということがわかった。

しかしながら一方、学級、学年を対象とした研究は、学級が変わることによって、継続性の課題や学級への意識の集中がかえって学校全体を見ていく視点を失わせるといった現象を生むことがわかり、学校全体をコミュニティとしてとらえることの重要性が浮かび上がった。また、多様な生徒を含む学校ではより「思いやりのある社会」の意味合いが重要になると考えられたため、実験校の範囲を12校（対照群も12校）に広げて、生徒数、地域、生徒の社会経済的地位に多様性が生まれるような学校選択を行った。

この研究では、対象となる全学級（550〜600）に対して90分間×4つの状況で、学校の実践と生徒の行動の2側面8項目を観察した。また、1

学年数千人を対象に年に1度の質問紙調査を実施し，①生徒のコミュニティ意識の3尺度38項目，②教師の立場から見た「生徒にとってのコミュニティ」としての学校認知，③教師自身の「コミュニティ」としての学校認知についての13項目の関連を調べた。

このような形で，さまざまな視点からコミュニティ意識と学級実践の関係を調べたところ，貧困層では，コミュニティ意識を高くもつことが困難なため，貧困要因を統制する必要があること，生徒たちが互いに協力して活動する機会を増やしたり，そのような環境を用意したりすることによって，生徒たちのコミュニティ意識が高まること，生徒と教師のコミュニティ意識は教師の態度や学級風土と有意に相関があることなどがわかった。教師が権力的でなく，学校が学習にとってよい環境を提供しているという意識をもっていることは，教師のコミュニティ意識と正の相関をもっており，さらに，生徒のコミュニティ意識が高いことは，学習への意欲や向上心，教師への信頼などと正の相関を見せた。生徒と教師の相互の信頼関係は，学校をコミュニティとみなすとき，必要不可欠な要素と思われた。

CDPに参加すると，教師の実践(優しさと援助，協調性の促進，生徒の主体性の尊重，向社会的価値の強調，外的制御の少なさ)が向上し，この実践が，生徒の学級における行動(学習への関与，学級への影響力，積極的対人行動)に影響を及ぼして，生徒のコミュニティ意識を変化させ，この変化が8つの結果変数(学校に対する好意，学級の楽しさ，学習動機，他者への気遣い，対立の解決技術，民主的価値，効力感，利他的行動)を動かすと考えられた。

考 察

①学校によって，思いやりのあるコミュニティであるかどうかの程度は異なっている。教師と生徒がこの特徴をどうとらえているかはかなり一致する

②学校コミュニティのあり方は，生徒と教師の両方にとっての望ましい成果と大きく関係している。

③一連の学級活動や実践は，われわれの理論的モデルの通り，コミュニティ意識と関連がある。何よりも生徒の行動がその予測をつけるのに最適である。

④CDPプログラムは学級活動を増やし，それによって生徒のコミュニティ感覚を増大させ，それに関連するさまざまな成果を生み出すことに成功した。

⑤学校の種類(小・中・高)によって結果に変化があるかもしれない。特に学校サイズに関して，小学校は学級単位での行動が多いため学校サイズの影響を受けにくい，など条件の差があると思われる。

⑥強いコミュニティ意識が成員の社会的価値の主観化を促進するならば，価値の内容が大変重要になる(CDPに参加した生徒は，自律的道徳性の尺度が，参加しなかった生徒は他律的道徳性の尺度がコミュニティ意識と相関した)。「思いやりのあるコミュニティ」という目標を本研究で掲げたのは，学校が，社会に存在する多様な成員全員に行きわたる，残された唯一の社会的組織かもしれないと考えたからであり，このような価値を促進する学校を発展させることが重要であるからである。

⑦社会経済的地位と学業の関係に関してさらに研究を進めるべきである。

⑧小学校は生徒たちにとって，社会としての意味合いが，中学，高校よりも大きい。

⑨小学校は，教師の影響力が強く，教師によって与えられる思いやりの側面が，そのまま生徒に伝達される面があるかもしれない。

紹介論文3 Catalano, R. F., Berglund, M. L., Ryan, J. A. M., Lonczak, H. S., & Hawkins J. D. 2002 *Positive Youth Development in the United States: Research Findings on Evaluations of Positive Youth Development Programs.*

アメリカ合衆国における健全な青少年の発達：健全な青少年の発達プログラムの評価研究

過去30年にわたって広範にわたる予防プログラム，健全な青少年を育てるための発達プログラムが実施されてきた。予防プログラムは多くの評価研究の対象となったが，近年は，予防よりもむしろ育成することに強調点を置いたプログラムが開発されるようになってきている。同じ個人，家族，学校，コミュニティの要因が，時によりポジティブ（学業優秀）な，あるいは時によりネガティブ（青少年犯罪）な結果を予測する要因となることに興味がもたれている。一方で，健康な成人との強い関係性や積極的な活動への継続的参加などの要因は，健全な発達への道となるばかりでなく，問題の発生の予防にもつながるとみなされている。

健全な青少年の発達とは

本研究では健全な青少年の発達のためのプログラムの特徴をまとめた。以下の目的を1つないし2つ以上達成するプログラムである。
・人間関係作り
・回復力をつける
・社会的，情緒的，認知的，行動的，道徳的能力（コンピテンシー）の向上
・自己決定力をつける
・スピリチュアリティの涵養
・自己効力感をもつ
・明確で肯定的なアイデンティティをもつ
・将来に対する希望をもつ
・積極的な行動に承認を与え，向社会的な活動に関与する機会を提供する
・向社会的規範を育てる

検討するプログラムの選定

6～20歳の青少年に対する上記目的を有するプログラムを検討した。治療でないこと，診断を受けた障害や行動的問題への対応でないこと，対照群をもつこと，青少年の行動が評価対象となっていることが条件であった。77プログラムが効果分析され25が効果的と判定され，52は認められなかった。研究初期であったり，評価の構成要素に欠けていたりして判定外となったものがあった。

プログラムの課題

8プログラムが学校，家庭，コミュニティのいずれか単一の場での実施であり，残り17プログラムは複合的な場を活用した実施だった。88％が学校，60％が家庭，48％がコミュニティを背景としたプログラムであった。

家庭に関連するプログラムは，育児力トレーニングが7つ，親の協力を得るプログラムが9つ，プログラムの企画に親を交えるプログラムが2つがあった。いくつかは重複していた。

コミュニティは，学校や家庭での他のプログラムを強化するリソースとして利用された。先輩と組んで養護施設に行ったり，親子で活動したりするプログラムなどさまざまな工夫がなされていた。

効果的なプログラムの共通点は，社会的な能力（コンピテンシー）を向上させ，自己効力感をもたせることであり，健康的な社会的，個人的行動のスタンダードをもたせることであった。

75％のプログラムが大人との関係性をもたせること，積極的に社会活動に参加する機会を増やすこと，参加の承認と強化を行うことであった。精神性や自己決定や希望について厳密な評価に耐えられる資料の出せるプログラムはなかった。

能力（コンピテンシー）を伸ばすプログラムは，青少年に対する直接的スキルトレーニングから，ハイリスクな状態にある青年たちによるピア・チューター制度，教師に対する学級運営トレーニングまであった。これらの成果は，学校への出席率，

好成績，健康的な仲間や大人との関係，自己決定能力の向上，薬物不使用や危険な性的行動を行わないことなどと＋に関連していた。

効果的プログラムに共通する特徴は2つあり，1つは構造的なプログラムマニュアルの存在であった。24のプログラムが，トレーニングマニュアルやカリキュラムを有していた。また，80％(20)のプログラムが，9ヶ月以上の十分な時間をとって，効果を出していた。

評価の課題

・フォローアップ研究を半数以下しか行っていなかった。
・評価尺度が定まっていないために，効果に関する十分な結論が引き出せているとはいい難い。
・研究の詳細が公開されていないこと。研究論文には詳細な内容までの記述がなされておらず，研究を比較したり，客観的にプログラムの達成度を検討したりすることができない。
・評価の手法が不十分であり，特にコミュニティベースの研究の評価の困難さが問題となった。

考　察

この研究により健全な青少年の発達を促すプログラムが，肯定的な結果を出し，問題行動の予防を可能にしていることが確認された。19のプログラムは，青少年の行動を良い方向に変えた。つまり，人間関係技術，友だちや大人との関係の質の向上，自己コントロール，課題解決，認知能力，自己効力感，学校への関与，成績に関して顕著な改善をもたらした。24のプログラムは，飲酒や薬物乱用，怠学，学校での非行行為，攻撃的行動，暴力，危険な性的行動，喫煙などの行動を改善した。

紹介者注：本論文で検討された25のプログラムとその研究論文（一部略）は以下の通り。

・Bicultural Competence Skills 1988 Schinke, Botvin, Trimble, Orlandi, Gilchrist & Locklear
・Big Brothers/Big Sisters 1995 Tierney, Grossman & Resch
・Know Your Body 1989 Walter, Vaughan & Wynder
・Growing Healthy (a/k/a School Health Curriculum Project) 1985 Connell & Turner 1985 Connell, Turner & Mason 1992 Smith, Redican & Olson
・Children of Divorce Intervention Program 1985 Pedro_Carroll & Cowen
・Life Skills Training (LST) (in 56 New York State Public Schools) 1990 Botvin, Baker, Dusenbury, Tortu & Botvin 1995 Botvin, Baker, Dusenbury, Botvin & Diaz
・Providing Alternative Thinking Strategies (PATHS) Curriculum 1996 Greenberg 1997 Greenberg & Kusche
・Project ALERT 1993 Ellickson, Bell & Harrison 1993 Ellickson, Bell & McGuigan
・The Child Development Project 1996 Battistich, Schaps, Watson & Solomon
・Fast Track 1998 Greenberg 1997 CPPRG
・Metropolitan Area Child Study 1997 Eron, Guerra, Henry, Huesmann, Tolan & Van Acker
・Reducing the Risk 1991 Kirby Barth, Leland & Fetro
・The Seattle Social Development Project 1998 Hawkins, Catalano, Kosterman, Abbott & Hill
・The Social Competence Promotion Program for Young Adolescents 1998 Weissberg & Caplan
・Success for All 1996 Slavin, Madden, Dolan & Wasik
・Teen Outreach 1996 Allan, Philliber, Herrling & Kuperminc
・Across Ages 1996 LoSciuto, Rajala, Townsend & Taylor
・Adolescent Transitions 1995 Andrews, Soberman & Dishion
・Midwestern Prevention Project_Project STAR_Kansas(MPP) 1994 Pentz, Dwyer, Johnson, Flay, Hansen, MacKinnon, Chow, Rohrbach & Montgomery
・Project Northland 1996 Perry, Williams, Veblen_Mortenson, Toomey, Komro, Anstine, McGovern, Finnegan, Forster, Wagenaar & Wolfson
・Richmond Youth Against Violence Project /Responding in Peaceful and Positive Ways 1998, 1997 Farrell & Meyer
・Valued Youth Partnership 1992 Cardenas, Montecel, Supik & Harris
・Woodrock 1997 LoSciuto, Freeman, Altman & Lanphear
・Creating Lasting Connections 1996 Johnson, Strader, Berbaum, ・Bryant, Bucholtz, Collins & Noe
・Quantum Opportunities Program 1994 Hahn, Leavitt & Aaron

紹介論文4 David C, Grossman, MD, MPH; Holly J. Neckerman, PhD; Thomas D. Koepsell, MD, MPH; Ping-Yu Liu, PhD; Kenneth N, Asher, PhD; Kathy Beland, Med; Karin Frey, PhD; Frederick P, Rivara, MD, MPH 1997 Effectiveness of a violence prevention curriculum among children in elementary school. *The Journal of the American Medical Association,* **277**,1605-1611.

小学生のための暴力予防カリキュラムの効果：無作為かつ適切に条件を統制した試行

暴力は「保健」の問題であると徐々に認められてきている。縦断的調査により小学生の時の攻撃行動は，青年期以降の反社会的・暴力的行動につながっていることが確認されている。この連鎖を予防するために早期介入が必要であるといわれている。

若者の暴力を予防するためには学校などのコミュニティで暴力予防プログラムを実施し，子どもたちに対人間の問題解決能力を高めることが必要であると考えられ，多くのプログラムが開発されているが，これらのプログラムが真に効果的であると証明する研究は非常に少ない。本研究は，セカンドステップと呼ばれる，向社会的行動を増やすことによって暴力を予防する小学校低学年用カリキュラム改訂版の効果を評価した。向社会的行動ができるということは，仲間関係をうまくやっていく能力や課題解決の技術があるということを意味する。われわれは介入の後までこの効果が継続するかどうかも同時に調査した。

地域の選定と無作為抽出 ワシントン州の都市と郊外の4学校区12小学校で実施。類似の介入プログラムの影響を受けたことのない学校で，2〜3年生が4クラス以上あり，カリキュラムの実施と評価研究の実施の了解が得られて，研究の間，他の暴力予防カリキュラムを導入しないことを約束した学校のなかから，地域と貧困層やマイノリティの生徒の割合が一致するクラスをペアとして，無作為に介入群と対照群に分けた。12校の49学級が研究対象となった。

被験者 マッチングされた6つの学校の49学級に属する790人の2〜3年生で，53％が男子，79％が白人だった。親に参加への合意を得たが，研究仮説は伝えなかった。集中的な行動観察のため，各学級12名（合計588名）を無作為に選出した。

カリキュラム 1回35分，30回の授業が行われた。共感性トレーニング，衝動コントロール，攻撃性マネジメントの社会スキルについて，ロールプレイやスキル実習，フィードバック，強化が行われた。

教師のトレーニングと実施 教師は2日間のトレーニングを受けた。2人の調査研究者が実施状況の質を評定し，観察者間の信頼性係数は0.6だった。

結果の評定 データは事前，事後，6ヶ月後に採集した。教師による評定，親による評定，観察者による教室，運動場，カフェテリアの3カ所での直接観察が実施された。

- 教師の評定：校内社会的行動尺度(SSBS)，アシェンバッハ教員報告フォーム(TRF)。
- 親の評定：アシェンバッハ子どもの行動チェックリスト(CBCL)，親子関係評定尺度(P-CRS)。
- 直接行動観察：無作為に抽出した588人の生徒の行動をサンプルとして観察。

結　果

性別，年齢，社会経済的地位，人種，学業成績，家族の人数，学級の人数等を調整した後で，教師と親の評定報告において，介入群と対照群に有意な差はなかった。しかし，カリキュラム実施後2週間時点の行動観察によれば，介入群は，対照群に比べて，カリキュラム実施前よりも，物理的攻撃性が減少し($p=.03$)，および中立的／向社会的行動が増大していた($p=.04$)。また，ほとんどの効果が6ヶ月後も続いていた。加えて，対照群は攻撃性が自然に上昇する傾向があり，そういう意味では，介入によって攻撃性の抑制効果もあったと考えられた。

第7章 心理的課題の予防的アプローチ

表7-1 サンプルの特徴

特徴	介入群の学校	対照群の学校
学校の数	6	6
生徒数	418	372
男子の割合 ％	56.2	50.8
平均年齢（SD）	8.2 (0.60)	8.3 (0.64)
社会経済的状態の平均スコア（SD）	38.0 (11.7)	36.9 (12.6)
家族の平均人数（SD）	4.46 (1.3)	4.39 (1.2)
行動上の問題 ％	17.7	22.8
特別支援教育 ％	23.1	30.3
両親の揃った家族 ％	86.4	83.6
民族性 ％		
白人	78.5	80.1
アフリカ系アメリカ人	5.3	9.4
アジア・太平洋地域出身者	10.5	5.9
ヒスパニック	4.1	3.5
ネイティブ・アメリカン	1.2	1.1
その他	0.4	0

表7-2 教師による報告と親による報告：カリキュラム開始前と終了後2週間時点との間の行動変化のスコア

	介入群		対照群	
	実施前（T_0）の修正しない平均スコア（SD）	T_1-T_0	実施前（T_0）の修正しない平均スコア（SD）	T_1-T_0
教師による報告				
SSBS				
対人関係スキル	51.7 (13.7)	1.78 (9.8)	52.1 (13.1)	1.8 (8.9)
セルフマネジメントスキル	40.3 (9.1)	0.53 (6.5)	39.9 (9.4)	0.54 (5.9)
敵意―いらつき	21.4 (11.0)	0.90 (8.4)	23.0 (12.1)	0.83 (8.1)
反社会的―攻撃的	13.0 (6.2)	0.96 (5.3)	14.7 (8.3)	0.72 (4.8)
要求的―破壊的	14.5 (8.1)	0.12 (5.5)	15.7 (8.8)	0.16 (5.6)
TRF				
攻撃行動	6.1 (8.7)	0.31 (5.7)	6.9 (10.3)	0.24 (5.3)
非行	0.95 (1.7)	0.22 (1.5)	1.4 (2.3)	0.16 (1.4)
親による報告				
PCRS				
行動化	13.6 (5.0)	−0.37 (2.9)	13.1 (5.0)	−0.36 (3.4)
アサーティブな社会的スキル	18.2 (3.8)	0.23 (2.8)	18.4 (3.6)	0.22 (3.0)
仲間との社会的スキル	18.6 (3.7)	0.10 (2.6)	18.8 (3.6)	−0.07 (2.9)
CBC				
攻撃行動	9.5 (6.8)	−0.35 (4.1)	9.5 (7.3)	−0.55 (4.3)
非行	2.1 (1.9)	0.02 (1.46)	2.1 (2.0)	−0.10 (1.5)

T_0はカリキュラムによる介入に先立つ基本時点，T_1はカリキュラム実施後2週間の時点

表7-3 直接観察で得られた割合と変化のスコア：すべての場面にて

	行動の平均的割合+			介入群と対照群間の調整済み変化スコアの相違++					
	T_0	T_1	T_2	T_0-T_1	P	T_0-T_2	P	$T_0-(T_1-T_2)$	P
身体的に望まれない行動									
介入群	0.93	0.75	0.62	−0.46	.03	−0.23	.06	−0.34	.04
対照群	0.73	1.17	0.89						
言語的に望まれない行動									
介入群	1.64	1.40	1.17	−0.18	.24	0.08	.60	−0.06	.41
対照群	1.19	1.52	1.13						
全体的に望まれない行動									
介入群	2.57	2.16	1.78	−0.66	.07	−0.09	.35	−0.37	.16
対照群	1.92	2.69	2.02						
中立的／向社会的な行動									
介入群	95.59	103.98	105.75	3.96	.04	6.68	.09	5.27	.06
対照群	98.82	101.37	98.36						

T_2　カリキュラム実施後6ヶ月時点
＋　子どもの観察時間に対する行動の頻度
＋＋　基本時点でのスコア，学年，性別，問題行動，学業の調整を行った後のスコア

結　論

暴力予防カリキュラムのセカンドステップは，学校における身体的攻撃行動の減少，および，中立的・向社会的行動の増大を観察できる程度にもたらすことができたといえるだろう。

第8章　ロールシャッハ検査法

　ロールシャッハ検査とは，1921年にスイスの精神科医ヘルマン・ロールシャッハ（Hermann Rorschach, 1884-1922）が"*Psychodiagnostik*"として発表したテキスト（1921/1972）並びに10枚の図版を指す。開発者のロールシャッハは同書発表の翌年に急死したが，この検査は現在に至るまで心理学や精神医学の領域で用いられている。

　開発者を失ったロールシャッハ検査は，アメリカに「輸出」されて飛躍的な発展をとげる。アメリカでの展開は，ロールシャッハの友人であり共同研究者であったオーバーホルツァー（E. Oberholzer）から手ほどきを受けたレヴィ（D. M. Levy）が，帰国後ベック（S. J. Beck）にその方法を伝授したことから始まるとされる（堀見ら，1958）。1930年にはベックにより本法に関するアメリカ初の論文が発表され，その後1936年にはクロッパー（B. Klopfer）を中心として"*Rorschach Research Exchange*"誌が刊行され，1942年には"*Psychodiagnostik*"の英訳書が刊行される。クロッパーやベックの他にも，ピオトロフスキー（Z. Piotrowski），ハーツ（M. R. Hertz），ラパポート（D. Rapaport）とその弟子シェーファー（R. Shafer），シャハテル（E. Schachtel）といった研究者たちを代表格として，多くの研究が行われてきた。

　本邦では，内田クレペリン検査の開発者でもある内田勇三郎が1925年にこの検査を知り（内田が東京の書店で偶然"*Psychodiagnostik*"を見つけたという逸話もある），1930年に『教育心理研究』誌上で本法を紹介したのが最初とされている（片口，1960）。その後，第二次大戦前は主にロールシャッハの原法に基づいた追試がなされてきた。戦後，各地の大学の精神医学や心理学関連の研究室を中心とした研究グループが組織され，海外の新たな知見を加味しつつ，各地で独自の発展をとげてきている。名古屋大学のグループによる名大法，大阪大学のグループによる阪大法，片口安史がクロッパー法の煩雑な部分にアレンジを加えた片口法などが，現在も残っているシステムである。1958年には片口らを中心として『ロールシャッハ研究』が創刊され，その流れは1997年に設立された日本ロールシャッハ学会の機関誌『ロールシャッハ法研究』へと継承された。

　本法の発展は，1つに開発者であるロールシャッハが急逝したことにより，残された素材を他の研究者が自由に使う余地が大であったことが大きな要因といえる。しかしながら，その自由度ゆえに，それぞれの研究者／グループが独自に発展させてきたそれぞれのシステムは，施行法，スコア，解釈のそれぞれが程度の差はあれ他のシステムと異なるという状況を生み出し，システムを超えての共通理解を困難にした。また，本法の心理検査としての信頼性ならびに妥当性の問題についても，多くの批判がなされてきた。

　多くの批判に対する1つの解答として，エクスナー（J. E. Exner）による《包括システム》が1974年に登場する。エクスナーは，それまでアメリカにおける主要なシステムであったクロッパー，ベック，ピオトロフスキー，ハーツ，ラパポートとシェーファーの5つのシステムの中から，自らの研究グループが集めたデータをもとに，客観的検証が可能で理論的に妥当なスコアと解釈仮説をまとめ，1つのシステムを構築した。その後数度の改訂を経て現在に至っている（Exner & Weiner, 1994; Exner, 2002; 2005）が，発表後30年を経て，アメリカはもとより，相対的にロールシャッハの原法に忠実であったヨーロッパでも，そして本邦においても，ロールシャッハ検査のスタンダードシステムの位置を確立してきている。

しかし，唯一の完全な人間理解の方法がどこにも存在しないように，包括システムも完全ではない。包括システムの登場は，ロールシャッハの死後世界各地で起こった本検査に関する活発な議論を再び喚起したという点で，大きな役割を果たしている。

本章では，4編の論文を紹介する。

紹介論文1はワイナー（I. B. Weiner）とエクスナーによる論文であり，精神分析的アプローチによる心理療法と行動療法的なアプローチによる心理療法の効果が，それぞれ包括システムのスコア上にどのように現れるかを，4年間にわたって縦断的に検討している。

紹介論文2から4までの3編は，2001年の *Clinical Psychology: Science and Practice* 誌（第8巻第3号）に掲載されたものである。紹介論文2は，包括システムの解釈の大きな根拠となる標準データ（normative data）についての批判的検討がなされている。執筆者らは臨床心理学の科学的根拠に対する批判的研究を数多く手がけており（Lilienfeld et al., 2002; Wood, 2003など），*New York Times* 紙にもその活動の一端が紹介された（Goode, 2004）。紹介論文に先駆けて，シャファーら（Shaffer et al., 1999）は，ロールシャッハ検査，WAIS-R，MMPI-2のそれぞれについて，統制群となるデータを集めその特徴を報告しているが，ロールシャッハ検査に関しては，包括システムの成人標準データと彼らのデータとの間に大きなずれがあることが示されている。紹介論文では，シャファーらの報告をもとに，複数の発表された研究からデータを構築し，シャファーらと同様の結果を得ている。

紹介論文3と4は，それぞれ紹介論文2に対するコメントである。紹介論文3ではアロノウ（E. Aronow），紹介論文4ではエクスナーが，それぞれの立場からコメントを述べている。これらのコメントを読み，再び紹介論文2を，さらには紹介論文1を読んでいただくのもよいだろう。

今後の展開

ロールシャッハ検査に関する研究論文をPsycINFOで検索してみると，ここ十年間で概ね年間100～200件の論文や著書が世界中で発表されていることがわかる。

ここ数年の間に増えてきたアプローチとして，「メタ分析」が挙げられる。メタ分析とは「過去に行われた複数の研究結果を統合し分析する」（増井, 2003, p. 7）統計的手法である。例えば結果にばらつきのある複数の研究を統合的に分析することで，結果の精度を高めようとする場合に用いられる。方法自体は社会科学領域において1970年代に確立されたが，証拠（エヴィデンス）に基づく医療（EBM）の興隆に伴い，医療におけるエヴィデンスの構築と検証に応用されている。ロールシャッハ研究においても，例えばグレネンレド（Grønnenrød, 2004）は包括システムの諸変数から見た心理療法の効果を，メタ分析の手法を用いて検討している。

一方，紹介論文2は1つの極端な例ともいえるが，ロールシャッハ検査の信頼性，妥当性の問題については，ロールシャッハによる発表から80年を過ぎてなお，解決したとはいい難い。紹介論文3にもあるように，より客観性を重視した精神測定学的なアプローチと，個性記述的側面を強調する投影（映）法[(1)]的アプローチの統合が模索されている状況といえよう（Weiner, 1998など）。私見ではあるが，特に本邦においては，本邦で独自の発展をとげてきたローカルなロールシャッハ学とグローバルスタンダードとしての包括システムとがいかに複合的に発展していくかが，今後のロールシャッハ研究における鍵となってくるように思われる。

紹介者注

(1) projective techniques の訳語としては「投影法」が一般に用いられるが，フロイトの投影概念との区別を図るために「投映法」と表記する研究者もいる。ここでは両者に配慮する形で「投影（映）法」という表記を用いている。

なお，ロールシャッハ検査法における投影の考え方については，辻（1997）が参考となる。

紹介論文1 Weiner, I., B. & Exner, J. E. 1991 Rorschach changes in long-term and short-term psychotherapy. *Journal of Personality Assessment*, **56**(3), 453-465.

長期心理療法と短期心理療法によるロールシャッハ検査上の変化

　ワイナーとエクスナー(1988)は，長期の力動的精神療法での目標の到達(治療の終結)に関連するパーソナリティ上の特徴を示した。適切なストレスマネージメントの能力，安定した対処スタイルをとる能力，自らの経験に対し開かれた関心をもつ能力，建設的な自己検討能力，対人関係のなかでポジティブな感情を体験する能力といったこれらの能力は，それがあることが治療の終結を保証するものではないが，これらが欠けていれば治療の終結は難しい。

　エクスナー(1986)は，適応上の問題の存在を示唆する27の指標を挙げている。

1) ストレスマネージメントの困難：① $D<0$(経験された要求に対処する資質が不十分なことによる，主観的苦痛)，② $AdjD<0$(経験された要求に対処する際の一時的・状況的な困難にとどまらない，慢性的な苦痛)，③ $EA<7$(問題解決方略を実行するための資質の不足)，④ $CDI>3$(日常生活上の要求に対処する能力の全般的欠如)。

2) 経験を安定して扱うことの困難：① $EB=$不定型(まとまりのある対処スタイルをもたない欠如)，② $Zd<-3.0$(自らの経験の機微への注意が不十分)，③ ラムダ(Lambda) $>.99$(参照枠の狭さと限定性，状況に最低限の方法で反応する傾向)，④ $X+\%<70$(多くの人がするような対象や状況の知覚ができないこと，あるいはそうすることの回避)，⑤ $X-\%>20$(状況知覚の不正確さ，行動の結果に対する誤った予測)。

3) 感情をポジティブかつ十分に調節することの困難：① $SumSh>FM+m$(不機嫌，孤独感，無力感，自己軽蔑などのネガティブな感情経験)，② $DEPI=5$(抑うつ的な心配)，③ $DEPI>5$(うつ病性障害の可能性)，④ $Afr<.50$(環境との情緒的交換の回避，感情的負荷のかかる状況への関与の回避)，⑤ $CF+C>FC+1$(過度の緊張感，無制限の感情表現)。

4) 思考(ideation)を効果的に用いることの困難：① $Sum6\ Sp\ Sc>6$(思考のルーズさや恣意的思考の傾向)，② $M->0$(人間の経験の性質についての奇妙な知覚)，③ $Mp>Ma$(建設的な計画の代用品としての，空想への逃避(escapist fantasy)の過度の使用)，④ 知性化指標(Intellect) >5(防衛の手段としての知性化への過度の依存)。

5) 自己検討に関する問題：① 鏡映反応$(Fr+rF)>0$(自己愛的な自己の美化，外罰的傾向)，② 自己中心性指標$(3r+(2)/R)>.43$(自己への過度の焦点づけ，自己への没頭)，③ 自己中心性指標 $<.33$(他者との比較における自尊心の低さ)，④ $FD>2$(通常範囲を超える内省)。

6) 対人関係において快適さを感じることの困難：① $p>a+1$(対人関係における受動性，自発的決定や責任を避ける傾向)，② $T=0$(他者との親密な関係への期待や希求の欠如)，③ $T>1$(孤独感や喪失感につながる，他者との親密な関係への過度の欲求)，④ Pure $H<2$(他者を理解することへの無関心あるいは困難)，⑤ $H<(H)+Hd+(Hd)$(現実の生きた人間との関係についての考えの不自然さ)。

　これらの指標が心理療法の進展を測定する力をもつならば，治療関係に従事している患者／クライエントにおけるその該当頻度は，時間の経過に従って減少するであろう。さらに，この頻度の減少は治療の継続と直接的に関係するであろう。また長期の心理療法を受けた患者／クライエントよりも短期の心理療法を受けた患者／クライエントのほうが，頻度が減少する指標は少ないであろう。

　心理療法における変化に関するロールシャッハ研究は，ロールシャッハ予後評定尺度(Rorschach Prognostic Rating Scale; RPRS)に関する研究(Goldfried et al., 1971, ch. 12など)，あるいは治療開始後15ヶ月未満に実施された再検査

に基づく研究 (Cramer & Blatt, 1990; Fishman, 1973; Gerstle et al., 1988; LaBarbera & Cornsweet, 1985 など) などがあるが，何度も繰り返し測定するということは行われていない。心理療法の期間中および終了後に繰り返しロールシャッハ検査を実施するという，より長期にわたっての変化を観察するという方法は，筆者らの知る限り，これまでに報告されていない。

方　法

数年間にわたり，外来心理療法を受けた患者／クライエントを対象として，4回分のロールシャッハ検査プロトコルを収集した。データの収集は複数の大都市で行われ，53名の博士レベルの臨床家と，彼らが協力を依頼した患者／クライエントの協力のもと可能となった。患者／クライエントには，心理療法期間中および終結後の変化を観察する研究の一環として，治療開始時とその後3回ロールシャッハ検査が実施されることが説明された。

彼らは受けている治療のタイプに応じて《長期群》と《短期群》に分けられた。長期群は力動的志向をもった「覆いをとる (uncovering)」(Exner, 2002, p. 251) 心理療法を週1回以上受けている患者／クライエントからなる。短期群は論理情動療法，ゲシュタルト療法，モデリング療法[1]，アサーション・トレーニングなどの治療を週1回受けている患者／クライエントからなる。

4年間の研究期間のなかで，88名の長期群のデータを得ることができた。患者／クライエントのほぼ全員が週に2〜3回の面接を受けていた。治療開始から12〜18ヶ月の期間には週4回の面接を受けていた者も数名いたが，その後彼らの面接は週2〜3回に減らされている。48ヶ月間における面接頻度の平均は週2.35回であった。ベースラインとして治療開始時に1回目のロールシャッハ検査が実施され，第1回の再検査が12〜14ヶ月後，第2回が27〜31ヶ月後（この時までに17％の患者／クライエントが治療を終結），第3回が46〜50ヶ月後に実施された（この時点で67％が治療を終了していたが，彼らは研究協力者として引き続き参加した）。

この間に，短期群のデータは数百件得られた。長期群との比較を容易にするため，88名のデータがそのなかから無作為に抽出された。面接頻度の平均は週1回よりやや少なく，全員が治療開始後16ヶ月以内に治療を終結している。長期群と同様のスケジュールで，合計4回の検査が行われた。

デモグラフィック変数に関しては，短期群で社会経済状態 (SES) が低い者の割合が有意に多い ($p<.01$)[2]が，それ以外（年齢，性別，教育レベル，結婚状況）には有意差が見られない。両群ともほぼ2/3が何らかの感情面の問題を主訴としているが，そのなかでは抑うつ (depression) を主訴とする者の割合が短期群で有意に多い ($p<.01$)。

長期群では38人，短期群では34人の治療者が治療にあたった。検査は包括システムに精通した61名の検査者により，治療とは別個に実施された。検査者たちには治療効果の研究であることは伝えられたが，被検査者が受けている治療の種類や治療の段階については知らされなかった。また，同じ被検査者を2回以上担当した検査者はいない。

結　果

27の変数について，連続性の修正[3]を施した 2×2 の χ^2 検定による検討を行った。差の程度の評価については慎重を期すため，対応のある場合の測定法[4]は用いなかった。

長期群における変化　第1回再検査では27の指標のうち14個で有意な頻度の減少が見られ（表8-1），冒頭に述べた傾向の改善が示唆される。また，第1回再検査で $FD>2$ の頻度が有意に増加しているが，これは自己検討への関与が増えたことを示す。$FD>2$ は第2回再検査では有意に減少し，合わせて24個の指標がベースラインよりも有意に減少している（第3回再検査でも同様）。これらのことは，長期群というグループとして見た場合，患者／クライエントの種々の能力が向上していることを示唆する。興味深いことに，不定型は第2回再検査で有意に減少し，第3回再検査でもその水準を維持しているが，それに関連して内向型 (Introversiveness) が有意に増加（ベースライン23％→第3回再検査45％）し，外拡型 (Extratensiveness) はわずかしか変化していない（ベースライン39％→第3回再検査46％）。

表8-1 長期群におけるロールシャッハ変数の変化（n=88）

	ベースライン （治療開始時）	第1回再検査 12〜14ヶ月	第2回再検査 27〜31ヶ月	第3回再検査 46〜50ヶ月
通算セッション数平均（回）		121.5	224	452
治療終結者の割合（％）	—		15	59
変数				
ストレスマネージメント				
D < 0	31（35%）	35（39%）	15（17%）**	4（5%）*
AdjD < 0	27（31%）	34（39%）	15（17%）**	4（5%）*
EA < 7	30（34%）	24（27%）	9（10%）**	3（3%）
CDI < 3	28（32%）	11（13%）**	7（8%）	5（6%）
経験への対処				
EB＝不定型	32（36%）	26（2%）	9（10%）*	7（7%）
Zd < -3.0	34（39%）	8（9%）**	12（14%）	0（10%）※1
ラムダ > .99	25（29%）	16（18%）*	11（13%）	5（6%）*
X＋% < 70	19（21%）	6（7%）**	2（2%）	3（3%）
X−% > 20	26（30%）	12（14%）*	9（10%）	7（8%）
感情の調節				
Sum Shading > FM + m	29（32%）	22（25%）	2（2%）**	1（1%）
DEPI ＝ 5	40（45%）	16（18%）**	10（11%）	5（6%）
DEPI > 5	13（15%）	11（13%）	9（10%）	7（8%）
Afr < .50	30（34%）	18（20%）*	14（16%）	9（10%）
CF + C > FC + 1	53（60%）	26（30%）**	12（14%）*	11（10%）
思考の使用				
Sum6 Sp Sc > 6	27（31%）	22（25%）	13（15%）	10（11%）
M− > 0	41（47%）	24（27%）**	9（10%）**	6（7%）
Mp > Ma	37（42%）	24（27%）*	11（13%）*	10（11%）
知性化指標 > 5	21（24%）	7（8%）**	6（7%）	6（7%）
自己検討				
鏡映反応 > 0	12（14%）	12（14%）	9（10%）	6（7%）
自己中心性指標 > .43	24（27%）	20（23%）	11（13%）*	6（9%）
自己中心性指標 < .33	28（32%）	24（27%）	16（18%）	13（15%）
FD > 2	12（14%）	23（26%）**	10（11%）*	8（9%）
対人関係における感情の快適さ				
p > a + 1	30（34%）	17（19%）**	15（17%）	10（11%）
T ＝ 0	27（31%）	22（25%）	13（15%）**	7（8%）
T > 1	19（22%）	4（5%）**	2（2%）	2（2%）
Pure H < 2	28（31%）	15（17%）**	4（5%）*	2（2%）
H <（H）+ Hd +（Hd）	48（52%）	37（42%）	29（33%）*	27（31%）

注：* 直前の検査と比較して有意差のあるもの（$p<.05$），** 直前の検査と比較して有意差のあるもの（$p<.01$）。
※1　9（10%）の誤りであろうと考えられるが，原著のまま引用する。

FD > 2以外に頻度が減少しなかった指標は鏡映反応 > 2とDEPI > 5の2つだけであった。この2つはベースラインでの頻度が少なく，治療効果のバロメーターとしては考えにくいようである。

ストレスマネージメントの領域では，第2回再検査まで有意な変化が見られないことは注目に値する。D < 0，AdjD < 0，EA < 7.0については，第2回再検査での頻度が有意に，しかも劇的に減少している。興味深いことに，ストレスマネージメントの困難を示すDとAdjDは第2回と第3回の再検査の間でも有意に減少している。これ以外に第2回と第3回の再検査間で有意な減少が見られ

るのはラムダ > .99があるが，これは経験への開放性が4年間かけて向上したことを示す。

短期群における変化　短期群においては，第1回再検査において，27の指標のうち18個に有意な減少が見られた（表8-2）。長期群で有意差の見られたM−> 0と知性化指標 > 5は含まれていないが，長期群で有意差の見られなかったH <（H）+ Hd +（Hd）などで有意差が見られる。また長期群同様，FD > 2は増加している。

したがって，極めて内省的にはなっているものの，短期群は長期群と同様，1年間の心理療法において全般的に適応能力の向上を示している。さ

表8-2 短期群におけるロールシャッハ変数の変化（n=88）

	ベースライン （治療開始時）	第1回再検査 12～14ヶ月	第2回再検査 27～31ヶ月	第3回再検査 46～50ヶ月
通算セッション数平均（回）		41.2	62.1	62.1
治療終結者の割合（%）		49	88	100
変数				
ストレスマネージメント				
D < 0	46 (52%)	13 (15%)**	14 (16%)	11 (13%)
AdjD < 0	20 (23%)※2	11 (13%)*	12 (14%)	10 (11%)
EA < 7	21 (24%)	15 (17%)	11 (10%) †※1	12 (14%)
CDI < 3	31 (35%)	9 (10%)**	10 (11%)	12 (14%)
経験への対処				
EB＝不定型	38 (43%)	27 (30%)*	28 (31%)	26 (29%)
Zd < -3.0	29 (32%)	10 (11%)**	8 (9%)	9 (10%)
ラムダ > .99	22 (25%)	13 (15%)*	12 (14%)	14 (16%)
X + % < 70	41 (46%)	24 (27%)**	19 (21%)	21 (23%)
X - % > 20	35 (39%)	17 (19%)*	18 (20%)	16 (18%)
感情の調節				
Sum Shading > FM + m※2	32 (36%)	13 (14%)**	10 (11%)	9 (10%)
DEPI = 5	44 (50%)	11 (10%)※1	8 (9%)	10 (11%)
DEPI > 5	8 (9%)	10 (11%)	6 (7%)	7 (8%)
Afr < .50	29 (33%)	12 (14%)**	15 (17%)	13 (15%)
CF + C > FC + 1	58 (65%)	32 (36%)**	27 (31%)	24 (27%)
思考の使用				
Sum6 Sp Sc > 6	21 (24%)	17 (19%)	18 (20%)	16 (18%)
M - > 0	33 (38%)	26 (29%)	19 (22%) †	20 (23%)
Mp > Ma	31 (35%)	18 (20%)*	15 (17%)	19 (22%)
知性化指標 > 5	14 (16%)	11 (13%)	12 (14%)	15 (17%)
自己検討				
鏡映反応 > 0	10 (11%)	11 (13%)	10 (11%)	10 (11%)
自己中心性指標 > .43	29 (33%)	21 (24%)	24 (27%)	11 (25%)※1
自己中心性指標 < .33	30 (34%)	13 (15%)**	11 (13%)	10 (11%)
FD > 2	14 (16%)	27 (31%)**	20 (23%)	10 (11%)*
対人関係における感情の快適さ				
p > a + 1	23 (26%)	11 (13%)**	14 (16%)	12 (14%)
T = 0	21 (23%)	17 (19%)	18 (20%)	16 (18%)
T > 1	26 (29%)	8 (9%)**	6 (7%)	7 (8%)
Pure H < 2	37 (42%)	27 (30%)*	20 (23%)	23 (26%)
H < (H) + Hd + (Hd)	55 (63%)	33 (38%)**	26 (30%)*	27 (31%)

注：* 直前の検査と比較して有意差のあるもの（$p<.05$），** 直前の検査と比較して有意差のあるもの（$p<.01$），
† ベースラインと比較して有意差のあるもの（$p<.01$）。
※1 人数と%のいずれかの誤りであるかが特定できないため，そのまま転載している。
※2 Grønnerød (2004, p. 259 注）に正しい数値に関する情報があったため，それにしたがって数値を差し替えた。

らに長期群と比較して，いくつかの点では（特に主観的苦痛をもたらす経験からの回避において）より早く向上している。また治療開始後16ヶ月以内に全員の治療が終わっているにもかかわらず，第1回と第2回の再検査の間でM－>0とEA<7はベースラインよりも減少し，H<(H)+Hd+(Hd)もさらに減少している。第3回再検査で有意に減少した指標は，FD>2のみであった。

ベースラインにおける両群の差異も注目に値する。ベースラインで両群間に差の見られた指標は，D>0とX+%<70の2つだけである（いずれも$p<.01$）。一方，第3回再検査では10個の指標（EA<7；不定型；X+%；SumSh>FM+m；CF+C>FC+1；M－>0；Mp>Ma；知性化指標>5；自己中心性指標>.43；Pure H<2）で，短期群が有意に多い（いずれも$p<.01$）。

考察

長期群では治療開始時から4年の間に，27のロールシャッハ指標のうち24個で有意な頻度の減少が認められた。このことは冒頭に挙げた6つのパーソナリティ機能の次元それぞれに改善があ

ったことを示す。

短期群では，治療開始から4年の間で，27の指標のうち20個で有意な頻度の減少が見られた。長期群同様，6つのパーソナリティ次元のそれぞれに関わっている。

全般的には，これらの発見は心理療法のポジティブな効果を示す証拠と考えられる。治療期間も様式もさまざまな各種の治療に関与している患者／クライエントは，適応の困難に関連するロールシャッハ指標に該当しなくなってくる。こうした変化は，治療開始から4年経過し，長期群の2/3，短期群の全員が治療を終結した時点でも維持されている。両群で有意な減少を示さなかった指標は3つあるが，そのうち2つは病理学的指標（DEPI > 5，鏡映反応 > 0）であり，どの時点においても頻度は低い。残る1つ（FD > 2）は治療過程のなかで上昇を示す時期があるが，これこそ自己検討を促された患者／クライエントに期待される変化であろう。

また，短期療法よりも長期療法のほうがポジティブな変化を広範に期待できることが示された。Sum 6 Sp Sc > 6，知性化指標 > 5，自己中心性指標 > .43，T = 0 といった指標は，短期群では有意な減少が見られない。さらに，長期群と比べれば，短期群での適応面での向上の度合は相対的に大きくない。ベースラインでは2つの指標でのみ有意差があったのに対し，4年後では10個の指標で，いずれも短期群のほうが有意に多い。

適応の困難を示すロールシャッハ指標の該当頻度が心理療法への参加の過程の中で減少していったことは，これまでの研究の文脈から導かれた予想に一致する。長期群は短期群よりもこれらの指標の減少が大きく，短期群の方が長期群よりも早く主観的苦痛が減少し，短期短期は長期群と比べれば変化の幅は小さく，治療の経過のなかで通常以上の内省を示す指標（FD > 2）の一時的な増加が両群に示された。ロールシャッハ変数によって予想と一致した変化がうまく測定できたことから，こうした目的に使用される場合におけるこれらの変数の構成概念妥当性（construct validity）が支持される。

しかし，本研究での結果を断定的でなく準備的に考慮する姿勢が求められる。自然発生的事態をとらえようとする臨床的な研究手法においては，結果に対する外的妥当性を増すために，内的妥当性を何らかの形で犠牲にすることがしばしば必要となるが，本研究はまさにそれに該当する。患者／クライエントは無作為に治療群に割り当てられたわけでもなく，適切な治療法が用いられたかについての独立した評価もなされていない。治療者に関しても，専門家としての資格をもつか否かを除いては彼らの臨床的スキルに関する査定はされていない。また，彼らが実際に採用したという治療法と，その治療法に関するガイドラインとの一致に関する独立した評価もなされていない。

内的妥当性に関するこうした制限があり，今後条件をより統制した精査が必要ではあるが，これらの結果が示す明らかな特徴から，心理療法の実際の効果が測定可能であることが強く示唆される。非臨床群におけるロールシャッハ変数は概ね安定している（Exner, 1986, Ch. 2）ことからすれば，本研究で観察された変化は，(a)心理療法が変化を生じさせ，かつ(b)ロールシャッハ検査がその変化を測定するのに妥当な道具である，という条件を満たしていなければ，考えられないことである。

紹介者注
(1) バンデュラ（Bandura, A.）のモデリング理論に基づいた心理療法。
(2) 「高い」，「中間」，「低い」の3段階でSESを分類し，それぞれの頻度についてχ^2検定が施された。
(3) イェーツ（Yates）の修正を指す。
(4) マクニマー（McNemar）の検定を指す。

紹介論文2 Wood, J. M., Nezworski, M. T., Garb, H. N., & Lilienfeld, S. O. 2001 The misperception of psychopathology: Problems with the norms of the comprehensive system for the Rorschach. *Clinical Psychology: Science and Practice*, **8**(3), 350-373.

精神病理の誤認：
包括システムの標準データに関する問題

1950年代から60年代にかけて、ロールシャッハ検査は心理学者たちの熱い議論を引き起こした。本法には標準化された施行手続と妥当な標準データがないこと、並びに信頼性と妥当性に関する証拠(evidence)が弱いか存在しないことへの批判がなされてきた（例えばEysenck, 1959など）。一方擁護者たちは、主に臨床的妥当性を根拠としてこの検査のもつ価値を主張した。

確固とした科学的根拠がないなか、臨床家たちの熱狂的支持はあったものの、この検査は徐々に忘れ去られてきた。そうしたなか、1974年の包括システムの登場は、この検査の地位を劇的に復活させることになる。包括システムは、施行やスコアに関する詳細なルールと、児童と成人における標準データを有しており、エクスナーの「ロールシャッハ研究財団(The Rorschach Workshops)」による信頼性・妥当性に関する数百もの未公刊の研究が、包括システムのテキストである"*The Rorschach: A Comprehensive System*"に収録されている。

90年代には、包括システムは臨床および矯正領域で幅広く用いられ、それと共に最も広く用いられるロールシャッハ・システムの位置を占めるようになった(Ackerman & Ackerman, 1997など)。そして、90年代半ば頃より、本法に関する活発な論戦が予期せぬ形で復活した。批判的立場からは、ロールシャッハ研究財団による未公刊の研究が財団に所属していない研究者たちには利用できないこと、およびスコアの妥当性に関することが指摘された。さらに、スコアの信頼性、再検査信頼性、増分妥当性(incremental validity)[1]、臨床的有用性、研究としての方法論などの極めて基礎的な事柄に関する議論もまきおこった。1999年から2000年にかけて、"*Assessment*"、"*Psychological Assessment*"、"*Journal of Clinical Psychology*"の3誌で、包括システムに関する特集が相次いで掲載された。

熱のこもった議論のなかにあって、包括システムの標準のもつ問題点は時折指摘されてきたものの(Loucks et al., 1980; Vincent & Harman, 1991; Wood & Lilienfeld, 1999)、20年以上にわたって発表されてきた標準そのものに関する議論はなされてこなかった。そうしたなか、1999年に発表されたシャファーらの論文(Shaffer, Erdberg & Haroian, 1999)は、包括システムの標準に疑問を投げかけた点で、本検査に対する立場にかかわらず、驚きをもって迎えられた。シャファーらは統計的検討を行っていないものの、多くの重要な変数において、123名の非臨床群のデータと標準データ(Exner, 1993)との比較を行い、標準データと比較して彼らの非臨床群データは不適応的と判断されうるほどのずれを示している。

本研究では、アメリカの非臨床群の成人サンプルから収集されたデータが、シャファーらと同様の結果を示すかを検討する。14のロールシャッハ変数について、シャファーらの研究を除く32編の研究論文のデータを用い、標準データとの比較を行う。シャファーらと同様、非臨床成人群と標準データの間には有意なずれがあり、標準データと比較して非臨床成人群は病的だと考えられる、という結果が出るだろう。

研究論文の収集

研究の検索 非臨床成人群のサンプルを用いた包括システムの研究を対象とし、a)施行とスコアリングに包括システムが用いられていない研究、b)精神医学ないしは心理療法の対象者が含まれる研究、c)犯罪者など矯正領域のサンプルが含まれる研究、d)性的虐待や物質依存の疑いがある者が含まれる研究、e)聴覚障害あるいは色覚に問題のあるサンプルが含まれる研究、を除外した。

検索は3段階からなる。第1に，1974年から1999年までの *Journal of Psychological Assessment* に掲載された，包括システムに依拠し非臨床成人群を対象とした論文をすべて調べた。この段階で，8つの研究が抽出された。第2に，PsycINFOを用い，1974年から1998年の範囲で検索語"Rorschach"を含む論文並びに著書を検索した。この段階で，5つの論文と2つの著書が抽出された。第3に，ロールシャッハ検査を用いた博士論文83件を手動で検索し，そのなかから上記 a) から d) の基準を満たすもの17件を選択した。この計32件の研究が今回の研究対象である。

変数の選択　本研究では，a) シャファーらの研究において有意差の示されたもの，b) 選択された32件の研究においてたびたび検討されているもの，という視点から，14の変数を選択した。

標準データならびにシャファーらの成績との比較分析　14の変数のうち13個に対して，以下の手続きがとられた。a) 各研究における平均と標準偏差（*SD*）の抽出，b) 全体として調整した平均の算出，c) 全体として調整した *SD* の算出，d) 平均値に対する *t* 検定（有意水準は.001に設定），e) *SD* に対する *F* 検定（有意水準は.001），f) 各研究単独のデータと標準データとの比較（*t* 検定と *F* 検定；各研究において *SD* が使えないものは標準データの *SD* で代用）。

4つの変数（鏡映反応, Sum Y, Sum T, MOR）においては歪度（skewness）から分布が右寄りであることが示されたが，いずれの変数もサンプル数が多いので中心極限定理[2]（central limit theorem）より標本分布の平均値は実質上正規分布とみなせる。したがって，*t* 検定の結果は頑健であると考えられる（Walpole & Myers, 1985）。また％で得られた2つの変数（EB不定型，鏡映反応 > 0）については，全体としての割合と個々の研究の割合のそれぞれについて，標準データとの *Z* 検定[3]を行った。

表8-3　本研究とExner（1993）ならびにShaffer et al.（1999）における，各変数の平均と標準偏差（*SD*）の比較

	平均						SD					
	Exner (1993)	Shaffer (1999)	本研究				Exner (1993)	Shaffer (1999)	本研究			
変数	*N*=700	*N*=123	平均	*d*	*k*	*N*			*SD*	比	*k*	*N*
鏡映反応	0.08	0.46	0.57a	0.58	13	781	0.35	0.93	1.12a	3.2	11	701
X+％	0.79	0.51	0.60ab	−1.67	19	700	0.08	0.15	0.14a	1.7	17	608
X−％	0.07	0.21	0.19a	1.44	15	608	0.05	0.11	0.11a	2.2	15	608
Afr	0.69	0.48	0.49a	−1.14	17	745	0.16	0.20	0.19a	1.2	15	684
FC	4.09	1.76	1.82a	−1.29	17	916	1.88	1.91	1.67a	0.9	15	824
P反応	6.89	5.45	5.50a	−0.84	13	712	1.39	2.09	1.87a	1.3	10	590
Sum Y	0.57	1.37	1.74a	0.72	13	649	1.00	1.82	2.09a	2.1	10	558
Sum T	1.03	0.53	0.87ab	−0.18	16	799	0.58	0.83	1.07ab	1.8	13	708
WSumC	4.52	2.62	3.06a	−0.73	14	779	1.79	1.98	2.18a	1.1	9	540
MOR	0.70	1.05	1.07a	0.32	19	999	0.82	1.15	1.34a	1.6	14	806
Wsum6	3.28	6.63	5.40a	0.41	11	382	2.89	7.99	7.78a	2.7	10	352
ラムダ	0.58	1.22	0.88a	0.30	16	767	0.26	1.72	1.38ab	5.3	15	735
Pure H	3.40	2.67	2.12a	−0.74	8	303	1.80	2.16	1.59b	0.9	8	303

注：*d* =（本研究の平均 − Exner（1993）の平均）÷ Exner（1993）の *SD*，Exner（1993）を基準とした場合の z 得点に相当。比＝本研究の *SD* ÷ Exner（1993）の *SD*。*k* = 算出に用いられた研究の数。*N* = サンプル数。
　　a：Exner（1993）と有意（*p*<.001）。b：Shaffer et al.（1999）と有意（*p*<.001）。

表8-4　本研究とExner（1993）ならびにShaffer et al.（1999）における，％で算出された変数の比較

	Exner (1993)	Shaffer (1999)	本研究		
変数			％	*k*	*N*
EB＝不定型	20	42	48a	9	290
鏡映反応	7	29	29a	8	368

注：*k* = 算出に用いられた研究の件数。*N* = サンプル数。
　　a：Exner（1993）と有意（*p*<.001）。

結果　表8-3の通り，13の変数で標準データとの有意差が認められた一方，シャファーらのデータとの間で有意差が見られた変数は2つだけであった。SDについても標準データとの間で12/13，シャファーらのデータとの間で3/13の変数に有意な相違が認められた。％で得られた2つの変数についても，標準データとの間に有意差が認められた（表8-4）[4]。

したがって，もし標準データを用いて今回の非臨床成人群データを解釈すると次のようになる。すなわち，相対的に自己愛的で（鏡映反応高），判断力の低下や歪んだ知覚のために非慣習的で（X＋％低，平凡反応低，X－％高），抑うつ的で，不安で，緊張し，感情表現を抑制しており（MOR高，Sum Y高，WsumC低），関わりに対する不安や恐れがあり（ラムダ高），優柔不断で非能率的であり（不定型高），共感性が低く（Pure H低），感情を避けがちで（Afr低），感情の統制が困難である（FC低）。

差の現れた理由として，1)検査の施行とスコアリングの不適切さ，2)今回のデータが健康なアメリカの成人を代表していない，3)博士論文からのデータに歪みがある，4) 70年代に発表されてから今回の研究までの間に標準データの「標準」が変化した，等の可能性も考えられるが，いずれもその可能性は低いと考えられる[5]。結論として，本研究で用いた変数に関する標準データが，現在のアメリカの非臨床成人群を代表してはおらず，おそらくこれまでもそうであっただろうと考えられる。その要因として考えられることは，1)データの収集方法（検査者やスコアラーの選抜基準，データ収集の場所並びに場所ごとのサンプル数，正確な収集時期，データ収集の統合性を保証する手続）に関する情報があいまいであり，こうした情報をロールシャッハ研究財団に関わっていない研究者が用いて検証することが困難であること，2)標準データを構成する「健康」(normal)な成人群が，実際は「超健康(super-normal)」な成人群であった可能性（精神科既往歴が一切ないというだけでなく，標準データを構成する700名のうち127名がPTAや自然保護活動グループといった各種の社会的組織や利益団体を通して研究に参加したことなどによる影響）が挙げられる。2)について，

精神科既往歴がないという点は全サンプルに共通しているが，全員が必ずしも健康とは限らないとエクスナー(1991)は述べているが，精神科既往歴について詳細な問診がとられたわけではない（少なくとも，そうした手続きがとられたことが文献中には明記されていない）ことと，本研究での結果から，標準データは「超健康」であり，本研究の非臨床成人群と等質の集団ではないと考えられる。

包括システムの妥当性

包括システムの標準データが誤りであるならば，その妥当性に対する「当然の知識」も誤りである可能性が高い。一例として，ガコノとメロイ(Gacono & Meloy, 1992; 1994)は反社会性人格障害と診断された受刑者の検査データと標準データを比較し，鏡映反応高，SumT低，H低，FC/(CF＋C)低，SumY高，X＋％低，X－％高，WSum6高，という特徴を示している。しかし表8-3に示した通り，これらの特徴は本研究での非臨床成人群の特徴に概ね該当する。

その他にも，問題のある標準データとの比較に基づいているために，そこから得られた結果にも問題があると考えられる研究例は豊富にある。検査を受けた人が標準データとずれているのは，その人自身が偏っているわけでは必ずしもなく，標準データが実際よりも病的に思わせる傾向をもつことによることが，本研究で示された。

包括システムの臨床適用への示唆

標準データがアメリカの非臨床成人群を代表していないとするならば，本法を用いる心理学者はどうすべきなのか。魅力的な選択肢の1つとして，直接的(first-hand)な臨床経験に一致しないものとして，本研究での発見を排除する方法がある。例えば，MMPI-2とロールシャッハ検査を実施して，前者では問題を感じさせないにもかかわらず後者で精神病理学的問題の存在を示したということがあった場合，多くの心理学者は，フィン(Finn, 1996)やワイナー(1999)と同様に，ロールシャッハ検査はMMPI-2よりも深層での精神病理学的問題を探り出すことの可能な，敏感な道具であると結論づけるだろう。しかし，今回の結果を考慮に

入れた場合，その結論はロールシャッハ検査がMMPI-2よりも敏感だからなのではなく，その標準データが誤っているからということになるはずである。

第2に，本研究で見られたずれは実用的観点からすれば小さなものとして排除し，従来通り包括システムを使用するという選択肢がある。しかし，データのずれの大きさからは，この選択肢は支持できない。例えば.20以上のＸ－％は標準データでは1％未満の生起率であり，「知覚の不正確さや媒介の歪みを増す重大な問題」(Exner, 1991, p. 214)を示すとされる。しかしシャファーらのデータでは，Ｘ－％が.20以上を示す非臨床成人群の割合は48％に上る。またＴ＝0のプロトコルは標準データでは11％と相対的に頻度が少なく，「対人的な関わりに対して用心深く，距離を置こうとする」(Exner, 1993, p. 385)ことの現れとされるが，シャファーらのデータでは64％がＴ＝0である。

臨床的問診やMMPI-2，あるいは精神科既往歴などの情報とロールシャッハ検査の結果を単に応急処置的に組み合わせただけでは，上に挙げたような問題を回避することはできない。妥当でない検査結果が妥当な情報と組み合わされた場合，臨床的判断は不正確になるということを示す研究もあり，標準データを用いた場合，精神病理学的問題を過剰に評価してしまう可能性は高くなりがちである。

今回の研究から，現在の標準データを用いないことをわれわれは推奨する。標準データを用いた場合，患者／クライエントに誤ったネガティブなラベルを貼るリスクと，患者／クライエントに危害を与えるリスクを負うことになり，アメリカ心理学会の倫理綱領に抵触する可能性さえある。

包括システムに関する研究への示唆

第1に，今後の妥当性研究においては，標準データに頼るのではなく，適切な比較対象から注意深くデータの収集をしなければならない。第2に，標準データとの比較に依拠した過去の研究をもう一度精査する必要があるだろう。第3に，標準データとの比較を行っている研究をメタ分析に用いる際には，それらを除外するか，ないしは個別に検討する必要があるだろう。標準データとの比較による研究をメタ分析に含んだ場合，そうでない場合と比べて妥当性係数が上昇するという傾向が見られる。

第4として，新しい全国標準データないしは特定の集団におけるローカルな標準データを作成しようとする研究者もいるだろう。しかしローカルな規準を作成することには，相当数のサンプルが必要であり不経済であること，施行法やスコアの信頼性の確保の問題，解釈時の問題などから勧められない。

包括システムにおけるローカルな標準を開発する試みは今後も続くであろう。現状では，包括システムはローカルな標準と全国的な標準の双方を欠いている。こうした状況は，包括システムを使用する臨床家および研究者たちに深刻な困難を与えている。

紹介者注
(1) 複数の測定用具を用いて現象を説明する場合，各測定用具が全体での説明力に寄与する程度に関する概念。ある測定用具を採用することで全体の説明力（重回帰係数など）が大幅に上昇する場合，その測定用具の増分妥当性は高いと判断される。
(2) 任意の分布をもつ母集団（母平均 X，母分散 σ^2）から無作為に抽出された n 個の標本からなる算術平均の分布は，標本数が十分大きい場合，近似的に平均 X，分散 σ^2/n の正規分布に従うという定理（森・吉田，1990参照）。この場合，サンプル数が十分大きいので正規分布を前提とするt検定の結果に与える影響は少ないということを説明している。
(3) マン－ホイトニー(Mann-Whitney)の検定を指す。
(4) 鏡映反応については，平均と標準偏差を示している研究と，カットオフポイントを設定しての人数比を示している研究があるため，2つの場合の検定を行っている。
(5) 原文にはその根拠についての考察がされているが，紙幅の関係で割愛する。

紹介論文3 Aronow, E. 2001 CS norms, psychometrics, and possibilities for the Rorschach technique. *Clinical Psychology: Science and Practice*, **8**(3), 383-385.

ロールシャッハ検査法における，包括システムの標準，測定論，並びに可能性

ウッド(Wood, J. M. et al)らの論文(紹介論文2)では，エクスナーとその共同研究者による標準データに重大な問題があることが示された。私以外のコメンターはおそらく，手続的観点や統計的観点，あるいはそのすさまじい結論に対してコメントするであろう。また全員ではないにせよほとんどのコメンターが，包括システムにおけるさらなる標準データの検討が必要であることについて同意するであろう。ここでは，ロールシャッハ検査を1つの心理測定用具とみなすにあたってわれわれが道を外してしまったのではないかということを示したい。

ウッドらの主張は妥当であるように思われる。この研究に影響を与えているシャファーらの研究(1999)では，包括システムの標準データと多くの点で差が示されているが，WAIS-RとMMPI-2ではこうした差は見られない。この研究は経験豊かでしかも包括システムの批判者とは到底いえない研究者たちが行っているという点で，ウッドらの指摘も正当化されよう。

ロールシャッハ検査に関心をもつ心理学者は，ウッドらによるこの論文が攻撃的であることにすでに気づいているであろう。この論文以外にも，彼らは包括システムを中心とするロールシャッハ検査の信頼性と妥当性について，幅広く研究を発表している。

私のコメントの目的は，ウッドら，並びにその反論者の双方の主張をいちいち検証することではなく，臨床的に豊かなロールシャッハ検査をとびきりの心理測定学的ツールに変形させようとする努力は，最初から適切な目標ではなかったということを述べることにある。信頼性，妥当性，標準といった包括システムバージョンのロールシャッハ検査が抱える問題は，ロールシャッハ検査という殿堂(edifice)が正しく建設されなかったことによるものというよりは，その殿堂がはじめからそうした信頼性や妥当性等の構造を受けつけるものではなかったことによる。

MMPI-2における反応プロセスとロールシャッハ検査の反応プロセスを比較すると，MMPI-2の回答には各項目に対して「はい」か「いいえ」のいずれかを選ばねばならない(回答しないという選択肢もあるが)ことにまず気づく。こうした方法により，心理測定学的な分析に対して，完全にデジタル化された反応セットが与えられる。対照的にロールシャッハ検査では，回答者は「あ」で始まるものから「わ」で始まるものまでの[1]どんなものでも回答として選ぶことができるし，好きなだけ回答することも可能である(限度はあるが)。回答に対するこの尋常でない自由さは，心理測定学者(psychometrician)にとっては破滅のもとである一方，投影の解釈に取り組む臨床家にとっては活力源となる。夢の解釈と似て，ロールシャッハの視覚的イメージから無意識の言語がもつ統語(syntax)と文法(grammar)にふれることも少なからずある。ロールシャッハ検査は回答者の自己概念，重大な感情的葛藤，そして重要な他者に対する見方といった側面を明らかにする優れた道具といえるし，多くの者がロールシャッハ検査を「投影(映)法の王様」とみなしている所以ともなっている。

なぜロールシャッハ検査を心理測定学的方向に押し進めていく必要があるのだろうか。ヘルマン・ロールシャッハの『精神診断学』(Rorschach, 1921/1942)ではスコアによるアプローチが明らかに強調されていることを指摘する者もいるかもしれない。多くのロールシャッハ研究者たちは，原則的にそうした方向性に従ってきた。最近発見された資料から，同僚のレーマー(G. A. Roemer)[2]の影響のもと，ロールシャッハ自身はより投影(映)法的なアプローチに向かっていたことが示された(Aronow & Koppel, 1997参照)ように思われるが，これは皮肉なことである。

われわれはすでに，ロールシャッハ検査を最大限に投影(映)法として用いることが多くの扉を開くことに通じると述べている。そのなかには，患

者／クライエントとの信頼・協力関係の構築に細心の注意を払った施行法，スコアではなく個性記述的解釈に重点をおいてのロールシャッハ検査法の教育，夢分析と同じように連想を得るための質疑段階（inquiry）の使用，自らの知覚の意味について患者／クライエントが考えることを促すこと，時間がかからず内容面に基づいたカップル・コンセンサス・ロールシャッハ法の開発，治療の1プロセスとしてのロールシャッハ検査の導入（特に治療が停滞した時），などの可能性について考察した。

ロールシャッハ検査のスコアに対してまったく回避的になることが必要だとは，私は考えていない。ただし，スコアは何らかの寄与をするだろうが，投影（映）法的分析にとっては二次的なものであろう。投影（映）法的解釈とスコアとのバランスの良さを求める動きが，最近の包括システムの展開におけるテーマの1つとなっている（Weiner, 1998）。これは明らかに望ましい発展であり，ロールシャッハ検査のもつ基本的な強さに十分に資する包括システムの支持者が現れる予兆である。

これからますます必要となってくるのが，スコアの知覚カテゴリーに関する妥当性研究の広範なレビューであろう。われわれは反応内容の妥当性に関する500以上の研究をレビューし，この点については特に精神分析的なアプローチにおいて，極めて頑健な結果を得た。知覚カテゴリーの妥当性に関する包括的なレビューがいつか実施される必要がある。

あまりにも多くのことが何年にもわたってロールシャッハ研究者たちによって証拠もなく取り上げられ，ロールシャッハ自身に始まる，重要な貢献者たちの多くは無視されてきた。ロールシャッハが提唱した5つの評価カテゴリー（反応領域，決定因，形体水準，反応内用，反応頻度）のすべてが現在も用いられているのも，驚くべきことである。ロールシャッハが天才だったから彼のスコアカテゴリーの妥当性や意味がすべて正しかったということなのだろうか？　彼の教えが神聖な犯すべからざるものとみなされてきたため，誰もそこからの明らかな逸脱をしなかった，というほうがもっともらしい。

私（Aronow, 1999）は，包括システムに基づくロールシャッハ検査の所要時間が極めて長く，そのため非実用的なものとみなされ，心理学者集団によっては絶滅に瀕している状態にあることを指摘した。妥当性に関する包括的なレビューにより，もし反応領域や決定因といったカテゴリーの弱点が明らかになれば，最終的にはこの検査の施行法が劇的に変わる可能性がある。そうすれば所要時間は大幅に短縮されるであろうし，妥当性や臨床的有用性を備えたロールシャッハ検査の解釈にも資するであろう。

紹介者注
(1) 原文では，"aardvark"（ツチブタ）から"zebra"（シマウマ）まで，とある。
(2) Georg August Roemer（1892-1972）。ドイツの精神科医。1918年にヘリザウでロールシャッハと知り合う。翌年（1919年3月～5月），見習医としてヘリザウの州立病院に勤務し，上司であるロールシャッハからインクブロットによる検査法の手ほどきを受ける。その後，自らもオリジナルのインクブロット図版を作るなどの研究活動を行う一方，ロールシャッハの研究協力者として，たびたび意見の交換を行っている（Ellenberger, 1954；Rorschach, 2004, pp. 164-166）。

紹介論文 4 Exner, J. E. 2001 A comment on "The misperception of Psychopathology: Problem with the norms of the comprehensive system for the Rorschach." *Clinical Psychology: Science and Practice*, **8**(3), 386-388.

「精神病理の誤認：包括システムの標準データに関する問題」へのコメント

　ウッドら（紹介論文2）は2つの主張を行っている。第1は包括システムの非臨床群データが非臨床群を代表していないというものであり、第2は包括システムの非臨床群データと、複数の調査から蓄積された非臨床群データの明らかなずれにより、精神病理学的問題の誤解や誇張を解釈者に促すと結論づけるほどの歪みを包括システムのデータが起こさせるということである。この2つは関連している部分もあるだろうが、それぞれ別個に取り扱うのがよいだろう。

　包括システムの非臨床群データとシャファーら（1999）の研究データとの間に差異が存在することは間違いない。ウッドらは、さまざまな調査から多数の非臨床群サンプルを取り出し、それらと包括システムの非臨床群データとの平均を比較することによって、その差を強調しようとしている。

　彼らのデータをこの短いコメントで幅広く考察することが有効かどうか、私にはわからない。それが重要でないからではなく、提供されたデータの信憑性を評価する際には2つの問題を考慮すべきだからである。第1の問題として、それぞれの研究において協力者をどのように募ったのかという方法論に関する情報や、検査を行う理由を協力者にどのように提供したのかという情報、検査者の数などをウッドらは報告していない。例えば、用いられた研究の半数で大学生や高齢者が協力者として関わっているが、それぞれの調査がどれも同じような方法でデータを収集したとは考えにくい。

　第2の問題は、ウッドらの用いたサンプルからなる各変数の平均値に関するものである。平均を重みづけして算出するという方法のもつメリットは何だろうか。それぞれの変数の頻度が示され分析されているならば、このデータはより意味をもつものとなったであろう。頻度が用いられたのは、鏡映反応と不定型の2つだけである。明らかにこの2つの変数が解釈上の重要性をもつという前提にあるようだが、この分析におけるサンプルとしての研究のうち、全体の1/4でしかこの変数は用いられていない。

　こうした問題はあるものの、彼らのデータが示す値はシャファーらのものとよく似た特徴を示しているようである。したがって、シャファーらのデータがアメリカの非臨床群成人のサンプルを代表するか否かが基本的問題である。確かに、彼らのデータのなかには、包括システムの標準データを用いた場合、予想以上に異なっている点がある。ウッドらはこうした差異を強調し、包括システムのデータが誤った精神病理学的判断を引き起こしているという主張の基盤として、これらの差異を用いている。

　包括システムのデータとシャファーらのデータとの差異のうち最も重要なものは、シャファーらのデータにおいて、X+％の平均が低いこと、X−％の平均が高いこと、Afrの平均が低いこと、ラムダの平均が高いこと、T=0の生起頻度が高いこと、である。彼らのデータにおけるラムダ、Afr、T=0については、相互に関連がありそうだ。驚くべきことに、彼らのデータでは41％(51/123)が1.0以上のラムダ（ハイラムダ）を示している。ハイラムダを示す被検査者は典型的にAfrが低く、もし反応数が少なければ（17未満）、単色反応(C')やTを含む濃淡反応の類は現れないものである。しかしシャファーらの報告では、反応数(R)の平均は20.8、最頻値は14、中央値は18である。Rの分布は歪度が2.15、尖度が5.6であり、左寄りの尖った分布であることがわかる。研究プロジェクトに参加した人たちは、非臨床群として期待される以上に、検査に対してかなり防衛的な傾向にあったことが示唆される。

　X+％の低さとX−％の高さはまた別個の問題である。私の知る限り、防衛的態度そのものは、シャファーらのサンプルと包括システムの標準デ

ータとの差を理論的に説明しえない。形体水準（Form Quality; FQ）は包括システムに関する最初の発表から25年以上の間に改訂され拡張されてきたが，これらの変更は2つのデータの大きな差を生み出すほどには広範囲なものではないだろう。2つのデータの平均値が違うという事実は，この2つの変数に関する包括システムのデータへの疑問を喚起する。X＋％はプロトコル中に「普通に与えられる」反応の割合に関する情報を提供し，X－％はインクブロットの形態上の特徴や，用いられるブロットの領域が適合していない回答の割合を示す。The Rorschach Research Councilはこれらの差をレビューし，少なくとも100人の非臨床群サンプルを包括システムのオリジナルサンプルの収集に用いられたのと同じ手続きで収集することが，この問題をさらに研究するために必要であると結論づけた。

　ウッドらによる第2の主張は，2つのうちではより重要である。包括システムの非臨床群データが精神病理学的問題を過剰評価することにつながっているのだろうか。ウッドらはこの主張への同意を迫っているが，示されたデータは彼らの論旨を支持していない。残念ながら，ウッドらは平均値と標準偏差のそれぞれの差を示すことを選択した。このことは，ロールシャッハ検査における解釈上のルールや原則がこの2つの統計的指標に大幅に依拠している，という彼らの暗黙の前提を示唆する。ほとんどの変数においては，この前提は実際には正しくない。非臨床群データはいくつかの解釈的原則の開発には寄与しうるし，実際に寄与しているというのは事実である。それは主としてデータが期待値からの偏差（deviation）を評価するための基礎を提供することによる。しかし，偏差単独では解釈の土台は生まれない。例えば，X＋％が50なのか75なのかということは一面では解釈上の重要性をもつが，精神病理学的問題が存在する必要条件としての役割はほとんど果たさない。同様に，X－％が12であることはX－％が21であることとは明らかに異なるが，精神病理学的問題の有無に関する判断に対しては決定的なものではない。ラムダなどの他の変数も同様に，精神病理学的状態との決定的な関係はない。同様に，不定型と識別されたプロトコルや，MORが2つ以上あるプロトコルや，FCが1つしないプロトコルでも，病理学的特徴についての性急な判断が促されるものではない。

　それぞれの構造変数は単なる一片の情報であり，他の多様な情報と統合されることで意味をもつ。構造変数は情報の配列あるいはクラスターのパーツとして吟味される。各クラスターは被検査者の特徴や性格に何らかの形で関わっている。ロールシャッハ検査の解釈には7つのクラスターの吟味が伴う。病理学的問題の有無に関わる問題はすべての所見の文脈から統合的にもたらされるのであり，他から情報とも比較して評価されるべき1つの仮説として提供されるのである。

　ウッドらは誤った精神病理学的問題の理解に関する主張の基盤を，非臨床群データが精神病理学的な判断をするに際しての決定的な集団を形成しているという仮定に置いているようである。この仮定は極めて具象的であり，分布上の平均からの偏差が異常と正常とを峻別するという考えに基礎を置いているように思われる。統計学的には論駁の困難な主張となっているが，個人の心理学的組織や機能のあり方を査定する上では，彼らの主張は複雑な現実とはほど遠いものである。解釈者がプロトコルを吟味する際にその記述統計に関する表を利用したり，記述統計量の見た目のずれを分類学的に区別したりしていると決めてかかることは，どう考えても，無邪気なものだ。この種の誤った憶測は，ロールシャッハ検査についてまったく知らない人からは生じるかもしれない。しかし，彼らの多彩な著述では，彼らがこの検査に対して相当の理解をしているか，少なくともその応用に関する知識がある程度のレベルに達しているという，絶対の仮定が押し通されている。もし彼らがこの検査についての知識やその解釈にともなうルーティンや原則についての知識を豊富にもっているならば，非臨床群のデータ間の差が誤った精神病理学的問題の理解を導くという考えを検証しようとすることは困難である。彼らはこの検査とその実際の使用について誤認している，と考えるのが妥当であろう。

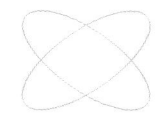

引用文献

1章プレビュー

Elliot, R., Watson, J. C., Goldman, R. N., & Greenberg, L. S.　2004　*Learning Emotion-Focused Therapy: The Process-Experiential Approach to Change*. Washinton, D.C.: American Psychological Association.

Gendlin, E. T.　1964　A theory of personality change. In P. Worchel & D. Byrne (Eds.), *Personality Change*, New York: John Wiley & Sons.（村瀬孝雄（訳）　1981　人格変化の一理論　体験過程と心理療法　ナツメ社）

Greeenberg, L. S.　2002　*Emotion-Focused Therapy: Coaching Clients to Work through Their Feelings*. Washinton, D.C.: American Psychological Association.

Hinterkopf, E.　1997　*Integrating Spirituality in Counseling: A Manual for Using the Experiential Focusing Method*. American Counseling Association.（日笠摩子・伊藤義美（訳）　2000　いのちとこころのカウンセリング―体験的フォーカシング法　金剛出版）

Ikemi, A. 2005 Carl Rogers and Eugene Gendlin on the bodily felt sense: What they share and where they differ. *Person-Centered and Experiential Psychotherapies*, **4**(1), 31-42.

Mearns, D. 1994　*Developing Person-Centred Counselling*. London: Sage Publications.（岡村達也・林　幸子・上嶋洋一・諸富祥彦・山科聖加留（訳）　2000　パーソンセンタード・カウンセリングの実際―ロジャーズのアプローチの新たな展開　コスモス・ライブラリー）

Mearns, D., & Thorn, B.　1988　*Person-Centred Counselling in Action*, London: Sage Publications.（伊藤義美（訳）　2000　パーソンセンタード・カウンセリング　ナカニシヤ出版）

諸富祥彦　1997　カール・ロジャーズ入門　自分が自分になること　コスモス・ライブラリー

Rogers, C. R.　1942　The directive versus the non-directive approach. (In *Counseling and Psychotherapy: Newer Concepts in Practice*(5). Boston, Massachusetts, USA: Houghton Mifflin. pp. 115-128) In H. Kirschenbaum & L. V. Henderson, (Eds.), 1989, *The Carl Rogers Reader*. Boston: Houghton Mifflin. pp.135-152（伊東　博・村山正治（監訳）　2001　カーシェンバウム・ヘンダーソン（編）　ロジャーズ選集（上）6章　指示的アプローチ対非指示的アプローチ）

Rogers, C. R. 1957 The necessary and sufficient conditions of therapeutic personality change. (*Journal of Consulting Psychology*, **21**(2), 95-103.) In H. Kirschenbaum & L. V. Henderson (Eds.), 1989, *The Carl Rogers Reader*. Boston: Houghton Mifflin.（伊東　博・村山正治（監訳）　2001　カーシェンバウム・ヘンダーソン（編）　ロジャーズ選集（上）16章　セラピーによるパーソナリティ変化の必要にして十分な条件）

Rogers, C. R. 1986 A client-centered / person-centered approach to therapy. (I. L. Kutash & W. Alexander (eds.), *Psychotherapist's Casebook. Theory and Technique in the Practice of Modern Times*. San Francisco: Jossey-Bass. pp.197-208. In H. Kirschenbaum & L. V. Henderson (Eds.), *The 1989, Carl Rogers Reader*. Boston: Houghton Mifflin.（伊東　博・村山正治（監訳）　2001　カーシェンバウム・ヘンダーソン（編）　ロジャーズ選集（上）10章　クライエント・センタード／パーソン・センタード・アプローチ）

1章1

Barrett-Lennard, G. T.　1962　Dimensions of therapist response as causal factors in therapeutic change. *Psychological Monographs*, **76**,562.

Orlinsky, D. E., Suh, C. S., & Strupp, H. H.　1994　Process and outcome in psychotherapy. In A. E. Bergin & S. L. Garfield (Eds.), *Handbook of Psychotherapy and Behavior Change* (4th ed.). New York: Wiley. pp. 311-384.

Rogers, C. R.　1957　The necessary and sufficient conditions of therapeutic personality change. (*Journal of Consulting Psychology*, **21**(2), 95-103.) In H. Kirschenbaum & L. V. Henderson (Eds.), 1989, *The Carl Rogers Reader*. Boston Houghton Mifflin.（伊東　博・村山正治（監訳）　2001　カーシェンバウム・ヘンダーソン（編）　ロジャーズ選集（上）16章　セラピーによるパーソナリティ変化の必要にして十分な条件）

Sachse, R., & Elliot, R. 2001 Process-outcome research on humanistic therapy variables. In D. J. Cain & J. Seeman (Eds.), *Humanistic Psychotherapies: Handbook of Research and Practice*. Washinton, D.C.: American Psychological Association, pp. 83-116.

Truax, C. B. 1961　A scale for the measurement of accurate empathy. *Psychiatric Institute Bulletin*, **1**, 10.

Truax, C. B. 1962a　A tentative scale for the measurement of unconditional positive regard. *Psychiatric Institute*

Bulletin, **2**, 1.

Truax, C. B. 1962b A tentative scale for the measurement of therapist genuineness or self-congruence. *Discussion Papers*, **35**. Wisconsin Psychiatric Institute, University of Wisconsin, Mimeo Manuscr.

1章2

Gendlin, E. T. 1981 *Focusing*. Bantam Books. （村山正治・都留春夫・村瀬孝雄（訳） 1982 フォーカシング 福村出版）

Hinterkopf, E., & Brunswick, L. K. 1975 Teaching therapeutic skills to mental patients. *Psychotherapy: Theory, Research and Practice*, **12**, 8-12.

Hogarty, G. E., & Ulrich, R. 1972 The discharge readiness inventory. *Archives of General Psychiatry*, **26**, 419-426.

Mearns, D. 1994 *Developing Person-Centred Counseling*. Sage Publications. （岡村達也・上嶋洋一・諸富祥彦・林 幸子・山科聖加留（訳） 2000 パーソンセンタード・カウンセリングの実際：ロジャーズのアプローチの新たな展開 コスモスライブラリー）

Orlando, N. J. 1974 The mental patient as therapeutic agent: Self-change, power and caring. *Psychotherapy: Theory, Research and Practice*, **11**, 58-62.

Prouty, G. 1976 Pre-therapy: A method of treating pre-expressive psychotic and retarded patients. *Psychotherapy: Theory, Research and Practice*, **13**, 290-294.

Prouty, G. 1994 *Theoretical Evolutions in Person-Centered/Experiential Therapy: Applications to Schizophrenic and Retarded Psychose*. Praeger Publication. （岡村達也・日笠摩子（訳） 2001 プリセラピー：パーソン中心/体験過程療法から分裂病と発達障害への挑戦）

Rogers, C. R. 1986 A client-centered / person-centered approach to therapy. （I. L. Kutash & W. Alexander（Eds.）, *Psychotherapist's Casebook. Theory and Technique in the Practice of Modern Times*. San Francisco: Jossey-Bass. pp.197-208. In H. Kirschenbaum & L. V. Henderson (Eds.), 1989, *The Carl Rogers Reader*. Boston: Houghton Mifflin. （伊東 博・村山正治（監訳） 2001 カーシェンバウム／ヘンダーソン（編） ロジャーズ選集（上）10章 クライエント・センタード／パーソン・センタード・アプローチ）

1章3

Barrett-Lennard, G. T. 1962 Dimensions of therapist response as causal factors in therapeutic change. *Psychological Monographs*, **76**, 562.

Charkuff, R. 1969 *Helping and Human Relations. 1*. New York: Holt, Rinehart & Winston.

Clarke, K. M., & Greenberg, L. S. 1986 Differential effects of the gestalt two-chair intervention and problem solving in resolving decisional conflict. *Journal of Counseling Psychology*, **33**, 11-15.

Egan, G. 1975 *The Skilled Helper: A Model for Systematic Helping and Interpersonal Relating*. Monterey, California: Brooks/Cole.

Greenberg, L. S. 1975 A task analytic approach to the study of psychotherapeutic events doctoral dissertation, York University, Toronto. *Dissertation Abstracts International*, **37**, 4647B.

Greenberg, L. S. 1979 Resolving splits. The two-chair technique. *Psychotherapy: Theory, Research and Practice*, **16**, 310-318.

Greenberg, L. S. 1980 An intensive of recurring events from the practice of gestalt therapy. *Psychotherapy: Theory, Research and Practice*, **17**, 143-152.

Greenberg, L. S. & Rice, L. N. 1981 The specifid effects of a gestalt intervention. *Psychotherapy: Theory, Research and Practice*, **18**, 31-37.

Greenberg, L. S. & Webster, M. C. 1982 Resolving decisional conflict by means of two-chair dialogue: relating process to outcome. *Journal of Counseling Psychology*, **29**, 468-477.

Greenberg, L. S. 1983 Toward a task analysis of conflict resolution in gestalt therapy. *Psychotherapy: Theory, Research and Practice*, **20**, 190-201.

Greenberg, L. S. 1984 A task-analysis of intrapersonal conflict resolution. In L. N. Rice & L. S. Greenberg (Eds.), 1984, *Patterns of Change. Intensive Analysis of Psychotherapy Process*. New York : Guilford. pp.67-123.

Greenberg, L. S. 1986a Change process research. *Journal of Consulting and Clinical Psychology*, **54**, 4-9.

Greenberg, L. S. 1986b Research strategies. In L. S. Greenberg &W. M. Pinsof (Eds.), *The Psychotherapeutic Process. A Research Handbook*. New York: Guilford. pp.707-734.

Greenberg, L. S. 2004 Being and doing: Person-centeredness, process guidance and differential treatment. *Person-Centered and Experiential Psychotherapies*, **3**(2), 52-64.

Kiresuk. T., & Sherman, R.. 1968 Goal attainment scaling: A general method for evaluating comprehensive community mental health programs. *Community Mental Health Journal*, **4**, 443-453.

Kiesler, D. J. 1971 Patient experiencing and successful outcome in individual psychotherapy of schizophrenics and psychoneurotics. *Journal of Consulting and Clinical Psychology*, **37**, 370-385.

Klein, M. H., Mattieu, P. L., Gendlin, E T., & Kiesler, D. L. 1969 *The Experiencing Scale. A Research and Training Manual, I & II*. Madison (University of Wisconsin).

Perls, F. S., Hefferline, R., & Goodman, P. 1951 *Gestalt Therapy*. New York: Julian Press.

Perls, F. S. 1969 *Gestalt Therapy Verbatim*. Lafeyette California: Real People Press.

Polster, L., & Polster, M. 1973 *Gestalt Therapy Integrated*. New York: Brunner/Mazel.

Takens, R. J., & Lietaer, G. 2004a Process differentiation and person-centeredness: Introduction to the special issue. *Person-Centered and Experiential Psychotherapies*, **3**(1), 1-3.

Takens, R. J., & Lietaer, G. 2004b Process differentiation and person-centeredness: A contradiction? *Person-Centered and Experiential Psychotherapies*, **3**(2), 77-87.

2章プレビュー

Eysenck, H. J. 1952 The effects of psychotherapy : an evaluation. *Journal of Consulting Psychology*, **16**, 319-24.

Eysenck, H. J. 1985 *Decline and Fall of the Freudian Empire*. London Penguin.

Ghosh, A., & Marks, I. M. 1987 Self-treatment of agoraphobia by exposure. *Behavior Therapy*, **18**, 3-16.

Greist, J. H., Marks, I. M., Baer, L., Parkik, J. R., Mantle, J. M., Wenzel, K. W., & Spierrings, C. J. 1998 Self-treatment for obsessive-compulsive disorder using a manual and a computerized telephone interview : a US-UK study. *M. D. Computing*, **15**(3), 149-57.

Jacobson, N. S., Dobson, K. S., Addis, M. E., Koerner, K., Gollan, J. K., Gortner, E., & Prince, S. E. 1996 A component analysis of cognitive-behavioral treatment of depression. *Journal of Consulting and Clinical Psychology*, **64**, 295-304.

Jones, M. C. 1924 A laboratory study of fear. *Pedagogical Seninary*, **31**, 308-315.

Lang, P. 1979 A bioinformational theory of emotional imagery. *Psychophysiology*, **16**, 495-512.

Lovell, K., & Richards, D. A. 2000 Multiple access points and level of entry (MAPLE) : ensuring choice, accessibility and equality for CBT service. *Behavioural and Cognitive Psychotherapy*, **28**, 379-91.

Marks, I. M. 1982b *Cure and Care of Neurosis : Theory and Practice of Behavioural Psychotherapy*. New York : Wiley.

Pavlov, I. P. 1927 *Conditional Reflexes*. London : Oxford University Press.

Richards, D.A. 2002 Behaviour therapy. In W. Dryden (Ed.), *Handbook of Individual Therapy*. London : SAGE Publications.

Richards, D. A. 1988 The treatment of a snake phobia by imaginal exposure. *Behavioural Psychotherapy*, **16**, 207-16.

Schmidt, U., & Treasure, J. 1994 *Getting Better Bit (e) by Bit (e): A Survival Kit for Sufferers of Bulimia Nervosa and Binge Eating Disorders*. Hove : Lawremce Erlbaum Associates.

Skinner, B. F. 1953 *Science and Human Behavoiour*. New York : Macmillan.

Slade, P. D., & Haddock, G. 1996 *Cognitive-Behavioural Interventions for Psychotic Disorders*. London : Routledge.

Thorndike, E. L. 1911 *Animal Intelligence*. New York : Macmillan.

Wolpe, J. 1958 *Psychotherapy by Reciprocal Inhibition*. Stanford, CA : Stanford University Press.

2章1

American Psychiayric Association. 1994 *Diagnostic and Statistical Manual of Mental Disorders (4th ed.)* Washington, D. C.: Author.

Fairburn, C. G., & Cooper, Z. 1993 The eating diaorder examination (12th ed.) In C. G. Fairburn & G. T. Wilson (Eds.), *Binge Eating : Nature, Assessment, and Treatment*. New York : Guilford Press. pp.317-332.

Wilson, G. T., & Vitousk, K. M. 1999 Self-monitoring in the assessment of eating disorders. *Psychological Assessment*, **11**, 480-489.

2章2

Flaherty, J. A., Frank, E., Kupfer, D. J. et al. 1987 *Social Zeitgebers and Bereavement*. Annual Meeting of the American Psychiatric Association, Chicago, May 1987.

Gitlin, M. J., Swendsen, J., Heller, T. L., & Hammen, C. 1995 Relapse and impairment in bipolar disorder. *American Journal of Psychiatry*, **152**, 1635-1640.

Healy, D., & Williams, J. M. G. 1989 Moods, misattributions, and mania. An interaction of biological and psychological factors in the pathogenesis of mania. *Psychiatric Developments*, **1**, 49-70.

Lam, D. H., & Wong, G. 1997 Prodomes, coping strategies, insight and social functioning in bipolar affective disorders. *Psychological Medicine*, **27**, 1091-1100.

Molnar, G., Feeney, M. G., & Fava, G. A. 1988 Duration and symptoms of bipolar prodomes. *American Journal of Psychiatry*, **145**, 1576-1578.

Smith, J. A., & Tarrier, N. 1992 Prodomal symptoms in manic depressive psychosis. *Social Psychiatry and Psychiatric Epidemiology*, **27**, 245-246.

3章プレビュー

Bor, W., Sanders, M. R., & Markie-Dadds, C. 2002 The effects of the triple p-positive parenting program on preschool children with disruptive behavior and attentional problems. *Journal of Abnormal Child Psychology*, **30**(6), 571-587.

Cattanach, A. 2003 *Introduction to Play Therapy*. New York: Brunner Routledge.

Drewes, A. A., Carey, L. J., & Schaefer, C. E. 2001 *School-Based Play Therapy*. New York: John Wiley & Sons.（安東末廣(監訳) 2004 学校ベースのプレイセラピー：現代を生きる子どもたちの理解と支援 北大路書房）

Gallo-Lopez, L., & Schaefer, C. E. 2005 *Play Therapy with Adolescents*. Lanham, ML: Jason Aronson.

Giordano, M., Landreth, G., & Jones, L. 2005 *A Practical Handbook for Building the Play Therapy Relationship*. Lanham, ML: Jason Aronson.

Gil, E., & Drewes, A. A. 2005 *Cultural Issues in Play Therapy*. New York: Guilford Press.

東山紘久・伊藤良子(編) 2005 遊戯療法と子どもの今 創元社

Kaduson, H. G., & Schaefer, C. E. 2000 *Short-Term Play Therapy for Children*. New York: Guilford Press.（倉光修(監修) 串崎真志・串崎幸代(訳) 短期遊戯療法の実際 創元社）

河合隼雄・山王教育研究所(編) 2005 遊戯療法の実際 誠信書房

Kottman, T. 2001 *Play Therapy: Basics and Beyond*. Alexandria VA: American Counseling Association.

串崎真志 2005 プレイセラピーの実際 中田行重・串崎真志 地域実践心理学：支えあいの臨床心理学へ向けて ナカニシヤ出版 pp.87-95.

串崎真志・串崎幸代 2005 訳者あとがき ジャネット・ウエスト著 遊戯療法のてびき 創元社

Landreth, G. L. 2002 *Play Therapy: The Art of Relationship*(2nd ed.) New York: Brunner Routledge.（角野善宏(訳) 近刊 日本評論社）

Landreth, G. L., Sweeney, D. S., Ray, D. C., Homeyer, L. E., & Glover, G. J. 2005 *Play Therapy Interventions With Children's Problems: Case Studies with DSM-IV-TR Diagnoses*(2nd ed.) Lanham, ML: Jason Aronson.

Landreth, G. L., & Bratton, S. C. 2005 *Child Parent Relationship Therapy(CPRT): A 10-session Filial Therapy Model*. New York: Brunner Routledge.

Leung, C., Sanders, M. R., Leung, S., Mak, R., & Lau, J. 2003 An outcome evaluation of the implementation of the triple p-positive parenting program in Hong Kong. *Family Process*, **42**(4), 95-108.

O'Connor, K. J. 2000 *The Play Therapy Primer*(2nd ed.) New York: John Wiley & Sons.

Reddy, L. A., Files-Hall, T. M., & Schaefer, C. E. 2005 *Empirically Based Play Interventions for Children*. Washington, D. C.: American Psychological Association.

Sanders, M. R. 2004 *Every Parent: A Positive Approach to Children's Behaviour*. Melbourne: Penguin.

Sanders, M. R., Markie-Dadds, C., Tully, L., & Bor, W. 2000 The triple p-positive parenting program: A comparison of enhanced, standard, and self directed behavioral family intervention for parents of children with early onset conduct problems. *Journal of Consulting and Clinical Psychology*, **68**, 624-640.

Sanders, M. R., Markie-Dadds, C., & Turner, K.M.T. 2003 Theoretical, scientific and clinical foundations of the triple p-positive parenting program: A population approach to the promotion of parenting competence. *Parenting Research and Practice Monograph*, **1**, 1-21. (http://www.triplep.net/files/pdf/Parenting_Research_and_Practice_Monograph_No.1.pdf で全文閲覧可能)

Sanders, M. R., Pidgeon, A., Gravestock, F., Connors, M. D., Brown, S., & Young, R. 2004a Does parental attributional retraining and anger management enhance the effects of the triple p-positive parenting program with parents at-risk of child maltreatment? *Behavior Therapy*, **35**(3), 513-535.

Sanders, M. R., Markie-Dadds, C., Turner, K. M. T., & Ralph, A. 2004b Using the triple p system of intervention to prevent behavioural problems in children and adolescents. In P. Barrett & T. Ollendick(Eds.), *Handbook of Interventions that Work with Children and Adolescents: Prevention and treatment*. Chichester, UK: John Wiley & Sons, pp.489-516.

Schaefer, C. E.　2003a　*Foundations of Play Therapy*. Hoboken, NJ: John Wiley & Sons.(串崎真志(訳)　近刊　遊戯療法の基礎　創元社)

Schaefer, C. E.　2003b　*Play Therapy with Adults*. Hoboken, NJ: John Wiley & Sons.

Schaefer, C. E., McCirmick, J., & Ohnogi, A.　2005　*International Handbook of Play Therapy: Advances in Assessment, Theory, Research, and Practice*. Lanham, ML: Jason Aronson.

VanFleet, R.　1994　*Filial Therapy: Strengthening Parent-Child Relationships through Play*. Sarasota, FL: Professional Resource Press.(串崎真志(訳)　2004　絆を深める親子遊び：子育て支援のための新しいプログラム　風間書房)

West, J.　1996　*Child-Centred Play Therapy(2nd ed.)* London: Arnold.(串崎真志・串崎幸代(訳)　遊戯療法のてびき　創元社)

3章1

Freud, S.　1959　Analysis of a phobia in a five-year-old boy. *Collected Papers*. New York: Basic Books. pp.149-289.

Fuchs, N. R.　1957　Play therapy at home. *Merrill-Palmer Quart*, **3**, 89-95.

Moustakas, C. W.　1959　*Psychotherapy with Children*. New York: Harper.

3章2

Manaster, G., & Corsini, R.　1982　*Individual Psychology*. Itasca, IL: Peacock.

3章3

Beck, A. T.　1964　Thinking and depression: Ⅱ. Theory and therapy. *Archives of General Psychiatry*, **10**, 561-571.

Beck, A. T.　1976　*Cognitive Therapy and the Emotional Disorders*. New York: International University Press.

Beck, J. S.　1995　*Cognitive Therapy: Basics and Beyond*. New York: Guilford.

Deblinger, E., MaCleer, S.V., & Henry, D.　1990　Cognitive behavioral treatment for sexually abused children suffering from post-traumatic stress: Preliminary findings. *American Academy of Child and Adolescent Psychiatry*, **29**, 747-752.

Freeman, A., Pretzer, J., Fleming, B., & Simon, K. M.　1990　*Clinical Applications of Cognitive Therapy*. New York: Plenum.

Knell, S. M.　1993　*Cognitive-Behavioral Play Therapy*. Northvale, NJ: Aronson.

Knell, S. M.　1994　Cognitive-behavioral play therapy. In K. O'Connor & C. Schaefer(Eds.), *Handbook of Play Therapy: Vol.2, Advances and Innovations*. New York: Wiley, pp.111-142.

Knell, S. M., & Moore, D. J.　1990　Cognitive-behavioral play therapy in the treatment of encopresis. *Journal of Clinical Child Psychology*, **19**, 55-60.

Knell, S. M., & Ruma, C. D.　1996　Play therapy with a sexually abused child. In M.Reinecke, F. M. Dattilio & A. Freeman(Eds.), *Cognitive Therapy with Children and Adolescents: A Casebook for Clinical Practice*. New York: Guilford, pp.367-393.

Ruma, C. D.　1993　Cognitive-behavioral play therapy with sexually abused children. In S. M. Knell(Ed.), *Cognitive-Behavioral Play Therapy*. Northvale, NJ: Aronson, pp.199-230.

Wenar, C.　1982　Developmental psychopathology: Its nature and models *Journal of Clinical Child Psychology*, **11**, 192-201.

3章4

Abidin, R. R.　1995　*Parenting Stress Index Manual (3rd ed.)*. Odessa, FL: Psychological Assessment Resources.

Bell, S., & Eyberg, S. M.　2002　Parent-child interaction therapy. In L. VandeCreek, S. Knapp & T. L. Jackson (Eds.), *Innovations in Clinical Practice: A Source Book, Vol.20*. Sarasota, FL: Professional Resource Press.

Brestan, E., & Eyberg, S.　1998　Effective psychosocial treatments of conduct disordered children and adolescents: 29 years, 82 studies, and 5272 kids. *Journal of Clinical Child Psychology*, **27**, 180-189.

Campis, L. K., Lyman, R. D., & Prentice-Dunn, S.　1986　The parental locus of control scale: Development and validation. *Journal of Clinical Child Psychology*, **15**, 260-267.

Dodrill, C. B.　1981　An economical method for the evaluation of general intelligence in adults. *Journal of*

Consulting and Clinical Psychology, **56**, 145-147.

Dunn, L. M., & Dunn, L. M. 1981 *Peabody Picture Vocabulary Test-Revised: Manual*. Circle Pines, MD: American Guidance Service.

Eyberg, S. M. 1993 Consumer satisfaction measures for assessing parent training programs. In L. VandeCreek, S. Knapp & T. L. Jackson(Eds.), *Innovations in Clinical Practice: A Source Book, Vol.12*. Sarasota, FL: Professional Resource Press.

Eyberg, S. M., Edwards, D. L., Boggs, S. R., & Foote, R. 1998 Maintaining the treatment effects of parent training: The role of booster sessions and other maintenance strategies. *Clinical Psychology: Science and Practice*, **5**, 544-554.

Eyberg, S. M., & Pincus, D. 1999 *Eyberg Child Behavior Inventory and Sutter-Eyberg Student Behavior Inventory: Professional manual*. Odessa, FL: Psychological Assessment Resources.

McNeil, C. B., Eyberg, S. M., Eisenstadt, T. H., Newcomb, K., & Funderburk, B. 1991 Parent-child interaction therapy with behavior problem children: Generalization of treatment effects to the school setting. *Journal of Clinical Child Psychology*, **20**, 140-151.

Schuhmann, E. M., Foote, R. C., Eyberg, S. M., Boggs S. R., & Alginia, J. 1998 Efficacy of parent-child interaction therapy: Interim report of a randomized trial with short-term maintenance. *Journal of Clinical Child Psychology*, **27**, 34-45.

Wierzbicki, M., & Pekarik, G. 1993 A meta-analysis of psychotherapy dropout. *Professional Psychology: Research and Practice*, **24**, 190-195.

4章プレビュー

Bahrick, L. R., & Watson, J. S. 1985 Detection of intermodal proprioceptive-visual contingency as a potential basis of self-perception in Infancy. *Developmental Psychology*, **21**, 963-973.

Blos, P. 1962 *On Adolescence*. Free Press of Glencoe.(野沢栄司(訳) 1971 青年期の精神医学 誠信書房)

Emde, R. N., & Sorce, J. F. 1983 The reward of infancy: Emotional availability and maternal referencing. In J. Call, E. Galenson, & R.Tyson(Eds.), *Frontiers of Infant Psychiatry*. Basic Book, pp.17-30.(「乳幼児からの報酬：情緒応答性と母親参照機能」 小此木啓吾(監訳) 1988 乳幼児精神医学 岩崎学術出版社)

Gergely, G. 2000 Reapproaching mahler: New perspectives on normal autism, normal symbiosis, splitting and libidinal object constancy from cognitive developmental theory. *Journal of the American Psychoanalytic Association* **48**(4), 1197-1228.

Fantz, R. 1963 Pattern vision in newborn infants. *Science*, **140**, 296-297.

Fonagy, P., & Target, M. 2003 *Psychoanalytic Theories: Perspectives from Developmental Psychopathology*. Brunner-Routledge.

Lyons-Ruth, K. 1991 Rapprochement or approchement: Mahler's theory reconsidered from the vantage point of recent research in early attachment relationships. *Psychoanalytic Psychology*, **8**, 1-23.

Masterson, J. F. 1972 *Treatment of the Borderline Adolescent: A Developmental Approach*. New York: Wiley.(成田善弘・笠原 嘉(訳) 1979 青年期境界例の治療 金剛出版)

Meltzoff, A. N., & Moore, M. K. 1977 Imitation of facial and manual gestures by human neonates. *Science*, **198**, 75-78.

小此木啓吾 2002 現代の精神分析：フロイトからフロイト以後へ 講談社学術文庫

Sameroff, A. J., & Emde, R. N. 1989 *Relationship Disturbances in Early Childhood: A Developmental Approach*. Basic Books.(小此木啓吾(監訳) 2003 早期関係性障害—乳幼児期の成り立ちとその変遷を探る 岩崎学術出版社)

Stern, D. N. 1985 *The Interpersonal World of the Infant*. Basic Books.(小此木啓吾・丸田俊彦(監訳) 1998 乳児の対人世界 岩崎学術出版社)

Stern, D. N. 1995 *The Motherhood Constellation: A Unified View of Parent-Infant Psychotherapy*. Basic Books.(馬場禮子・青木紀久代(訳) 2000 親—乳幼児心理療法—母性のコンステレーション 岩崎学術出版社)

渡辺久子 1989 エムディの理論 別冊発達『乳幼児精神医学への招待』. pp.32-41.

4章1

Mahler, M., Pine, F., & Bergman, A. 1975 *The Psychological Birth of the Human Infant*. Basic Books.(高橋雅士・織田正美・浜畑 紀(訳) 2001 精神医学選書 第3巻 乳幼児の心理的誕生 母子共生と個体化)

4章2

Emde, R. N. 1989 The infant's relationship experience: Developmental and affective aspects. In A. Samereff & R. Emde(Eds.), *Relationship Disturbances in Early Childhood*. Basic Books, pp.33-51.（乳幼児の関係性の経験：発達的にみた情緒の側面　A・J・ザメロフ，R・N・エムディ編　小此木啓吾（監修）　2003　早期関係性障害―乳幼児期の成り立ちとその変遷を探る―　岩崎学術出版社, p.51.）

川上清文・内藤俊史・藤谷智子　1990　図説乳幼児発達心理学　同文書院

Klinnnert, M. D., Emde, R. N., Butterfield, P., & Campos, J. 1986 Social referencing: The infant's use of emotional signals from a friendly adult with mother present. *Developmental Psychology*, **22**(4), 427-432.

Sorce, J. F., & Emde, R. N. 1981 Mother's presence is not enough: Effect of emotional availability on infant exploration. *Developmental Psychology*, **17**(6), 737-745.

渡辺久子　1989　エムディの理論　別冊発達『乳幼児精神医学への招待』pp.32-41.

4章3

George, C., Kaplan, N., & Main, M. 1985 *The Berkeley Adult Attachment Interview (unpublished protocol)*. Berkeley, CA: Department of Psychology, University of California.

Fonagy, P., Steele, M., Moran, G., Steele, H., & Higgitt, A. C. 1991a The capacity for understanding mental states:The reflective self in parent and child and its significance for security of attachment. *Infant Mental Health Journal*, **13**, 200-216.

Fonagy, P., Steele, H., & Steele, M. 1991b Maternal representations of attachment during pregnancy predict the organization of infant-mother attachment at one year of age. *Child Development*, **62**, 891-905.

Main, M., Kaplan, N., & Cassidy, J. 1985 Security in infancy, childhood and adulthood: A move to the level of representation. In I. Bretherton & E. Waters(Eds.), Growing points in attachment theory. *Monographs for the Society for Research in Child Development*, **50**, 66-106.

Main, M., & Goldwyn, R. 1993 Adult attachment rating and classification systems. In M. Main(Ed.), *A Typology of Human Attachment Organization Assessed in Discourse, Drawings and Interviews*. Cambridge University Press.

Steele, H., Steele, M., & Fonagy, P. 1996 Associations among attachment classifications of mothers, fathers and their infants: Evidence for a relationship-specific perspective. *Child Development*, **67**, 541-555.

4章4

Stern, D. N.,Bruschweiler-Stern, N., Harrison, A. M., Lyon-Ruth, K., Morgan, A. C., Nahum, J. P., Sander, L. W., & Tronick, E. Z.(The Process of Change Study Group) 1998 The process of therapeutic change involving implicit knowledge: Some implications of developmental observations for adult psychotherapy. *Infant Mental Health Journal*, **19**(2), 300-308.

5章プレビュー

Erikson, E. H. 1950 *Childhood and society*. W. W. Norton & Company, Inc.（仁科弥生（訳）　1977　幼児期と社会Ⅰ・Ⅱ　みすず書房）

Marcia, J. E. 1965 Determination and construct validity of ego identity status. *Dissertation Abstract*, **25**(11-A), 6763 (Ohio State University. Dissertation, 1964).

Marcia, J. E. 1966 Development and validation of ego-identity status. *Journal of Personality and Social Psychology*, **3**(5), 551-558.（紹介論文1）

Markus, H., & Nurius, P. 1986 Possible selves. *American Psychologist*, **41**, 954-969.

鑢幹八郎・山本　力・宮下一博（編）　1984　アイデンティティ研究の展望Ⅰ　ナカニシヤ出版
鑢幹八郎・宮下一博・岡本祐子（編）　1995a　アイデンティティ研究の展望Ⅱ　ナカニシヤ出版
鑢幹八郎・宮下一博・岡本祐子（編）　1995b　アイデンティティ研究の展望Ⅲ　ナカニシヤ出版
鑢幹八郎・宮下一博・岡本祐子（編）　1997　アイデンティティ研究の展望Ⅳ　ナカニシヤ出版
鑢幹八郎・宮下一博・岡本祐子（編）　1998　アイデンティティ研究の展望Ⅴ-1　ナカニシヤ出版
鑢幹八郎・宮下一博・岡本祐子（編）　1999　アイデンティティ研究の展望Ⅴ-2　ナカニシヤ出版
鑢幹八郎・岡本祐子・宮下一博（編）　2002　アイデンティティ研究の展望Ⅵ　ナカニシヤ出版

5章1

Erikson, E. H. 1956 The problem of ego identity. *Journal of the American Psychoanalytic Association*, **4**, 56-121.

5章2

Erikson, E. H.　1968　*Identity, Youth, and Crisis*. New York: W. W. Norton & Co., Inc.
Gushurst, R. S.　1971　*The reliability and concurrent validity of an idiographic approach to the interpretation of early recollections*. Unpublished doctoral dissertation, University of Chicago.
Josselson, R.　1982　Personality structure and identity status in women viewed through early memories. *Journal of Youth and Adolescence*, **11**, 293-299.
Marcia, J. E.　1966　Development and validation of ego-identity status. *Journal of Personality and Social Psychology*, **3**(5), 551-558.（紹介論文1）
Orlofsky, J. L., & Frank, M.　1986　Personality structure as viewed through early memories and identity status in college men and women. *Journal of Personality and Social Psychology*, **50**, 580-586.

5章3

Baumeister, R. F.　1986　*Cultural Change and the Struggle for Self*. New York : Oxford University Press.
Coleman, J. C.　1978　Current contradictions in adolescent theory. *Journal of Youth and Adolescence*, **7**, 1-11.
Erikson, E. H.　1956　The problem of ego identity. *Journal of the American Psychoanalytic Association*, **4**, 56-121.
Grotevant, H. D.　1987　Toward a process model of identity formation. *Journal of Adolescent Research*, **2**, 203-222.
Marcia, J. E.　1966　Development and validation of ego-identity status. *Journal of Personality and Social Psychology*, **3**(5), 551-558.（紹介論文1）
Waterman, A. S.　1982　Identity development from adolescence to adulthood: An extension of theory and a review of research. *Developmental Psychology*, **18**, 341-358.

5章4

Cross, S., & Markus, H.　1991　Possible selves across the life span. *Human Development*, **34**, 230-255.
Dunkel, C. S.　2000　Possible selves as a mechanism for identity exploration. *Journal of Adolescence*, **23**, 519-529.
Grotevant, H. D.　1987　Toward a process model of identity formation. *Journal of Adolescent Research*, **2**, 419-438.
Kroger, J.　1993　On the nature of structural transition in the identity formation process. In J. Kroger(Ed.), *Discussions on Ego Identity*. Hillsdale, NJ: Lawrence Erlbaum.
Markus, H., & Nurius, P.　1986　Possible selves. *American Psychologist*, **41**, 954-969.

6章プレビュー

American Psychiatric Association　1994　*Diagnostic and Statistical Manual of Mental Disorders*(4th ed.). Washington, DC: American Psychiatric Association Press. ICD-10
東　均・村上光道・川崎慎次・八木昭彦・福永知子・乾　正・西村　健　1991　痴呆患者の症状と病前性格との関連について　老年精神医学雑誌, **2**, 779-787.
Baumgarten, M., Becker, R., & Gautheier, S.　1990　Validity and reliability of the dementia behavior disturbance scale. *Journal of American Geriatric Society*, **38**, 221-226.
Chatterjee, A., Strauss, M. E., Smyth, K. A., & Whitehouse, P. J.　1992　Personality changes in alzheimer's disease. *Archives of Neurology*, **49**, 486-491.
Fail, N.　1989　ValiDATion; An empathetic approach to the care of dementia. *Clinical Gerontologist*, **8**, 89-94.
Folstein, M. F., Folstein, S, E., & McHugh, P. R.　1975　Mini-mental state: a practical method for grading the cognitive state of patients for the clinician. *Journal of Psychiatric Research*. **12**, 189-198.
Gottfries, C. G., Brane, G., & Steen, G.　1982　A new rating scale for dementia syndromes. *Gerontology*, **28**, 20-31.
林　智一　1999　人生の統合期の心理療法におけるライフレビュー, **17**(4), 390-400.
Helmes, E., Csapo, K.G., & Short J-A　1987　Standardization and validity of the multidimensional observation scale for elderly subjects　(MOSES). *Journal of Gerontology*, **42**, 395-405.
本間　昭　1990　わが国の老年期痴呆　老年精神医学雑誌, **1**(2), 150-158.
本間　昭・福沢一吉・塚田良雄・石井徹郎・長谷川和夫・Mohs, R.C.　1992　Alzheimer's disease assessment scale(ADAS)日本語版の作成　老年精神医学雑誌, **3**(6), 647-655.
Hughes, C. P., Berg, L., Danziger, W. L., Coben, L. A., & Martin, R. L.　1982　A new clinical scale for the staging of dementia. *British Journal of Psychiatry*, **140**, 566-572.
International Psychogeriatric Association　2000　*An Introduction to BPSD.Educational Pack*. UK: Gardiner-Caldwell Communications.
柄澤昭秀　1990　痴呆の病前性格　臨床精神医学, **19**, 601-606.

加藤謙介・渥美公秀　2002　動物介在療法の導入による集合性の変容過程-老人性痴呆疾患治療病棟におけるドッグ・セラピーの事例-　実験社会心理学研究，**41**(2)，67-83．
加藤伸司・下垣　光・小野寺敦志・植田宏樹・老川賢三・池田一彦・小阪敦二・今井幸充・長谷川和夫　1991　改訂長谷川式簡易知能評価スケールの作成　老年精神医学雑誌，**2**，1339-1347．
北本福美　1996　老人臨床におけるグループ音楽療法の試み　心理臨床学研究，**14**(2)，141-151．
黒川由紀子　1995　痴呆老人に対する心理的アプローチ―老人病院における回想法グループ　心理臨床学研究　**13**(2)，169-179．
黒川由紀子・斉藤正彦・松田　修　1995　老年期における精神療法の効果評価―回想法をめぐって　老年精神医学雑誌，**6**(3)，315-329．
松下正明　1987　Alzheimer病に見る行動異常―高次精神機能の解体の一側面　日本臨床，**45**，366-370．
Mckhann G., Drachman, D., Folstein, M., Katzman, R., et al.　1984　Clinical diagnosis of alzheimer's disease; Report of the NINCDS-ADRDA work group under the auspices of department of health and human services task force on alzheimer's disease. *Neurology*, **34**, 939-944.
南　曜子・藤田　定　2001　老人性痴呆患者のための集団音楽療法の一例―歌による回想とその治療効果について　精神療法，**27**(5)，515-522．
溝口　環・飯島　節・江藤文夫・石塚彰映・折茂　肇　1993　DBDスケール(Dementia Behavior Disturbance Scale)による老年期痴呆患者の行動異常評価に関する研究　日本老年医学会雑誌，**30**，835-840．
守田嘉男・三好功峰　1991　痴呆の症状変遷と問題行動　老年精神医学雑誌，**2**，1073-1077．
中島健二　2003　血管性痴呆研究の動向，老年精神医学雑誌，**14**(2)，208-212．
奥村由美子・藤本直規・成田　実　1997　軽度アルツハイマー型痴呆患者のためのリハビリテーション・プログラムの試み　老年精神医学雑誌，**8**(9)，951-963．
Petry, S., Cummings, J. L., Hill, M. A., & Shapira, J.　1988　Personality alterations in dementia of the alzheimer type. *Archives of Neurology*, **45**, 1187-1190.
Petersen, R.C., Smith, G.E., Waring, S.C., Ivnik, R.J., Tangalos, E.G., & Kokmen, E.　1999　Mild cognitive impairment; Clinical characterization and outcome. *Archives of Neurology*, **56**, 303-308.
Reisberg, B.　1986　Dementia, a systematic approach to identifying reversible causes. *Geriatrics*, **41**, 30-46.
Ritchie, K., Artero, S., & Touchon　2001　Classification criteria for mild cognitive impairment; A population-based ValiDATion study. *Neurology*, **56**, 37-42.
Roman, C. G., Tatemichi, T. K., Erkinjuntti, T., Cummings, J. L. et al.　1993　Vascular dementia; Diagnostic criteria for research studies. Report of the NINCDS-AIREN international workgroup. *Neurology*, **43**, 250-260.
下川昭夫　2005　特養施設におけるたまり場の重要性　東京都立大学人文学報，**358**，47-61．
下仲順子　1995　リアリティ・オリエンテーション　老年精神医学雑誌　**6**(12)，1485-1491．
品川不二郎・小林重雄・藤田和弘・前川久男　1990　日本版WAIS-R痴呆検査法　日本文化科学社
新福尚武　1994　脳血管性痴呆における人格障害　老年精神医学雑誌，**5**，1456-1462．
竹田伸也・井上雅彦　2002　アルツハイマー型痴呆老人に対する臨床動作法の効果　行動療法研究，**27**(2)，59-69．
田辺敬貴　1998　アルツハイマー型痴呆の神経心理学的研究　Dementia Japan，**12**，11-17．
田辺敬貴・池田　学・中川賀嗣・数井裕光・橋川一雄・森脇　博ほか　1993　脳変性疾患の脳画像と神経心理　(西村健(編)精神医学レビュー8；老年期の精神障害　ライフサイエンス　pp.32-52．
矢冨直美　2003　早期の痴呆あるいは前駆状態を対象とした介入プログラムのあり方　老年精神医学雑誌，**14**(1)，20-25．
吉野文浩・鹿島晴雄　1996　観察式行動評価尺度とその問題点　Dementia，**10**，279-296．
吉岡久美子　2000　高齢者の回想(法)に関する展望　九州大学心理学研究，**1**，39-49．
Wild, K. V., Kaye, J. A., & Oken, B. S.　1994　Early noncognitive change in alzheimer's disease and healthy aging. *Journal of Geriatric Psychiatry and Neurology*, **7**, 199-205.
World Health Organization　1992　*The ICD-10 Classification of Mental and Behavioral Disorders; Clinical Descriptions and Diagnostic Guidelines*. WHO, Geneva.

6章1

Baker, J. G.　1996　Memory and emotion processing in cortical and subcortical dementia. *The Journal of General Psychology*, **123**, 185-191.
Bartol, M. A.　1979　Nonverbal communication in patients with alzheimer's disease. *Journal of Gerontological Nursing*, **5**, 21-31.

Cancelliere, A. E. B., & Kertesz, A.　1990　Lesion localization in acquired deficits of emotional expression and comprehension. *Brain and Cognition*, **13**, 133-147.

Kolb, B., Wilson, B., & Taylor, L.　1992　Developmental changes in the recognition and comprehension of facial expression: Implications for frontal lobe function. *Brain and Cognition*, **20**, 74-84.

6章2

Aarsland, D., Cummings, J. L., Yenner, G., & Miller, B.　1996　Relationship of aggressive behavior to other neuropsychiatric symptoms in patients with alzheimer's disease. *American Journal of Psychiatry*, **153**, 243-247.

Bozzola, F. G., Gorelick, P. B., & Freels, S.　1992　Personality changes in alzheimer's disease. *Archives of Neurology*, **49**, 297-300.

Chatterjee, A., Strauss, M. E., Smyth, K. A., & Whitehouse, P. J.　1992　Personality changes in alzheimer's disease. *Archives of Neurology*, **49**, 486-491.

Ekman, P., & Friesen, W. V.　1975　*Unmasking the Face*. New Jersey: Prentice-Hall.

Hachinsky, V. C., Illiff, L. D., Zilhka, E., Duboulay, G. H., McAllister, V. L., Marshall, J., Russell, R. W. R., & Symon, L.　1975　Cerebral blood flow in dementia. *Archives of Neurology*, **32**, 632-637.

Helmes, E., Csapo, K.G., & Short, J. A.　1987　Standardization and validity of the multidimensional observation scale for elderly subjects （MOSES）. *Journal of Gerontology*, **42**, 395-405.

Morita, Y., Ueki, A., Sinjyo, H., & Ohashi, N.　1993　Aggressive behavior in demented patient （in Japanese）. *Japanese Journal of Geriatric Psychiatry*, **9**, 1058-1065.

Patel, V., & Hope, R. A.　1993　Aggressive behavior in elderly people of dementia; A review. *Internal Journal of Geriatric Psychiatry*, **8**, 457-472.

Petry, S., Cummings, J. L., Hill, M. A., & Shapira, J.　1988　Personality alterations in dementia of the alzheimer's type. *Archives of Neurology*, **45**, 1187-1190.

Rubin, E. H., Morris, J. C., & Berg, L.　1987　The progression of personality changes in senile dementia of the alzheimer's type. *American Geriatrics Society*, **35**, 721-725.

Wild, K. V., Kaye, J. A., & Oken, B. S.　1994　Early noncognitive change in alzheimer's disease and healthy aging. *Journal of Geriatric Psychiatry and Neurology*, **7**, 199-205.

6章3

Bucht, G. & Adolfson, R.　1983　The comprehensive psychopathology rating scale in patients with dementia of alzheimer's type and multi-infarct dementia. *Acta Psychiatrica Scandinavica*, **68**, 263-270.

Blessed, G., Tomlinson, B. E., & Roth, M.　1968　The association between quantitative measures of dementia and of senile change in the cerebral gray matter of elderly subjects. *British journal of Psychiatry*, **114**, 797-811.

Morycz, R. K.　1980　An exploration of senile dementia and family burden. *Clinical Social Work Journal*, **8**, 16-27.

Pruchno, R. A., & Resch, N. L.　1989　Aberrant behaviors and alzheimer's disease: Mental health effects on spouse caregivers. *Journal of Gerontology: Social Sciences*, **44**, 177-182.

Reisberg, B., Ferris, S. H., de Leon, M. J., & Crook, T.　1982　The global deterioration scale for assessment of primary degenerative dementia. *American Journal of Psychiatry*, **139**, 1136-1139.

Reisberg, B.,Borenstein, J., Salob, S. P., Ferris, S. H., Franssen, E., & Georgotas, A.　1987　Behavioral symptoms in alzheimer's disease: Phenomenology and treatment. *Journal of Clinical Psychology*, **48**, 9-15.

Vitaliano, P. P., Russo, J., Young, H. M., Becker, J., & Maiuro, R. D.　1991　The screen for caregiver burden. *The Gerontologist*, **31**, 76-83.

7章プレビュー

Coopers, S.　1991　New strategies for free children. *Child abuse prevention for Elementary School Children*. New Jersey: Educational Information & Resource Center Swell. （「ノー」をいえる子どもに　CAP/子どもが暴力から自分を守るための教育プログラム　森田ゆり（監訳）　砂川真澄（訳）　童話館出版）

Fox, J. A., Elliott, D. S., Kerlikowske, R. G., Newman, S. A., & Christeson, W.　2004　*Bullying Prevention In Crime Prevention. A Report by Fight Crime :Invest in Kids.*

平木典子　1993　アサーショントレーニング　日本・精神技術研究所

星野欣生・津村俊充(監修・著作)　1996　クリエイティブ・ヒューマン・リレーションズ全八巻　プレスタイム

伊藤亜矢子・松井　仁　1998　学級風土研究の意義　コミュニティ心理学研究, **2**, 56-66

國分康孝　2000　エンカウンターとは何か　図書文化

國分康孝(監修) 1995 エンカウンターで学級が変わる『小学校編』 図書文化
武田信子 1999 学生相談のコーディネート 武蔵大学学生相談室報告書第7号
武田信子 2005 育児力の低下を防ぐ子育て教育・共感教育プログラム「共感の根」の導入と効果の研究 平成14-15年度文部科学省科学研究費補助金基盤研究C2研究成果報告書
滝 充 2004 ピア・サポートではじめる学校づくり 中学校編―「予防教育的な生徒指導プログラム」の理論と方法 金子書房
台 利夫 1982 臨床心理劇入門 ブレーン出版

7章1
Adolescent Transitions Program (ATP)
Anger Coping Program
Attributional Intervention (Brainpower Program)
Big Brothers/Big Sisters
Child Development Project
Children of Divorce Intervention Program (CODIP)
Children of Divorce Parenting Program
Coping With Stress Course
Counselors Care (C-CARE) and Coping and Support Training (CAST)
Earlscourt Social Skills Group Program
Family Bereavement Program
Fast Track
First Step to Success
Good Behavior Game
Improving Social Awareness-Social Problem Solving (ISA-SPS)
I Can Problem Solve (ICPS): An Interpersonal Cognitive Problem Solving Program for Children
Bullying Prevention Program
Linking the Interests of Families and Teachers (LIFT)
Montreal Longitudinal Experimental Study
Peer Coping-Skills Training
Penn Prevention Program
Positive Youth Development Program
Promoting Alternative Thinking Strategies (PATHS)
Primary Mental Health Project
Queensland Early Intervention and Prevention of Anxiety Project (QEIPAP)
Responding in Peaceful and Positive Ways
School Transitional Environment Project (STEP)
Seattle Social Development Project
Second Step: A Violence Prevention Curriculum
Social Relations Program
Stress Inoculation Training I
Stress Inoculation Training II
Suicide Prevention Program I (Klingman & Hochdorf, 1993)
Suicide Prevention Program II (Orbach & Bar-Joseph, 1993)

Adolescent Transitions Program (ATP)
Andrews, D. W., Soberman, D., & Dishion, T. J. 1995 The adolescent transitions program for high-risk teens and their parents: Toward a school-based intervention. *Education & Treatment of Children*, **18**, 478-498.

Anger Coping Program
Lochman, J. E. 1985 Effects of different treatment lengths in cognitive-behavioral interventions with aggressive boys. *Child Psychiatry and Human Development*, **16**, 45-56.

Attributional Intervention (Brainpower Program)
Hudley, C., Britsch, B., Wakefield, W. D., Smith, T., Demorat, M., & Cho, S. 1998 An attribution retraining program to reduce aggression in elementary school students. *Psychology in the Schools*, **35**, 271-282.

Big Brothers / Big Sisters

Tierney, J. P., Grossman, J. B., & Resch, N. L. 1995 *Making a Difference: An Impact Study of Big Brothers/Big Sisters*. Philadelphia, PA: Public/Private Ventures.

Child Development Project

Battistich, V., Schaps, E., Watson, M., & Solomon, D. 1996 Prevention effects of the child development project: Early findings from an ongoing multisite demonstration trial. *Journal of Adolescent Research*, **11**, 12-35.

Children of Divorce Intervention Program (CODIP)

Alpert-Gillis, L. J., Pedro-Carroll, J., & Cowen, E. L. 1989 The children of divorce intervention program: Development, implementation, and evaluation of a program for young urban children. *Journal of Consulting and Clinical Psychology*, **57**, 583-589.

Children of Divorce Parenting Program

Wolchik, S. A., West, S. G., Westover, S., Sandler, I. N., Martin, A., Lustig, J., Tein, J., & Fisher, J. 1993 The children of divorce parenting intervention: Outcome evaluation of an empirically based program. *American Journal of Community Psychology*, **21**, 293-331.

Coping With Stress Course

Clarke, G. N., Hawkins, W., Murphy, M, Sheeber, L. B., Lewinsohn, P. M., & Seeley, J. R. 1995 Targeted prevention of unipolar depressive disorder in an at-risk sample of high school adolescents: A randomized trial of a group cognitive intervention. *Journal of the American Academy of Child and Adolescent Psychiatry*, **34**, 312-321.

Counselors Care (C-CARE) and Coping and Support Training (CAST)

Randell, B.P., Eggert, L.L., & Pike, K.C. in press Immediate post-intervention effects of two brief youth suicide prevention interventions. *Suicide and Life-Threatening Behavior*.

Earlscourt Social Skills Group Program

Pepler, D.J., King, G., & Byrd, W. 1991 A socially cognitive based social skills training program for aggressive children. In D.J. Pepler & K. Rubin (Eds.), *The Development and Treatment of Childhood Aggression*. Hillsdale, NJ: Erlbaum. pp. 361-379.

Family Bereavement Program

Sandler, I. N., West, S. G., Baca, L., Pillow, D. R., Gersten, J. C., Rogosch, F., Virdin, L., Beals, J., Reynolds, K. D., Kallgren, C., Tein, J., Kriege, G., Cole, E., & Ramirez, R. 1992 Linking empirically based theory and evaluation: The family bereavement program. *American Journal of Community Psychology*, **20**, 491-521.

Fast Track

Conduct Problems Prevention Research Group. 1992 A developmental and clinical model for the prevention of conduct disorders: The Fast Track Program. *Development and Psychopathology*, **4**, 509-527.

First Step to Success

Walker, H. M., Kavanagh, K., Stiller, B., Golly, A., Severson, H. H, & Feil, E. G. 1998 First step to success: An early intervention approach for preventing school antisocial behavior. *Journal of Emotional & Behavioral Disorders*, **6**, 66-80.

Good Behavior Game

Dolan, L. J., Kellam, S. G., Brown, C. H., Werthamer-Larson, L., Rebok, G. W., Mayer, L. S., Laudoff, J., Turkkan, J., Ford, C., & Wheeler, L. 1993 The short-term impact of two classroom-based preventive interventions on aggressive and shy behaviors and poor achievement. *Journal of Applied Developmental Psychology*, **14**, 317-345.

Improving Social Awareness-Social Problem Solving (ISA-SPS)

Bruene-Butler, L., Hampson, J., Elias, M., Clabby, J., & Schuyler, T. 1997 The improving social awareness-social problem solving project. In G.W. Albee & T.P. Gullotta (Eds.), *Primary Prevention Works*. Thousand Oaks, CA: Sage

I Can Problem Solve (ICPS): An Interpersonal Cognitive Problem Solving Program for Children

Shure, M. B., & Spivack, G. 1982 Interpersonal problem solving in young children: A cognitive approach to prevention. *American Journal of Community Psychology*, **10**, 341-356.

Shure, M. B. 1997 Interpersonal cognitive problem solving: Primary prevention of early high-risk behaviors in the preschool and primary years. In G.W. Albee & T. P.Gullotta (Eds.), *Primary Prevention Works*. Thousand Oaks, CA: Sage. pp.167-188.

Bullying Prevention Program

Olweus, D. 1993 *Bullying at School: What We Know and What We Can Do*. Oxford, England: Basil Blackwell

Linking the Interests of Families and Teachers (LIFT)

Reid, J. B., Eddy, J. M., Fetrow, R. A., & Stoolmiller, M. 1999 Description and immediate impacts of a preventive intervention for conduct problems. *American Journal of Community Psychology*, **27**, 483-517.

Montreal Longitudinal Experimental Study
McCord, J., Tremblay, R. E., Vitaro, F., & Desmarais-Gervais, L. 1994 Boys' disruptive behaviour, school adjustment, and delinquency: The Montreal prevention experiment. *International Journal of Behavioural Development*, **17**, 739-752.

Peer Coping-Skills Training
Prinz, R. J., Blechman, E. A., & Dumas, J. E. 1994 An evaluation of peer coping-skills training for childhood aggression. *Journal of Clinical Child Psychology*, **23**, 193-203.

Penn Prevention Program
Gillham, J. E., Reivich, K. J., Jaycox, L. H., & Seligman, M. E. P. 1995 Prevention of depressive symptoms in schoolchildren: Two-year follow-up. *Psychological Science*, **6**, 343-351.

Positive Youth Development Program
Weissberg, R. P., Barton, H. A., & Shriver, T. P. 1997 The social competence promotion program for young adolescents. In G. W. Albee & T. P. Gullotta (Eds.), *Primary Prevention Works*. Thousand Oaks, CA: Sage.

Promoting Alternative Thinking Strategies (PATHS)
Greenberg, M. T., & Kusche, C. A. 1997 *Improving Children's Emotion Regulation and Social Competence: The Effects of the PATHS Curriculum*. Paper presented at the meeting of the Society for Research in Child Development, Washington, DC.

Primary Mental Health Project
Cowen, E. L., Gesten, E. L., & Wilson, A. B. 1979 The Primary mental health project: Evaluation of current program effectiveness. *American Journal of Community Psychology*, **7**, 293-303.

Queensland Early Intervention and Prevention of Anxiety Project (QEIPAP)
Dadds, M .R., Holland, D. E., Laurens, K. R., Mullins, M., Barrett, P. M., & Spence, S. H. 1999 Early intervention and prevention of anxiety disorders in children: Results at 2-year follow-up. *Journal of Consulting and Clinical Psychology*, **67**, 145-150.

Responding in Peaceful and Positive Ways
Farrell, A. D., Meyer, A. L., & White, K. S. 1999 *Evaluation of Responding in Peaceful and Positive Ways (RIPP): A School-Based Prevention Program for Reducing Violence among Urban Adolescents*. Unpublished manuscript.

School Transitional Environment Project (STEP)
Felner, R. D., & Adan, A. M. 1988 The school transitional project: An ecological intervention and evaluation. In R.H. Price, E.L. Cowen, R. P. Lorion, & J. Ramos-McKay (Eds.), *14 Ounces of Prevention: A Casebook for Practitioners* Washington, DC: American Psychological Association. pp. 111-122.

Seattle Social Development Project
Hawkins J.D., Catalano R.F., Morrison D., O'Donnell J., Abbott R., & Day L 1992 The seattle social development project: Effects of the first four years on protective factors and problem behaviors. In J. McCord & R. Tremblay (Eds.), *The Prevention of Antisocial Behavior in Children*. New York: Guilford Press. pp. 139-161.

Second Step: A Violence Prevention Curriculum
Grossman, D. C., Neckerman, H. J., Koepsell, T. D., Liu, P., Asher, K. N., Beland, K., Frey, K., & Rivera, F. P. 1997 Effectiveness of a violence prevention curriculum among children in elementary school. *Journal of the American Medical Association*, **277**, 1605-1611.

Social Relations Program
Coie, J. D., Watt, N. F., West, S. G, Hawkins, J. D., Asarnow, J. R., Markman, H. J., Ramey, S. L., Shure, M. B., & Long, B. 1993 The science of prevention: A conceptual framework and some directions for a national research program. *American Psychologist*, **48**, 1013-1022.

Stress Inoculation Training I
Stress Inoculation Training II
Kiselica, M. S., Baker, S. B., Thomas, R. N., & Reedy, S. 1994 Effects of stress inoculation training on anxiety, stress, and academic performance among adolescents. *Journal of Counseling Psychology*, **41**, 335-342.

Suicide Prevention Program I (Klingman & Hochdorf, 1993)
Suicide Prevention Program II (Orbach & Bar-Joseph, 1993)
Klingman, A., & Hochdorf, Z. 1993 Coping with distress and self-harm: The impact of a primary prevention program among adolescents. *Journal of Adolescence*, **16**, 121-140.

8章プレビュー

Exner, J. E. 1969 *The Rorschach Systems*. New York: Grune & Stratton.（本明　寛・今井もと子・和田美代子（訳）1972 ロールシャッハ・テスト：分析と解釈の基本　実務教育出版）

Exner, J. E. 1974 *The Rorschach: A Comprehensive System: Vol. 1: Basic Foundations*. New York: Wiley.

Exner, J. E. 2002 *The Rorschach: A Comprehensive System: Vol. 1: Basic Foundations and Principle Interpretation (4th ed.)* New York: Wiley.

Exner, J. E. 2005 *The Rorschach: A Comprehensive System: Vol. 2: Advanced Interpretation (3rd ed.)* New York: Wiley.

Exner, J. E., & Weiner, I. B. 1994 *The Rorschach: A comprehensive System: Vol. 3: Assessment of Children and Adolescents (2nd ed.)* New York: Wiley.

Goode, E. 2004 Defying psychiatric wisdom, these skeptics say 'Prove it.' *The New York Times*, 09-Mar-2004. (online) <http://query.nytimes.com/gst/health/article-page.html?res=9E07E3DE1F30F933A15751C0A9679C8B63>（Retrieved: 05-Sep-2005）

Grønnerød, C. 2004 Rorschach assessment of changes following psychotherapy: A meta-analytic review. *Journal of Personality Assessment*, **83**(3), 256-276.

堀見太郎・杉原　方・長坂五朗　1958　歴史的発展と意義　本明　寛・外林大作（編）　ロールシャッハ・テスト1（心理診断法双書）　中山書店 pp.2-39

片口安史　1960　心理診断法詳説——ロールシャッハ・テスト　牧書店

Lilienfeld, S. O., Lynn, S. J., & Lohr, M.(ed.) 2002 *Science and Pseudoscience in Clinical Psychology*. New York: Guilford.

増井健一　2003　ここからはじめるメタ・アナリシス：Excelを使って簡単に　真興交易（株）医療出版部

Rorschach, H. 1921/1972 *Psychodiagnostik: Methodik und Erlebnisse eines Wahrnehmungs-Diagnostischen Experiments* [Deutenlassen von Zufallsformen] (9 *Aufl.*). Bern: Hans Huber.（鈴木睦夫（訳）1998　新・完訳精神診断学　金子書房）

辻　悟　1997　ロールシャッハ検査法　金子書房

Weiner, I. B. 1998 *Principles of Rorschach Interpretation*. Mahwah, NJ: Lawrence Erlbaum.（秋谷たつ子・秋本倫子（訳）2005　ロールシャッハ解釈の諸原則　みすず書房）

Wood, J. M.(ed.) 2003 *What's Wrong With the Rorschach? : Science Confronts the Controversial Inkblot Test*. San Francisco, CA: Jossey-Bass.

8章1

Cramer, P., & Blatt, S. J. 1990 Use of the TAT to measure change in defense mechanisms following intensive psychotherapy. *Journal of Personality Assessment*, **54**, 236-251.

Exner, J. E. 1986 *The Rorschach: A Comprehensive System. Vol. 1: Basic Foundations (2nd ed.)*. New York: Wiley.（高橋雅春ほか（監訳）1991　現代ロールシャッハ・テスト体系（上・下）　金剛出版）

Exner, J. E. 2000 *A Primer for Rorschach Interpretation*. Rorschach Workshops.（中村紀子・野田昌道（監訳）2002　ロールシャッハの解釈　金剛出版）

Fishman, D. B. 1973 Rorschach adaptive regression and change in psychotherapy. *Journal of Personality Assessment*, **37**, 218-224.

Gerstle, R. M., Geary, D. C., Himmelstein, P., & Reller-Geary, L. 1988 Rorschach predictors of therapeutic outcome for inpatient treatment of children: A proactive study. *Journal of Clinical Psychology*, **44**, 277-280.

Goldfried, M. R., Stricker, G., & Weiner, I. B. 1971 *Rorschach Handbook of Clinical and Research Applications*. Englewood Cliffs, NJ: Prentice-Hall.

LaBarbera, J. D., & Cornsweet, C. 1985 Rorschach predictors of therapeutic outcome in a child psychiatric inpatient service. *Journal of Personality Assessment*, **49**, 120-124.

Weiner, I. B., & Exner, J. E. 1988 *Assessing readiness for termination with the Rorschach*. Paper presented at the Austen Riggs Conference on Psychological Testing and the Psychotherapeutic Process, Stockbridge, MA.

8章2

Ackerman, M. J., & Ackerman, M. C. 1997 Custody evaluation practices: A survey of experienced professionals (revised). *Professional Psychology: Research and Practice*, **28**, 137-145.

Exner, J. E. 1991 *The Rorschach: A Comprehensive System, Vol. 2: Interpretation (2nd ed.)* New York: Wiley.

Exner, J. E. 1993 *The Rorschach: A Comprehensive System, Vol. 1: Basic foundations (3rd ed.)* New York: Wiley.

Eysenck, H. J. 1959 The Rorschach inkblot test. In O. K. Buros (ed), *The Fifth Mental Measurement Yearbook*. Highland Park, NJ: Gryphon Press. pp.276-278.

Finn, S. E. 1996 Assessment feedback integratng MMPI-2 and Rorschach findings. *Journal of Personality Assessment*, **67**, 543-557.

Gacono, C. B., & Meloy, J. R. 1992 The Rorschach and the DSM-III-R antisocial personality: A tribute to Robert Lindner. *Journal of Clinical Psychology*, **48**, 393-406.

Gacono, C. B., & Meloy, J. R. 1994 *The Rorschach Assessment of Aggressive and Psychopathic Personalities*. Hillsdale, NJ: Erlbaum.

Loucks, S., Burstein, A. G., Boros, T., & Kregor, E. 1980 The affective ratio in Rorschach's test as a function of age. *Journal of Personality Assessment*, **44**, 590-591.

森　敏昭・吉田寿夫（編）　1990　心理学のためのデータ解析テクニカルブック　北大路書房

Shaffer, T. W., Erdberg, P., & Haroian, J. 1999 Current non-patient data for the Rorschach, WAIS-R, and MMPI-2. *Journal of Personality Assessment*, **73**, 305-316.

Vincent, K. R., & Harman, M. J. 1991 The Exner Rorschach: An analysis of clinical validity. *Journal of Clinical Psychology*, **47**, 596-599.

Walpole, R. E., & Myers, R. H. 1985 *Probability and Statistics for Engineers and Scientists (3rd ed.)* New York: Macmillan.

Weiner, I. B. 1999 What the Rorschach can do for you: Incremental validity in clinical applications. *Assessment*, **6**, 327-339.

Wood, J. M., & Lilienfeld, S. O. 1999 The Rorschach inkblot test: A case of overstatement? *Assessment*, **6**, 341-349.

8章3

Aronow, E. 1999 The Rorschach: An integrative approach. *Contemporary Psychology*, **44**, 546-547.

Aronow, E., & Koppel, M. 1997 The evolution of Hermann Rorschach's thought. *British Journal of Projective Psychology*, **42**, 1-4.

Ellenberger, H. F. 1954 The life and work of Hermann Rorschach (1884-1922). *Bulletin of Menninger Clinic*, **18** (5), 173-219.（中井久夫（訳）　1999　エランベルジェ著作集1　みすず書房　pp. 3-82.）

Rorschach, H. 1942 *Psychodiagnostics (5th ed.)* (P. Lemkau & B. Kronenberg, Trans.). Berne, Switzerland: Verlag Hans Huber. (Original work published 1921)

Rorschach, H. 2004 *Briefwechsel*. (Ausgewählt und herausgegeben von C. Müller und R. Singer.) Bern: Hans Huber.

Shaffer, T. W., Erdberg, P., & Haroian, J. 1999 Current non-patient data for the Rorschach, WAIS-R, and MMPI-2. *Journal of Personality Assessment*, **73**, 305-316.

Weiner, I. B. 1998 *Principles of Rorschach interpretation*. Mahwah, NJ: Lawrence Erlbaum.（秋谷たつ子・秋本倫子（訳）　2005　ロールシャッハ解釈の諸原則　みすず書房）

8章4

Shaffer, T. W., Erdberg, P., & Haroian, J. 1999 Current non-patient data for the Rorschach, WAIS-R, and MMPI-2. *Journal of Personality Assessment*, **73**, 305-316.

人名索引

A
Aarsland, D. 74
Abidin, R. R. 35
Ackerman, M. C. 102
Ackerman, M. J. 102
アドラー(Adler, A.) 25, 30
Anamizu, S. 70, 74
Anthis, K. S. 63, 64
アロノウ(Aronow, E.) 96, 106, 107
Asher, K. N. 91
Ashikari, I. 70
アクスライン(Axline, V.) 25
東 均 66

B
Bagner, D. 34
Bahl, A. 37
Bahric, L. R. 40
Baker, J. G. 72
Balint, M. 39
バンデュラ(Bandura, A.) 101
バレット-レナード(Barrett-Lennard, G. T.) 5, 9
バートル(Bartol, M. A.) 70
Battistich, V. 87
Bauer, M. S.. 21
バウマイスター(Baumeister, R. F.) 62
バウムガルテン(Baumgarten, M.) 67
Beck, A. T. 17, 21, 32
Beck, J. S. 32
ベック(Beck, S. J.) 95
Beland, K. 91
Bell, S. 34
Berglund, M. L. 89
Bergman, A. 42
Bion, W. 39
Blatt, S. J. 98
Blessed, G. 78
Blos, P. 40
Boggs, S. R. 34, 37
Bor, W. 26
Bozzola, F. G. 74
Bratton, S. C. 26, 29
Brestan, E. 34
Briesmeister, J. M. 37
Bright, J. 20
ブロス(Bros, P.) 40
ブランスウィック(Brunswick, L, K) 2, 6

Bruschweiler-Stern, N. 51, 53
ブフト(Bucht, G.) 79
Bumbarger, B. 85

C
キャンピス(Campis, L. K.) 36
Campos, J. 45
カンセリエ(Cancelliere, A. E. B.) 72
Catalano, R. F. 89
Cattanach, A. 26
カーカフ(Charkhuff, R.) 8, 9
チャタルジ(Chatterjee, A.) 66, 74
Chisholm, D. 20
クラーク(Clarke, K. M.) 2, 8
コールマン(Coleman, J. C.) 62
Cooper, S. 83
Cooper, Z. 17
Cornsweet, C. 98
Corsini, R. 30
Cramer, P. 98
クロス(Cross, S.) 63

D
Deblinger, E. 33
Dodril, C. B. 35
Domotrovich, C. 85
Drewes, A. A. 26
ダンケル(Dunkel, C. S.) 63, 64
Dunn, Leota M. 35
Dunn, Leoyd M 35

E
Edwards, D. L. 34
Egan, G. 9
エクマン(Ekman, P.) 77
Ellenberger, H. F. 107
エリオット(Elliot, R.) 2, 4, 10
エムディ(Emde, R. N.) 40, 41, 45, 46
Erdberg, P. 102
エリクソン(Erikson, E. H.) 25, 55-59, 61, 62
エクスナー(Exner, J. E.) 95-98, 102-106, 108
アイバーグ(Eyberg, S. M.) 26, 34-37
アイゼンク(Eysenck, H. J.) 13, 102

F
フェイル(Fail, N.) 67
Fairburn, C. G. 17

Fantz, R.　40
Fava, G. A.　20
Feeney, M. G.　20
Files-Hall, T. M.　29, 37
フィン (Finn, S. E.)　104
Fishman, D. B.　98
Flaherty, J. A.　20
フォルソム (Folsom, J. C.)　67
Folstein, M. F.　66
フォナジー (Fonagy, P.)　40, 41, 48, 49
Fox, J. A.　83, 84
フランク (Frank, M.)　60
Freeman, A.　32
フロイト (Freud, A.)　25, 39
フロイト (Freud, S.)　28, 39, 49, 55
Frey, K.　91
フックス (Fuchs, N. R.)　28

G

ガコノ (Gacono, C. B.)　104
Gallo-Lopez, L.　26
Garb, H. N.　102
ジェンドリン (Gendlin, E. T.)　1, 2, 6-8, 10
ゲルゲイ (Gergely, G.)　40
George, C.　48
Gerstle, R. M.　98
Ghosh, A.　16
Gil, E.　26
ジノット (ギノット, Ginott, H.)　25
Giordano, M.　26
ギトリン (Gitlin, M. J.)　20
Goldfried, M. R.　97
Goldwyn, R.　49
Goode, E.　96
Gottfries, C. G.　67
Greenberg, M.　85
グリーンバーグ (Greenberg, L. S.)　2, 8, 10, 11
Greist J. H.　16
グレネンレド (Grønnenrød, C.)　96, 100
Grossman, D. C.　91
グローテヴァント (Grotevant, H. D.)　62, 63
ガーニー (Guerney, B.)　25, 28, 29
ガスハースト (Gushurst, R. S.)　59

H

Haddock, G.　14
箱田裕司　ii
Harman, M. J.　102
Haroian, J.　102
Harrison, A. M.　51, 53
Hartmann, H.　39
Haslett, S. J.　61
Hawkins, J. D.　89

ハワース (Haworth, M.)　25
林 智一　68
Hayward, H.　20
Healy, D.　20
ヘルメス (Helmes, E.)　67, 74
Hembree-Kigin, T. L.　37
Herschell, A. D.　37
ハーツ (Hertz, M. R.)　95
東山紘久　26
Higgitt, A.　48
ヒンターコフ (Hinterkopf, E.)　2, 6
平木典子　83
Hock, R. R.　ii
Hogarty, G. E.　7
本間 昭　67
Hood, K. K.　34
堀 忠雄　ii
堀見太郎　95
星野欣生　83
Hughes, C. P.　67

I

Ikemi, A　1
Isono, H.　70, 74
伊藤亜矢子　84
伊藤良子　26

J

Jacobs, J.　34
Jacobson, N. S.　16
Jones, M. C.　13
Jones, S.　20
Josselson, R.　60
ユング (Jung, C.)　25

K

Köller, O.　78
Kaduson, H. G.　26, 29, 33, 37
カルフ (Kalff, D.)　25
柄澤昭秀　67
片口安史　95
加藤謙介　68
加藤伸司　67
河合隼雄　26
川上清文　45
Kiesler, D. J.　8
Kiresuk, T.　9
北本福美　68
クライン (Klein, M.)　25, 39
Klein, M. H.　8
Klinnnert, M. D.　45
クロッパー (Klopfer, B.)　95
ネル (Knell, S. M.)　26, 32, 33

Koepsell, T. D.　91
Kohno, M.　70, 74
Kohut, H.　39
國分康孝　83
Kolb, B.　72
Koppel, M.　106
コットマン（Kottman, T. K.）　26, 30, 31
Koyama, N.　70
Krauss, S.　78
Kris, E.　39
クロージャー（Kroger, J.）　59, 60, 61, 63
黒川由紀子　67, 68
Kropp, P.　78
倉光　修　29, 33, 37
串崎真志　27, 29, 31, 33, 37
串崎幸代　27, 29, 33, 37

L

LaBarbera, J. D.　98
ラム（Lam, D. H.）　20, 21, 23
Landreth, G. L.　26, 29
ラング（Lang, P.）　13
Latner, J. D.　17
Leung, C.　26
レヴィ（Levy, D. M.）　95
リーター（Lietaer, G.）　2, 11
Lilienfeld, S. O.　96, 102
Liu, P.　91
Lonczak, H. S.　89
Loucks, S.　102
ロヴェル（Lovell, K.）　13
ローウェンフェルト（Lowenfeld, L.）　25
Lyons-Ruth, K.　40, 51, 53

M

Möller, W. D.　78
マーラー（Mahler, M.）　39, 40, 42-44, 60
メイン（Main, M.）　48, 49
Maki, Y.　70, 74
Manaster, G.　30
マーシア（Marcia, J. E.）　55-57, 59, 61-63
Marks, I. M.　13, 16
Markus, H.　56, 63
丸田俊彦　53
マスターソン（Masterson, J.）　40
増井健一　96
Mathieu, P. L.　8
松井　仁　84
Matsuno, Y.　70
松下正明　66
McNeil, C. B.　35, 37
ミーンズ（Mearns, D.）　2, 7
メロイ（Meloy, J. R.）　104

Meltzoff, A. N.　40
南　曜子　68
Mitchel, S　39
宮下一博　56
溝口　環　67
Moises, H. W.　78
Molnar, G.　20
ムーア（Moore, D. J.）　32
Moore, M. K.　40
Morgan, A. C.　51, 53
森　敏昭　105
守田嘉男　65, 74
諸富祥彦　2
モーリッツ（Morycz, R. K.）　80
ムスターカス（Moustakas, C.）　25, 28
Myers, R. H.　103

N

Nahum, J. P.　51, 53
中島健二　66, 69
Neckerman, H. J.　91
Nezworski, M. T.　102
Nurius, P.　56, 63

O

オーバーホルツァー（Oberholzer, E.）　95
O'Connor, K. J.　25, 26
小此木啓吾　39
大隈紘子　37
奥村由美子　68
オーランド（Orlando, N. J.）　6
オーリンスキー（Orlinsky, D. E.）　5
オルロフスキー（Orlofsky, J. L.）　60

P

Patel, V.　74
Pavlov, I. P.　13
Pekarik, G.　34
パールズ（Perls, F. S.）　8
ピーターセン（Petersen, R. C.）　68
ペトリー（Petry, S.）　66, 74
Pincus, D.　35
Pine, F.　42
ピオトロフスキー（Piotrowski, Z.）　95
Polster, L.　8
Polster, M.　8
プラゥティ（Prouty, G.）　7
プルクノ（Pruchno, R. A.）　80

R

ラパポート（Rapaport, D.）　95
Raven, J. C.　21
Rayfield, A.　34

Reddy, L. A.　　26, 29, 37
Reisberg, B.　　67, 78
ライス(Rice, L. N.)　　2, 8
Richards, D. A.　　13, 15
リッチー(Ritchie, K.)　　68
Rivara, F. P.　　91
レーマー(Roemer, G. A.)　　106, 107
ロジャーズ(Rogers, C. R.)　　1, 2, 4, 7, 10, 25, 28
ロールシャッハ(Rorschach, H.)　　95, 96, 106, 107
Rosenbaum, M.　　21
ロッター(Rotter, J.)　　37
Rubin, E. H.　　74
Ruma, C. D.　　33
Ryan, J. A. M.　　89
Ryan, S. D.　　29

S
ザクセ(Sachse, R.)　　4
齊藤 勇　　ii
坂田陽子　　ii
Sameroff, A. J.　　40
Sander, L. W.　　51, 53
Sanders, M. R.　　26
シャハテル(Schachtel, E.)　　95
Schaefer, C. E.　　26, 29, 31, 33, 37
Schaps, E.　　87
シュミット(Schmidt, P.)　　2, 16
Schuck, N.　　20
Schumann, E. M.　　34
Seligman, M. E. P.　　16
シェーファー(Shafer, R.)　　95
シャファー(Shaffer, T. W.)　　96, 102-106, 108
Sham, P.　　20
Sherman, R.　　9
下川昭夫　　69, 70, 74
下仲順子　　67
品川不二郎　　67
新福尚武　　66
Skinner, B. F.　　13
Slade, P. D.　　14
Smith, J. A.　　20
Smith, S. K.　　29
Solomon, D.　　87
Sorce, J. F.　　40, 45
スピッツ(Spitz, R.)　　45
Steele, H.　　48
Steele, M.　　48
Steiner, O.　　78
スターン(Stern, D. N.)　　25, 40, 41, 51, 53
Stolorow, R　　39
Sugai, Y.　　70, 74
杉村伸一郎　　ii
Sullivan, H.　　39

T
高橋雅士　　44
竹田伸也　　68
武田信子　　84
Takens, R. J.　　11
滝 充　　83
田辺敬貴　　66
Target, M.　　40, 48
Tarrier, N.　　20
鑢幹八郎　　56
ソーン(Thorn, B.)　　2
Thorndike, E. L.　　13
Torii, S.　　70, 74
Treasure, J.　　16
Tronick, E. Z.　　51, 53
トロー(Truax, C. B.)　　2, 4, 5
辻 悟　　96
津村俊充　　83

U
内田勇三郎　　95
Ulrich, R.　　7
台 利夫　　83

V
VanFleet, R.　　26, 29
Vetter, P. H.　　78
Vincent, K. R.　　102
Vitaliano, P. P.　　78

W
Walpole, R. E.　　103
Warlick, J.　　30
Watson, J. S.　　40
Watson, M.　　40, 87
渡辺久子　　40
ウォーターマン(Waterman, A. S.)　　61
Webster, M. C.　　8
ワイナー(Weiner, I. B.)　　95-97, 104, 107
Wenar, C.　　32
ウェスト(West, J.)　　25, 26
Wierzbicki, M.　　34
ワイルド(Wild, K. V.)　　66, 74
Williams, J. M. G.　　20
Wilson, G. T.　　17
ウィニコット(Winnicott, D.)　　25, 39
Wolpe, J.　　13
ウォン(Wong, G.)　　20, 23
ウッド(Wood, J. M.)　　96, 102, 106, 108, 109

Y
山上敏子　　37

山本　力　56
矢冨直美(Yatomi, N.)　68, 70, 74
吉田寿夫　106
吉野文浩　67
吉岡久美子　67
行場次朗　ii

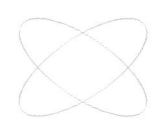

事項索引

あ
アイデンティティ(ego-identity)　55
　　──・ステイタス(ego-identity status)　55
　　　　──の移行経路　61
アサーショントレーニング　83
アセチルコリンエステラーゼ阻害薬　68
アルコール乱用　16
アルツハイマー型痴呆　65
暗黙の関わりの知　51
イェーツ(Yates)の修正　101
ウィスコンシンプロジェクト　2
うつ　20
　　──の治療　16
AACD(AGING‐Associated Cognitive Decline)　68
エクスポージャー　14
MCI(Mild Cognitive Impairment)　68
MMSE(Mini‐Mental State Examination)　66
emotion　2, 10
オープン・コミュニケーション　30
オープン・スペース　52
恐れている(feared)自己像　63
オペラント学習　13
親子交流療法　34
親子療法　28

か
回想法　61, 67
外的妥当性　101
過剰摂食　17
　　──障害(BED)　17
過食　16
片口法　95
拡散(identity diffusion)　55
学校教育プログラム　84
学校コミュニティ　84
学校風土　84
葛藤マーカー　8
観察式行動評価尺度　67
感情の反射　30
感情の明確化　29
危機(crisis)　55
帰属　32

気づき(awareness)　8, 9
機能不全の前提　24
客観的過食のエピソード(OBE)　17
Q分類　5
共感　4, 5, 84
　　──的応答　9
　　──的理解　1, 28
強迫性障害　14
恐怖症　14
共有された暗黙の関係性　53
傾聴(listening)　6, 7
ゲシュタルト　25
　　──療法　2, 8
血管性痴呆　65
権威主義　57
研究　2, 10
健康心理学　83
健康保険　10
効果(outcome)　4
効果量　36
向社会性　87
向社会的行動　91
構成主義　63
構成的エンカウンターグループ　83
行動活性化　16
行動心理学的症候　67
行動療法　1, 10, 13
コーピング　14, 20
個人心理学　30
個体化の確立　43
古典的学習　13
コミュニティ意識　88
コミュニティ心理学　83

さ
PsycINFO　103
再接近期　43
ささやき技法　31
CAP　83
CDP(The Child Development Project)　87
自己一致　1, 4, 5
自己評価　57

自己モニタリング　32
事前事後アセスメント　84
実証研究　2, 4, 10
社会スキル　91
社会的参照　45
縦断研究　63, 84
集団療法　2, 4, 5
主観的過食エピソード(SBEs)　17
受容　4, 5
準実験的方略　34
純粋性　28
情緒的対象恒常性　43
情動認知能力　70
情動の3システム理論　13
将来の自己像(possible selves)　63
神経性大食症(BN)　17
心理教育プログラム　83
心理劇　83
心理-性的発達段階　60
心理療法　10
進んでいくこと　52
spirituality　2
split　8, 9, 10
制限の設定　31
正常な共生期　43
正常な自閉期　43
精神病　6
精神病院　7
精神分析(Psychoanalysis)　1, 39
生態学的　85
性的虐待　33
世界観　59
セカンドステップ　84
積極的関与(commitment)　55
セルフヘルプテクニック　16
セルフモニタリング　15
前兆　20
早期完了(foreclosure)　55
早期記憶　59
双極性障害　20
早発性　66
躁病　20
増分妥当性　102
ソーシャルスキルトレーニング　16
即時フィードバック　28

た

体験過程　1
　——スケール　8, 9, 10
対立解決能力開発プログラム　85
達成(identity achievement)　55
地域適応能力　7
チェインジズ　2, 6

痴呆　65
注意欠陥多動性障害　34
中核となる前提　16
中心極限定理　103
治療効果　4, 10
治療的仲介者　28
出会いのモーメント　51
テスト式知能検査法　67
two-chair テクニック　8, 9
統合失調症　6, 7
統制の位置　36
トランスパーソナル　25
"取り繕い，場合わせ"反応　66
トリプルP　26

な

内省機能　41
内的作業モデル　48
内的妥当性　101
認知行動テクニック　24
認知-行動遊戯療法　32
認知行動療法(CBT)　10, 13
認知症　65
認知療法　13
　——のパッケージ　20
ネットワークサンプリング法　61
望んでいる(hoped)自己像　63

は

ハイリスク　86
破壊的行動　34
発現的特性　52
バリデーション・セラピー　67
阪大法　95
反応妨害法　15
晩発性　66
ピア・サポート　83
PCA　2
PTSD　14
非指示的療法　1
皮質下型痴呆　66
皮質型痴呆　66
felt sense　1, 2
フォーカシング　1, 2, 8
プレイ・アセスメント　32
presence　2
Process-Experiential　2, 3
分化期　43
分離個体化過程　39
分離・個体化理論　60
分離不安　33
包括システム　95
暴力予防プログラム　83

ま
マクニマー（McNemar）検定　101
マン-ホイトニー（Mann-Whitney）検定　105
無条件の肯定的配慮　1
名大法　95
メタ分析　96
メンタライゼーション　40
モデリング　33
モラトリアム（moratorium）　55

や
勇気づけ　30
遊戯療法　25

要求水準　57
予防　83
　——心理学　83
　——的アプローチ　83
　——的介入プログラム　85

ら
ライフサイクル　55
ライフスタイル　61
リアリティ・オリエンテーション　67
両価傾向　43
練習期　43
ロールシャッハ検査　95

執筆者一覧(＊は編者)

串崎真志(くしざき　まさし)＊
担当：第3章，編者
1970年生まれ。1999年大阪大学大学院人間科学研究科博士後期課程修了。2000年総合研究大学院大学文化科学研究科博士後期課程中途退学。博士(人間科学)。現在，関西大学文学部助教授。臨床心理学，地域実践心理学。
[主な著書・論文]
『地域実践心理学』[実践編](共編著)ナカニシヤ出版．2006年
『地域実践心理学』(共著)ナカニシヤ出版．2005年
『ソンディ・テスト入門』(共編著)ナカニシヤ出版．2004年
『大学生論』(共著)ナカニシヤ出版．2002年

中田行重(なかた　ゆきしげ)＊
担当：第1章，編者
1961年生まれ。1992年九州大学大学院教育学研究科博士後期課程修了。博士(学術)。現在，関西大学文学部教授。臨床心理学，人間性心理学。臨床心理士。
[主な著書・論文]
『問題意識性を目標とするファシリテーション』(単著)関西大学出版部．2005年
『地域実践心理学』[実践編](共編著)ナカニシヤ出版．2006年
『地域実践心理学』(共著)ナカニシヤ出版．2005年
『生活にいかす心理学Ver.2』(共著)ナカニシヤ出版．2002年

安東末廣(あんどう　すえひろ)
担当：第2章
1948年生まれ。1976年駒澤大学大学院人文科学研究科博士課程単位取得満了。文学博士。宮崎大学教育文化学部教授。臨床心理学，障害児心理学。臨床心理士。
[主な著書・論文]
『幼児期～青年期までのメンタルヘルスの早期介入』(監訳)北大路書房．2005年
『学校ベースのプレイセラピー』(監訳)北大路書房．2004年
『人間関係を学ぶ』(編著)ナカニシヤ出版．1995年
「学校におけるADHD児への治療教育方法の検討」『宮崎大学教育文化学部附属教育実践研究指導センター紀要』9, 45-58．2002年

平野直己(ひらの　なおき)
担当：第4章
1966年生まれ。2000年東京都立大学大学院人文科学研究科博士課程単位取得退学。現在，北海道教育大学岩見沢校助教授。臨床心理学，精神分析学。臨床心理士。
[主な著書・論文]
『地域実践心理学』[実践編](分担執筆)ナカニシヤ出版．2006年
『学校臨床心理学・入門』(共編著)有斐閣．2003年
『ライフサイクルの臨床心理学』(分担執筆)培風館．1997年
『シリーズ・人間と性格　第6巻　性格の測定と評価』(分担執筆)ブレーン出版．2000年

菅原英治(すがわら　えいじ)
担当：第4章
1978年生まれ。2003年北海道教育大学大学院教育科学研究科修士課程修了。現在，北海道岩見沢市・光が丘子ども家庭支援センター心理職員。

高野創子(たかの　つくみ)
担当：第4章
1978年生まれ。2003年北海道教育大学大学院教育科学研究科修士課程修了。現在，医療法人社団心和会「創心メンタルケアクリニック」臨床心理士。

牧野高壮(まきの　たかまさ)
担当：第4章
1977年生まれ。2003年北海道教育大学大学院教育科学研究科修士課程修了。現在，札幌大学学生相談臨時職員。臨床心理士。

更科友美(さらしな　ともみ)
担当：第5章
1973年生まれ。2002年広島大学大学院教育学研究科博士課程後期単位取得退学。修士(心理学)。臨床心理士。前 東亜大学総合人間・文化学部講師。臨床心理学，発達臨床心理学。臨床心理士。
[主な著書・論文]
『もろい青少年の心』(分担執筆)北大路書房．2004年
「幼児の創作物語にみられる攻撃的表現の心理力動性の検討」『広島大学教育学部紀要第一部(心理学)』48，175-182．1999年
「ある児童養護施設における3年半の心理臨床活動と連携の変化過程－全体と個々の視点から捉える－」(共著)『東亜大学大学院心理臨床研究』5，23-30．2005年

下川昭夫(しもかわ　あきお)
担当：第6章
1960年生まれ。1998年東京都立大学大学院人文科学研究科博士課程単位取得退学。博士(学術)。首都大学東京都市教養学部助教授。臨床心理学，精神分析学。臨床心理士。
[主な著書・論文]
『地域実践心理学』[実践編](共編著)ナカニシヤ出版．2006年
『コミュニティ・アプローチ特論』(共著)日本放送出版協会．2003年
「症状解消後のモーニングワーク継続の重要性」(単著)『心理臨床学研究』17(2)，138-149．1999年
「Comprehension of Emotions: Comparison between DAT and VD」(共著)Dementia and Geriatric Cognitive Disorders, 11, 268-274．2000年

武田信子(たけだ　のぶこ)
担当：第7章
1962年生まれ。1992年東京大学大学院教育学研究科博士課程単位取得満期退学。修士(教育学)。臨床心理士。1999-2000年トロント大学大学院ソーシャルワーク研究科客員研究員。
現在，武蔵大学人文学部教授。臨床心理学，教育心理学。臨床心理士。
[主な著書・論文]
『地域実践心理学』[実践編](分担執筆)ナカニシヤ出版．2006年
『小学生のいるところ』「子どものいる場所」現代のエスプリ457　至文堂．2005年
『社会で子どもを育てる』平凡社新書．2002年

石橋正浩(いしばし　まさひろ)
担当：第8章
1968年生まれ。1999年大阪大学大学院人間科学研究科博士後期課程単位取得満期退学。修士(人間科学)。現在，大阪教育大学教育学部教養学科助教授。臨床心理学，発達人間学。臨床心理士。
[主な著書・論文]
『ソンディ・テスト入門』(共編著)ナカニシヤ出版．2004年
「ロールシャッハ反応の文章型の検討：阪大法のCSに着目して」(単著)ロールシャッハ法研究，8，49-60．2004年
『インクルージョンの時代：北欧発「包括」教育理論の展望』(分担訳)明石書店．2003年
「形式・構造的解析によるロールシャッハ＝プロトコルの検討」(共著)ロールシャッハ法研究，7，1-22．2003年
「大阪教育大学附属池田小学校事件における危機介入と授業再開までの精神的支援活動」(共著)大阪教育大学紀要第Ⅲ部門，51(1)，55-65．2002年

研究論文で学ぶ臨床心理学

2006年3月20日　初版第1刷発行　　定価はカヴァーに表示してあります。

編　者　　串崎真志
　　　　　中田行重
発行者　　中西健夫
発行所　　株式会社ナカニシヤ出版
　　　　　〒606-8161 京都市左京区一乗寺木ノ本町15番地
　　　　　　　　　　　　Telephone 075-723-0111
　　　　　　　　　　　　Facsimile 075-723-0095
　　　　　　　　Website http://www.nakanishiya.co.jp/
　　　　　　　　E-mail iihon-ippai@nakanishiya.co.jp
　　　　　　　　　　　郵便振替 01030-0-13128

装丁　白沢　正／印刷・製本　ファインワークス
Copyright © 2006 by M. Kushizaki & Y. Nakata
Printed in Japan
ISBN4-7795-0034-6